U0798165

运 动 通 史

陈佩杰　郑国华　等 编著

科 学 出 版 社
北　京

内 容 简 介

本书的编撰旨在打破以往聚焦于西方体育运动发展及其价值传播的惯性思维，通过大量的资料搜集、历史溯源及深入的学术研讨，努力挖掘体育运动的内在规律和独特价值。也因此改变了以往相关研究“跟着西方说”的体育叙事文本话语，重构了符合中国文化精神的全球体育故事话语，讲好世界体育故事和中国体育故事。本书的主要内容以中国体育运动发展的走向与组织化的运动竞赛形成、发展和演变为主线展开，在时代和运动发展的阶段性背景下，纵横上下千年。

本书可作为体育专业本科生的教材，也可作为体育专业研究生、体育科研工作者、体育实践工作者，以及对运动发展史有兴趣的研究者的参考读物。希望本书的出版能为广大读者带来新的视角和启发，也期冀能为人类运动发展史贡献更多的理论与思想。

图书在版编目（CIP）数据

运动通史 / 陈佩杰等编著. -- 北京：科学出版社，2024.11. -- ISBN 978-7-03-079714-8

Ⅰ. G811.9

中国国家版本馆 CIP 数据核字第 2024ZN4375 号

责任编辑：张佳仪　冯　楠 / 责任校对：谭宏宇
责任印制：黄晓鸣 / 封面设计：殷　靓

科学出版社 出版
北京东黄城根北街 16 号
邮政编码：100717
http: //www.sciencep.com

南京文脉图文设计制作有限公司排版
上海锦佳印刷有限公司印刷
科学出版社发行　各地新华书店经销

*

2024 年 11 月第　一　版　　开本：787 × 1092　1/16
2024 年 11 月第一次印刷　　印张：13　1/4
字数：286 000

定价：70.00 元

（如有印装质量问题，我社负责调换）

《运动通史》
编写组

组　长

陈佩杰　郑国华

成　员

（按姓氏笔画排序）

王润斌　韦晓康　匡淑平　庄　洁　刘　峥
李伟艳　张　洁　张爱红　陈佩杰　郑国华
敖天颖　郭　炜　熊　欢

前言

通史乃是一种史书体例，其重点在于针对一个相对漫长的历史阶段中，诸如政治、经济、文化及体育等诸多方面展开综合性的叙述，并进行连贯的记录。而运动通史，则是指针对体育运动的发展进程予以全面、综合性叙述的著作或研究范畴。它涵盖了各类不同运动项目自起源开始，历经演变直至现代发展的完整过程，其中包含运动规则的变化、运动在社会当中的地位与影响、运动员所取得的成就及做出的贡献等诸多方面。本书打破了国内现存体育史相关著作以西方体育运动发展、西方体育价值传播作为主线与重点的常规；摒弃了以往相关著作“跟着西方说”的体育叙事文本话语模式，重新构建了契合中国文化精神的全球体育故事话语，从而讲好世界体育故事及中国体育故事。本书的核心内容是以中国体育运动发展的趋向及组织化运动竞赛的形成、发展与演变作为主线铺陈开来，置于宏大的时代及运动发展的阶段性背景之下，纵横跨越上下千年。当然本书还能够充当体育学类学生的学习参考用书，能够让学生通过多样的途径，在了解和掌握人类运动的产生、发展和演变的系统性专业知识的基础之上，以史启智，以史修德，提升自身的人文素养。

深入掌握古今中外人类运动发展的历史脉络、显著特点及核心内容，拥有以史为鉴的思维能力，能够客观、理性地审视古今中外运动发展进程中的各类现象。充分运用运动通史的丰富知识，做到“通古今之变，成一家之言”。对人类在不同时代运动和竞赛的发展趋势进行精准品评，尤其是深入溯源并全面还原我国从古代至今女子体育运动的发展历程与景象。在最初的母系氏族社会，女性在家庭中占据着最为重要的地位，她们积极投身于生产劳动、组织领导、训练族人等活动，从而萌生出运动发展的历史雏形、特点及主要方向。然而，进入父权制社会后，女性逐渐偏离权力的核心，沦为男性的附属品。自此，女子参与体育活动的程度在很大程度上取决于统治者的思想开放程度及国家所推行的礼法制度。在封建父权制度、传统社会生活方式及特定社会性别文化的多重影响下，中国古代女子体育呈现出更为显著的娱乐性和表演性特征。以现代女性主义的视角加以审视，古代女子在体育运动中更多是以一种“他者”的身份存在。女子学校体育的兴起成为近代中国体育发展的突出特色，为国家实现强国强种的目标及女子解放运动奠定了坚实基础，充分彰显出女子体育在体育运动发展进程中的关键作用，生动折射出具有中国特色视角和发展脉络的体育运动全面发展的宏伟图景。中国共产党领导下的红色体育历经形成、发展、继承与创新的过程，特别是中国竞技体育运动的发展走向清晰明确，可以使广大读者深刻领悟运动中所蕴含的自强不息、公平竞争、积极进取、团队合作、为国争光、祖国利益高于一切等伟大体育精神，并且充分展现出我国在全球体育治理中贡献的中国智慧与中国方案，切实承担起大国责任，充分彰显大国担当。

本书凝聚了课题组成员多年来在人类体育运动历史研究方面努力挖掘所取得的成果，深刻融汇并贯彻了党的二十大精神，以习近平文化思想作为引领和指导，蕴含人类体育文化的精华，融合中华体育精神的真谛。本书还将为体育学类的师生、学者们开启全新的视窗，以更为开阔的胸怀领略人类发展进程中的运动历史。在本书的编纂过程中，我们参考了大量国内外学者的研究成果，并尽可能地予以注释和说明，同时得到了诸多相关专家的协助和支持，在此深表谢意。若本书存在不足之处，诚请学界同行和广大读者提出批评意见与改进建议。

编者

2024 年 8 月 11 日

目录

绪　论

第一章　考古中的人类运动痕迹

第八章 体育运动全球治理

绪　论

导读

人类的历史是一幅五彩斑斓的画卷，伴随人类产生和发展的运动史同样源远流长，运动是人类进化和社会发展中的一种社会现象，因此对其的探究不可与人类的生产生活割裂开来或者孤立起来进行。本章节主要概述运动的起源，溯源运动及人类的早期社会生活，从另类视角再探运动起源，并从社会发展和人类发展对运动的需要总结运动发展的一般规律。

第一节　运动起源概述

关于体育运动起源的理论有劳动说、需要说、游戏说、教育说、军事说、宗教说、生理说、心理说、性起源说、技术起源说、狩猎与战争说、多元合力说等。从人类的进化历程来看，运动起源有着极其丰厚的实践和生活基础。自从人类开始了劳动，在与大自然的博弈中求生存，就有了体育萌芽的必然结果，体育的滥觞无论如何绕不开劳动的相随。体育运动起源于劳动这一理论源于恩格斯和马克思的理论学说，也有越来越多的学者通过考古学成果从劳动视角探究，提出了体育运动起源于劳动说。究其根源，劳动创造一切。但物质生产劳动对体育运动的起源作用不是非常直接的，尽管教科书中的“理论”为劳动是体育的初始主体能动力量和初始源泉，但是并不能说明劳动在体育起源上的直接作用和特殊作用。

需要是人类行为的原动力，而行为则是为了满足需要的方式，需要说是体育运动起源的另一重要学说。有学者指出，人类最早认识体育运动并从事体育活动，是为了生存，在保护自己和寻求食物的活动中开始的。需要说的相关研究认为，从最初的体育运动满足人类基本生存，到不断提升人类生存能力和身体活动效率，逐渐满足人类进化发展的需要。而劳动、教育、战争、宗教、娱乐等是原始体育所依附的中介，是满足人类发展需要的手段。

当然也有研究认为，体育运动起源并非单一学说所能诠释，也并没有确定的起源时间和地点，体育的产生和发展是一个持续、渐进的过程，体育的起源是“多元合力”推动形成的。以往相关文献还采纳了从考古学和人类学的视角对考古遗物与现存原始部落的实证性探索，从各角度展开研究，进行体育运动的溯源，并取得丰硕的成果。

成都体育学院体育史研究所认为，18 世纪以来，人们才开始认真地思考体育是怎样产生的，主要有游戏说、巫术说、战争说。此外，还有模仿说、心理需要说、劳动说等，并认为劳动起源说仍然是最合理的。在接下来不同版本的教材中，对体育运动起源为“劳动说”是最初和最多肯定的溯源。1985 年版《体育概论》指出，关于体育的起源，在以往的体育史和相关体育教材中，一般主张“劳动产生体育说”。1987 年版《体育史》教材提出，体育产生的源头是劳动，萌芽状态的体育产生于原始教育、军事训练活动、娱乐活动和医疗保健活动。2000 年版《体育史》教材指出，关于体育起源的几种学说包括模仿说、生理起源说、心理起源说、巫术宗教说、战争说和劳动说。2005 年版《体育史》教材指出，组织化的身体教育行为产生于劳动技能的传习、巫术和模仿游戏；某些娱乐性身体活动可能来源于动物阶段的嬉戏行为或对劳动军事行为的再现。2006 年版《体育史》教材指出，至少在旧石器时代中晚期出现了原始体育的初级形态，认为体育起源不是由单一因素决定的，是人类社会发展到一定阶段的产物，是人类社会发展的一种需要。溯之源头，原始生产力低下，作为非生产性身体活动的体育不可能以独立的因素存在，而原始娱乐的主要形式是舞蹈。体育运动因素在古人类初期更多地以非生产性身体活动寓于原始娱乐的舞蹈、宗教祭祀“巫舞”和竞争“武舞”中，体现在或对劳动成功的庆祝，或对自然的崇拜，或对祖先的祭祀，或对两性的诱惑。音乐与舞蹈的产生，最初即根基于人类的劳动生活，最原始的乐器，也常常是劳动工具。而以强身健体为本质的体育因素隐含在原始娱乐的舞蹈中，从最开始简单的娱乐到重视身体强壮和对身体技能需要的增强和提升，其中便包含了现代体育运动的萌芽和雏形。为何在某个时间和空间就有了体育运动的萌芽？这可能要取决于在特定场域赋予体育的本源是什么。

质言之，对体育运动起源之探究主要通过分析现代残存的原始部落生活、古史文献中原始体育活动的描述、神话传说的分析论证和考古视域下的实证性探究等多元途径。当今各学科发展和科学技术进步吸引着现代人类更加倾尽运动起源的可证之本源，对原始社会形态中非生产性身体活动的原始娱乐、动物嬉戏、运动技能比试等行为的考察亦是必要。本教材在以往相关研究基础之上，参阅大量运动起源和古代社会历史文献，以人类起源为基线，结合现遗存生活实证，溯源至史前社会母系氏族时期丰富的生产生活实践活动中探究体育运动起源之逻辑，以期为论证运动起源提供新的视角。

第二节 运动及人类的早期社会生活

追溯人类早期的史前社会生活，摩尔根的《古代社会》为运动起源提供了新的研究路径。按照摩尔根在《古代社会》中社会分期的观点和论述，人类“起源论”将原始社会史的分为蒙昧时代、野蛮时代和文明时代，而蒙昧时代和野蛮时代又各分为低级、中级和高级三个阶段，其中蒙昧时代占据了人类的绝大部分时期。根据恩格斯在《家庭、私有制和国家的起源》中的论述可知氏族产生于蒙昧时代的中期阶段，发展于蒙昧时代的高级阶段，在野蛮时代低级阶段达到全盛时期。摩尔根在《古代社会》一书中分别以易洛魁人氏族和希腊人氏族为典型代表，剖析了母系氏族与父系氏族存在和发展的基本特征。母系氏族是典型的氏族社会，也是存在时期较长的主要以农业发展为主的阶段，随着以男子为核心的饲养业和畜牧业发展，极大地增加、丰富了社会财富。正如恩格斯所言：“在旧大陆，家畜的驯养和羊群的繁殖，开发出前所未有的财富的来源，并创造了全新的社会关系。”野蛮时代的高级阶段是开始频繁发生战争的时代，父系氏族社会只不过是氏族瓦解阶段的别称而已，也是到文明时代的过渡阶段。

一、运动与蒙昧时代的社会生活

蒙昧时代是人类社会发展的第一个时代，也是人类的“童年时代”。此阶段持续时间也最长，在蒙昧时代的高级阶段进入新石器时代。公元前两三百万年前，原始古人类以群而居，以狩猎采集为生，日出而作，日落而息，为了共同应对恶劣的生存环境，大家群体出行，共同劳动，集体合作，以弱化恐惧感、减少危险，过着颠沛流离、居无定所和原始的杂居、乱婚和群婚的生活，也因此造成生育后代的畸形、低能和存活率较低等弊端，严重威胁着远古人类的生存和发展。当时生产力水平极其低下，狩猎总是存在一定的或者较大的危险性，尤其是矮小体弱的女性，总存在难以安全回来的情况。原始社会里，生产力十分低下，人口死亡率很高，人类热切地盼望多产多育。因此，担负种族繁衍重任的妇女，确切地说是孕妇，便受到高度敬重。于是，女性同胞提出不再出去打猎，否则没人繁衍后代，部落就会灭亡。此时，因男女的生理差异，出现了人类历史上的第一次分工，女人不再出去打猎，男人打猎带回来的食物由女人整理，女主内、男主外，这一社会状况在历史上存在了很长的时间。后来随着女性发明了采集和种植业，极大丰富了食物的来源。男人仍然主要依靠外出打猎获取食物，但会在狩猎无果或不能出去狩猎的情况下，主要以女人种植的食物为生。天长日久，女性开始觉得这样有失公允，食物明明都是自己种植、采摘获得的，却更多地被那些高大魁梧的男人吃掉了。所以女人就提出不再和男人一起生活，以山谷为界，男女各住一边，这就是人类历史上存在的一个真实时期：对门居。

随着社会的发展，人群规模不断扩大，集体之间的交往越来越频繁，加上人类在自身生产繁衍中逐渐发现了同族血缘结婚影响了后代体质和智力的正常发育，开始逐渐禁止同族内结婚，而转向族外婚。但仍以群婚为主，一个族内的所有女子为另一个族内所有男子的妻子，即普那路亚家庭。为了猎捕更多的食物满足生存需要，以姻缘为基础的普那路亚家庭往往会有更稳定的基础联合起来应对凶猛的动物和更恶劣的环境，在普那路亚家庭出现的蒙昧时代中级阶段产生了氏族。

综上，原始社会的杂居因女性从事采集、种植业丰富和稳定了食物来源而发生了巨大改变，形成了以山谷为界的男女对门居。女性从事的采集、种植业相对男性从事的狩猎业更有保障。而且远古初民对大自然和人类的生理生殖原理缺乏正确的认知，认为女性孕育生命是神圣和神秘的事情，甚至将女性称为“女神”“大母神”“生产之神”等。所以，在原始社会的蒙昧时代，妇女不仅是人类自身的生产者，而且还是生活和生存物质资料的主要生产者，历史生产的决定因素造就了妇女在氏族中享有崇高的地位，并逐渐向以女性为主导的母系氏族社会过渡。在漫长的人类蒙昧时代，运动的因素主要寓于因生计所需的生产性劳动需要，或者原始的娱乐舞蹈中。

二、运动与野蛮时代的社会生活

在野蛮时代，古人类学会了农业耕种、畜牧养殖，物质财富越来越丰富，为产生私有制奠定了基础，慢慢出现运动的萌芽。现代人和人类社会的形成经历了漫长的时期，最初人类只是为了求食生存，没有工具、没有智慧，只是凭借双手与自然抗争，从狩猎、渔猎、采集、发现简单的石块作为工具到熟练使用，再到打磨制造简单的劳动工具，慢慢提高劳动效率，提高自己对抗大自然、恶劣环境、凶猛野兽的侵袭和自我保护的能力。在旧石器中级阶段还通过对火的发现和使用大大提高了抵御寒冷的能力与保护饮食的安全。

在漫长的原始社会时期，繁衍作为人类持续下去的不可或缺的途径，是除果腹之外第二大重要任务，以婚姻为形式的繁衍是伴随人类和人类社会的形成与发展的，婚姻形式的变革体现了原始人类的进化历程和生产生活方式，是生产关系所有制的反映。参照相关研究，人类婚姻形态的发展演进，主要经过了五个阶段，即杂婚、血缘婚、群婚、对偶婚及一夫一妻制的婚姻模式。人类之所以是高于其他动物的文明动物，就在于人类把繁衍后代的本领，予以理性化、社会化、科学化，人类对自然社会化发展的最基本的形式便是婚姻，并与人类种族进化、社会发展相互关联。从普那路亚的群婚时期形成氏族，逐渐进入母系氏族时期。母系氏族时期，妇女肩负着双重任务：一方面从事采集和原始农业，为人们获取最基本的、也是来源最可靠的生活资料；另一方面还要负责育幼养老、制皮织布、缝衣做裳、饮食炊事等工作。即母系氏族女性不仅要管理氏族内事务，还要承担繁重的生活物质资料生产和人类自身生产的任务。因生产力水平极其低下，群婚的婚姻形式往往使众多的女性疲惫不堪，女性希望男性也更多地参与到采集、种植业中来，以减轻自己的负担。因此，史学界普遍认为，由群婚向对偶婚的转变是妇女推动的结果，两性关系建立的主动权掌握在妇女手中，与妇女发生性关系的必然是取悦于她的男子；再者，群婚关系，即使更高阶段的对偶关系所存在的基础也仅是需要和便利，并非爱情。因此，从蒙昧时代的高级阶段产生了从群婚到对偶婚的萌芽，对偶婚是一种两相情愿、不受约束而稍有固定的成对同居形式，以女性为主，女性以某种方式选择男性或更换男性，生产生活和财产均由女性安排和支配。对偶婚是野蛮时代特有的婚姻形态，它是和母权制相适应的，世系是以女系下传。

随着人类物质基础越来越丰富，人类对社会组织能力和精神生活也有了更多的需求。作为母系氏族的当家人，女性在选择对偶婚的对象时，更多考虑的是生产生活的需要和便利，能够帮助自己生产劳动，满足氏族成员生存需要。结合当时极其低下的生产力水平，身体健康强壮、勤劳勇敢、狩猎技术水平成为首要的选择标准。以满足生存需要的劳动技能成为原始社会中庆祝丰收、闲暇娱乐，甚至女性专门择偶的特定场合中的展示和比试。原始人类的寿命非常短，随着男性身体健康状况下滑、劳动能力下降，因生产劳动需要，女性就会重新选择男性，被拒绝的男性也只能接受。此时期，出现了以愉悦身心、取悦他人并进行非生产性劳动的运动习练、较量模式。

概言之，对偶婚占据了野蛮时代的绝大部分时间。对偶婚的形式，不仅为母系氏族社会创造出更多财富，更重要的是它能为氏族生产并抚养出远离血亲婚配、头脑发达、体魄健壮的具有较高智慧的生产者，从而保证母系氏族的繁荣兴旺，为私有制的产生奠定了基础。

三、运动与文明时代的社会生活

文明时代是人类进入私有制和阶级社会的时期。运动伴随社会的曲折进程且因人类的需要而以不同的形式展现，如游戏、宗教、巫术、武舞、战争、军事、保健养生等，不同的社会发展阶段，反映出人类同样的内心需求和不同的体育运动形态，并随着人类的发展和进步而趋于形式多样化和功能多元化。

母系氏族的繁荣兴盛促进了农业、畜牧业、手工业的进一步发展，推动了生产力的进步，为社会创造了更多的物质财富，开始出现了剩余产品。对剩余产品的争夺和战争打破了母系氏族共有制和血亲婚配的根基，社会发展进入私有制历史形态。剩余产品的出现，金属器、武器的发明，人们对科学生殖原理的认知，以及男子在体力上远胜过女性的优势等都激发了男性的征服欲望。频繁的战争开始于野蛮时代的高级阶段，氏族部落壮大，为争夺资源开始出现对外掠夺婚，剥夺了女性人身自由，逐渐代替了“从妻居”的母系氏族对偶婚，形成独占妻子的一夫一妻专偶婚或一夫一妻多姬妾婚姻形式。导致母系氏族逐渐走向衰弱，女性地位下降，人类开始进入男权社会。因此，父权制也不是一开始就有的，人类曾经经历了长期的母权制，从母系社会到父系社会是人类历史演进的基本规律。

父权专制、多妻制和私有制的出现瓦解了氏族社会体系，所以此时史上所谓的父系氏族社会只不过是文明时代到来的过渡阶段。生产力一旦提高到出现剩余产品，便引起部落间的掠夺战争，战争中出现的掳掠婚不但改变了由女性下传的世系，也破坏了原始共有制，使人类进入私有制社会。军事民主制的确立代替了部落氏族社会的部落联盟，开始了由氏族社会向国家的转变。运动更多地以庆祝、娱乐、祭祀或军事训练的战争需要等多样化的方式而广泛存在。

综上所述，“正在形成中的人”繁衍至今，从对大自然的未知、恐惧而盲目崇拜到有目的、有意识地探索、改造而主动适应，人类经历了艰难漫长的历程。劳动是人的身体和智力的统一，贯穿人类的生产实践活动中。从人类智识开悟的那一天起，就不仅对大自然有了物质需求，也表现出对大自然的精神需求，所以也就有了除满足人的基本生理需要的其他拟本能需求，如庆祝丰收的舞蹈，崇拜图腾的祭祀活动，保健养生，跑步、攀爬、投掷、射箭等比赛的娱乐活动，以及用于战争的军事训练等无不来自劳动的实践并产生于人类精神意识的需求。在长久的社会变迁中，人类改造大自然、利用大自然的能动性选择与社会生产生活发展模式互构形塑，运动作为人类身体活动方式不可或缺的要素之一，以不同的形式展现和功能赋予贯穿其中。“战争起源说”的观点可以追溯至野蛮时代的高级阶段，至今最早的体育史料《荷马史诗》也是对古希腊野蛮全盛时期的真实写照。因此，把母系氏族晚期出现了剩余产品才开始的频繁对外战争作为体育起源的本源，是对起源于蒙昧时代高级阶段和长期占据野蛮时代主导地位的对偶婚时代身体实践活动考察的缺失。本研究认为，在占据人类绝大部分时间的史前史中，人类祖先存在着有目的、有意识而非用于劳动、生存需要的身体活动实践。通过对母系氏族对偶婚时代史料考证，认为“取悦异性”是运动起源的可考视角。

第三节 运动起源的另类学说

由以上史前人类的早期社会生活可以看出，体育运动的产生和发展取决于生产力的发展与人类生产、生活方式的改变，同时折射出人类婚姻方式的历史变迁。通过对对门居和对偶婚史料考证，母系氏族的对偶婚时期，极大地推动了史前人类生产、生活等方面的进步发展和繁荣，野蛮时代的高级阶段出现了剩余产品，加速了母系社会的瓦解。史前人类社会中出现的有目的、有意识的非生产性劳动的身体运动实践可以追溯至母系氏族时期，其产生与存在的由头是取悦异性——获得对偶婚的婚姻形式。下面我们从三个方面来看一看。

一、话语权的体现——女性是社会生产的主要承担者

根据唯物主义观点，恩格斯指出，历史中的决定性因素归根结底是直接生活的生产和再生产。一方面是生活资料即食物、衣服、住房及所需工具的生产；另一方面是人类自身的生产，即种的繁衍。那么我们在探究运动起源之时，便不能脱离两个生产之框。按照历史发展的规律，决定两个生产之框者则在社会发展中处于优先话语权的位置。

（一）女性是物质资料生产的主要承担者

女性的早期开悟产生了人类史上的第一次分工，仍处于群婚、血缘家族的古人类祖先，开始了男子以狩猎为主、妇女主要从事采集，即男主外女主内的生产生活方式。当历史的长河行进到母系氏族时期，采集、种植业都逐渐获得发展。男子从事狩猎不仅存在相当大的风险，而且还会因为天气无常、野兽出没而造成猎获食物的不确定性。因此，女性所发明和从事的采集、种植业相对男性从事的狩猎业更加可靠、稳定和有保障，更能为氏族提供稳定的食物来源，以维持氏族的生存发展和保护氏族人员的安全，因此保障了妇女在经济生活中居于重要地位，形成以妇女为中心的母权制氏族。对偶婚在我国古代文献中有确切的记载。《楚辞·天问》云："舜闵在家，父何以鳏？"舜明明有母亲在家里，为什么他的父亲却是鳏夫呢？因为对偶婚时期基本上采取"夫从妇居制"，男子随从女子住在女子的氏族之内，但不属于女方氏族的成员。在母系氏族时期，妇女从事具有决定意义的劳动，在繁重的社会劳动中，妇女的聪明才智远远超过了只获取食物、参加战争的男子。随着生产力的进一步发展，生存保障率的提升，人类生存需求的增加，在女性主导下形成较为稳定的对偶婚婚姻方式。在母系氏族时期，女性是物质资料生产的主要承担者，是氏族生产生活的当家人。

（二）女性是人类自身生产的承担者

纵观上古世界的其他文明，女神的出现也都在男神之先，除金属器和武器以外，各种发明创造也往往都源于女性而不是男性。她们都如同女娲一样被视作人类的创造者。因此，上古初民意识到是女人生育、"创造"了人类，不可否认女性是人类的第一位缔造者，并且是人类繁衍生息的生产者，人类自身生产的承担者。按照恩格斯的生产说，妇女不仅是人类自身的生产者，而且是生活和生存物质资料的主要生产者，女性自然成为组织的核心，历史生产的决定因素造就了妇女在组织中的重要地位，在社会生活中也起着举足轻重的作用。

在当时母系氏族内形成的约定俗成的禁忌保证了女性同胞绝对的权威，无论物质资料的生产还是人类自身的生产，女性在当时都处于决定性的地位，具有决定意义的话语权。

因为生产力低下尚未有剩余产品出现，私有制出现之前的男性也还处于未呈现男性暴力的氏族时期，为了生存需要，男性只能服从，被女性拒绝的男性也只能接受，重新回到自己氏族部落。在氏族制度之下，家庭从来不是，也不可能是一个组织单位，因为夫与妻必然属于两个不同的氏族。

二、体育运动满足需要——人类生存发展的本能

本能是与生俱来的。马斯洛认为，人类身上除了一般意义上的本能之外，还存在一种类似本能的需要，这种需要在某种程度上是先天给定的，但它的发展（与此相关的行为、能力、认识及情感等）却离不开社会环境的影响，这便是拟本能需要。满足人类如饥、渴、衣、住、性等生理上的需要，方能维持人类基本的生存，在特定情境下的所能去创造、实现和满足的这种需要，是人的本能使然。然后随着社会的发展、社会环境的影响，便会产生满足生理需要外的精神需求和社会文化等的拟本能需要，形成今天人类的生存和发展。

（一）体育运动满足生存需要

在蛮荒时代，古人类为了满足最基本的生存需要，为了抵御凶猛的大型野兽、为了猎捕速度快于人类的动物，就必须学会简单的劳动和生活技能。如何躲避、攀爬、跳跃、奔跑、投掷，如何制作和使用简单的工具以扩延自己手脚的物理空间，如何改造和制作更适合自己高效率使用的工具，如何提高跑、跳、投等必需技能的速度、高度和技巧，模仿、师从于长辈和平时进行的习练活动，最初都是借以满足生存需要本能的劳动技能获得。在私有制还未出现、生产力水平极其低下的原始社会时期，人类对大自然中的一切持有深深的崇拜、敬畏和未知的神秘感。满足生存需要是人类发展的本能，母系氏族时期，女性在社会生产中的话语权和崇高地位，且女性从事的比较稳定和有保障的采集、种植业也是男性追求稳定生活来源的目标，因此蕴含有运动因素的劳动技能获得和提升满足了生存需要。

（二）体育运动满足精神需求

在我国岩画分布的重要地区之一——宁夏贺兰山岩画中，栩栩如生的独舞、叠罗汉、格斗、射箭、摔跤、骑猎、行走、奔跑、跳跃等内容无不含有体育的因素，也无不是处于生产力低下的远古时代人们的生产劳动和生活方式的生动反映，深刻传递着原始人类繁衍生息、强身健体、与恶劣的生存环境抗争的经历。在满足本能的生存需要后，运动技能的获得和收获后喜悦的庆祝激发着人类拟本能的精神需求。

三、体育运动产生的合理性——特定历史阶段的产物

从蒙昧时代的高级阶段持续到野蛮时代中级阶段的时间里，人类祖先主要过着对偶婚

的母系氏族生活，到能够逐渐产生剩余产品的野蛮时代高级阶段，足以证明人类祖先史上对偶婚时代在生活、生产等方面的进步发展和繁荣。女性推动了群婚到对偶婚的转变，两性关系建立的主动权掌握在女性手中，作为母系氏族的当家人，女性在选择对偶婚的对象时，总是优先选择身体强壮和技艺水平高超的男性。因为对偶婚产生的基础是需要和便利，女性需要的是健康强壮、技艺水平高的男性为狩猎和生产生活所需。恩格斯指出氏族制度，特别是母系氏族是伟大的、美妙的。因此，无论是社会生产发展的基础，还是古人类对生产生活必然的需求满足，在原始社会漫长的进化过程中，母系氏族社会都具备运动起源的考究。

（一）对偶婚的特征实然

史前时期，生产力水平低下，食物的获得和生命的生产延续主要来自强壮的身体、坚强的意志和顽强的生命力。所以，跑、跳、投、攀爬、射击、拳击、摔跤等代表着速度、高度、力量、耐力、灵敏、技巧等符号表征的运动因素必然地成为对偶婚时代取悦女性首要的选择手段。因为唯有符合这些特征的男性才能满足当时女性对生产生活的需要，才能满足人类适应大自然并生存发展的条件，同时生育出更加健康的后代以不断地促进母系氏族的进步和繁荣。

于是男性在求偶过程中就不可避免为取悦异性而展开身体和技能的较量，此时便产生了原始体育运动的萌芽。这时候运动产生的主要原因不是劳动，而是在劳动中获得，主要目的是取悦女性，展示自己魅力的非生产性身体活动实践，在这个过程中愉悦自己、愉悦他人，展示个人威力和魅力，获得他人认可。因此，不管是身体健壮的展示还是身体灵敏的表现，都展现了人体在体育运动过程中的诸多特征，这可能并非完整意义上的体育运动，但是却孕育着现代体育发展的意蕴，即运动起源之本源。因此，对偶婚的形式，不仅为母系氏族社会创造出更多财富，更为社会进步发展奠定了基础，繁衍出远离血缘婚配、身体更加健康、头脑更加发达的社会生产者，从而保证了母系氏族的繁荣兴旺。原始人类结合本能的防卫和攻击，通过向年长一代和技术水平高者学习的习练，改善身体活动能力，不断掌握和提高运动技能，一是为了生存的本能需要，二是为了实现被女性选中的愿望，在特定的历史时期，体育运动所涵盖的因素恰好满足了这样的需求。

（二）古人类对身体实践活动的主动选择

那么运动为什么就会作为对偶婚时代取悦异性的一种主要方式而产生和存在呢？古人类是否主动选择的能动性不可忽视。劳动促进猿转变成人类，运动因素的萌芽产生于生产劳动中，是为满足人类最基本生理需要和安全需要所必须掌握的基本身体技能的合理性存在，即来自人类生存与发展的工具理性需要，但当生产力发展到特定阶段时，便会以合理的方式在满足人类基本生理需要的基础上，在特定的时间和空间以满足某种特定需要的方式必然出现，以取悦异性而获得的对偶婚形式便是在此基础上的更高层次的需要，即拟本能需要。而且通过身体技能的习练提高技能、增强体质、强壮身体又进一步提高了生活和生产资料的获得，有利于人类生存和后代的健康繁衍等。体育运动强身健体的本质孕育于劳动中，是原始祖先生存和发展的需要，而在对偶婚时代作为取悦异性的方式是更多以运动的因素展示自身力量和技能，以获得愉悦和满足感，是在特定历史阶段的体育运动以其合理性存在而被需要，是古人类在特定历史发展阶段中的特定社会结构中以满足自身需要和发展的主动选择。

现在少数民族中仍然保存着不少具有民族特色的传统体育项目，强壮的身体、高超的技艺仍然是吸引异性的首要标准。例如，民族传统体育项目"姑娘追"的含义就是强壮的男性有获得配偶的优先权。在划龙舟和芦笙舞等活动中，拥有强健的身体、高超技艺的男人，也往往是女人倾慕的对象。苗族的独木龙舟节，则成为男人的独特节日，展现的是男人的力量，维系着原始的生殖崇拜和性选择功能，龙舟竞渡成为"水边苗"性选择的传统平台。水族端节赛马歌"哥骑马，去相姑娘；女梳妆，去看情郎……"，意在为年轻人提供寻找情侣的场所。泸沽湖的摩梭人仍然延续着母系文明传统的痕迹，以母系血缘为纽带，以母为大、以女为尊、男不娶、女不嫁、暮合晨离、松散和谐的两性走访制度，作为人类社会最后一块母系文化的领地，也正在随着现代人思想观念和社会生产生活模式的改变而发生改变。虽然现代摩梭人的"走婚"模式和内涵已经发生了很大变化，逐渐向"一夫一妻"制的固定婚姻方式转变，知母亦知其父，父亲的角色越来越重要，甚至走向男权制家庭，但其传统的"走婚"文化却是契合了母系民族的"对偶婚"文化之本源。在形式上，通过创设特定场域的具体情境，为男女交往提供载体，以取悦异性获取婚配为目的，暮合晨离，存在配偶的相对稳定性；在内涵方面，均以母系下传，以母为大、以女为尊；在选择内容上一般通过异性的身体运动实践和身体技能展示，成就对异性的选择动机。

在野蛮时代的对偶婚时期，畜牧业和农业的发展为当时的社会发展提供了丰富的物质资料和精神生活，不仅为古代人类社会进入文明时代奠定了基础，也为体育运动的萌发和起源提供了条件和机会，而且对偶婚的婚姻模式还生产出比杂婚和群婚更加健康的古人类后代。

第四节　运动发展的一般规律

吉登斯的结构化理论认为，社会科学研究的主要领域既不是个体行动者的经验，也不是任何形式的社会总体存在，而是在时空向度上得到有序安排的各种社会实践。实践是指人们有意识地从事改造自然和改造社会的活动，各种社会实践所形成的社会结构即是建立在人与社会互动互构基础上的形塑，社会的发展史便是基于个体能动性与社会制约性、使动性之间的动态生成。其中既有社会的制约性和使动性，也有人类随经验和知识的累积而自身智识开悟的能动性实践与选择。作为社会系统中的结构性特征不能外在于人的活动，而人的行动也离不开社会结构的制约和使动，社会结构既是人类行动者的中介，也是其行动的后果，并不断在社会与个体、行动与结构中反复地互构形塑，本身是相互影响和渗透的统一体系。溯源运动的起源蕴含的不仅是人类力量的展示，更是社会发展和人类进步的互构形塑。运动的发展亦符合社会历史发展的一般规律。

一、社会发展对运动的需要

历史学家们曾进行过一场有关“在没有相应概念的条件下，一些事物在历史现实中究竟有没有可能存在”的大辩论，其结果的可能性已经基本达成共识。体育运动的情况即是如此，即认为“运动”作为概念和客观存在的事物在 19 世纪以前并不存在的主张，是可以驳倒的。越来越多的历史学家倾向于认为“运动是一个人类学常数，它在不同文化中有着各自不同的体现，其发展受到不断变化的自然、政治、社会和历史条件的制约”。根据 20 世纪 80 年代以来的新的人类学对传统社会的体育运动的研究成果，学界认为其他文明圈内的比拼体力性竞赛属于体育运动已经没有疑问了。溯往之研究，运动作为客观存在的事物是存在于人类社会中的，其演进历程是在社会变迁中社会发展需要基础上满足人类需要的实践活动。

依据摩尔根在《古代社会》中社会分期的逻辑及以往相关体育运动起源的研究成果，笔者将运动起源溯源至母系氏族对偶婚时代。农业和畜牧业的发展为人类聚族而居奠定了基础，生产力的发展不仅为人类提供了丰富的物质需求，而且满足了更多精神需求。母系氏族时期的社会结构构成是在女性主导婚姻并处于社会生产生活中决定地位的以女性世系下传的特定时期，女性促进了群婚到对偶婚的转变。对偶婚的特征实然和生产力发展水平的实质决定了男性健壮的身体和在生产生活中的劳动技能水平是女性选择男性的首要标准。因此，这种最初满足古人类基本生存需要的跑、跳、投掷、射击、摔跤等的基本技能成为彼时选择异性的符号表征，非生产性的劳动技能展示、体力性的比赛较量，愉悦身心，取悦他人，正是体育运动产生和存在的理由。为满足特定历史阶段社会发展的特殊需求，运动在某些特定的历史发展时间和空间出现，是社会发展的必然现象。

二、人类发展对运动的需要

追溯到狩猎和采集时代的人类祖先，跑、跳、投掷等技能都是生存的必要先决条件，是恶劣自然环境和艰苦生活条件下的生存繁衍需要。在什么时间、什么情景中以体育运动的方式存在，是人类能动性的选择需求与社会发展模式的互构行为，社会发展需要与人类生存生活需要相统一的互为因果。因此，诸多历史学家提出了“不同社会模式产生不同的体育运动模式”的结论，同样蕴含着在社会进程中人类创造社会又被社会所创造的能动性选择和适应。

远古初民为满足其生存的本能需要而颠沛流离、果腹度日、繁衍后代，随着人类智识开悟和自身生产生活实践经验的积累而不断提升认识自然、改造自然和利用大自然的能力，以满足人类不断产生的拟本能需要。体育运动的产生源自古人类在劳动中的生存需要，并逐渐延伸为满足人类精神需求的拟本能需要。对偶婚的婚姻模式使得女性在选择配偶时存在着能动性的选择，两性关系建立的主动权掌握在女性手中，作为母系氏族的当家人，女性在选择对偶婚的对象时，主要以身体健康强壮、勤劳勇敢、狩猎技术水平为选择标准。体育运动的较量成为对偶婚时期取悦异性、满足社会和人类发展需要的合理性溯源理由。对偶婚的产生是生产力发展的要求和结果，氏族有了相对稳定的居住区域，非血缘婚配繁衍出在体质上和智力上都更强的后代，此在人类史上是一个巨大的进步。再到一夫一妻制的文明时代，随社会发展和生产力的提高及人类文明程度的提升，人类改造自然、利用自然的主动性和能动性增强，人类对运动实践的选择更加多样化。追本溯源，体育运动的产生和发展是一个持续、渐进的过程，运动的因素最初来自人类的生产劳作，是为了满足基本生存需要，然后以不同的形态满足于娱乐、宗教、巫术、战争、军事训练、医疗保健等的需要，不断地促进体育运动的丰富和发展。当生产力水平发展到一定程度时，体育运动便作为一种休闲手段以满足人们需要的业余文化生活，作为判定一个社会发展阶段是否繁荣的标准。质言之，运动是在社会发展需要的基础上互动于人类需要和能动性选择的结果，即运动是在既满足社会发展需要又满足人类发展需要的进程中演变至今的。

沃尔夫冈·德克尔（Wolfgang Decker）指出，运动也好，体育也罢，所有体育比赛仍旧是“游戏”，对于普通民众来说，就是快乐的游戏，这正是“体育运动”的原初意义。在今天人们看来所进行的非生产性的、多种形式的跑、跳、投掷、健身操等属于体育运动，在远古人类时期，仍然也属于体育运动，在对偶婚时期的体力技能较量自然也概莫能外。

第一章 考古中的人类运动痕迹

导读

人类的身体运动形态丰富多彩，是人类活动的重要表现形式之一。生命在于运动，不仅指代当代体育运动对于人类保持身体健康的重要性，更是从根本上指出在人类自身生产与生活、生存与发展的历史过程中身体运动所扮演的重要的角色。本章节主要从史前岩画、古文字及考古文物中探寻人类早期的运动痕迹，如狩猎、舞蹈、搏斗，以及农耕、放牧、杂技等，并对其身体运动形态的性质进行阐述。这些考古中的人类运动痕迹在动作形式和动作技能上与现代体育较为相似，但究其性质并非现代意义上真正的体育，而是一种萌芽状态的体育形式，但他们从运动项目、竞赛方式和体育教育等方面为现代体育的起源奠定了物质基础。

第一节 史前岩画中的人类运动痕迹

岩画是远古先民或凿刻，或用矿物颜料涂绘在岩壁上的图画，这些图画直接地或间接地呈现了远古先民的生活场面。岩画可以称为人类最早的“史书”，这是因为在文字产生之前岩画发挥着与文字相似的记事功能。因此在这种意义上讲，借助世界各地发现的史前岩画能够窥知人类早期的身体运动形态。目前来说，全世界五大洲 120 多个国家和地区都发现了岩画，有意思的是，各地岩画所反映的内容呈现出较大的相似性，而且其中对人物形象的描绘是各地岩画所体现出的共同特征之一。值得注意的是，这些人物形象呈现出丰富的人类身体运动形态。总体上讲，岩画中所见的身体运动主要为以下几种。

一、狩猎身体活动

狩猎是人类先民最重要的一种生产活动。在世界各地岩画中都发现了大量关于狩猎方面的内容，岩画中狩猎的种类繁多、形式多样。如果按照参与狩猎的人数进行分类可分为独猎、对猎、三人猎、围猎等；如果以狩猎的对象进行分类可以分为猎牛、猎象、捕鱼等；如果以狩猎使用的工具进行分类可以分为射猎、骑猎、车猎等。此外，还可以以狩猎发生的地点进行分类。西班牙拉文特崖壁画《捕猎》中表现了一人持棍棒奋力直追两头驯鹿的景象，岩画中的猎人身体矫健、敏捷，双腿展开如腾空一般；南非布须曼人崖壁画《狩猎》中展现了双人猎的情景，岩画中的猎人健壮高大，手持弓箭将猎物前后堵截；印度皮摩波特卡崖壁画《捕鱼》则是对渔猎场面的展示，岩画中刻画有多个人物形象，分工各有不同；阴山岩画《围猎》展现的是多人狩猎的场景。

狩猎是一个连接原始社会不同发展阶段的主要生产方式。在狩猎的早期阶段，人类仅能捕获一些小的动物，因此常常食不果腹。而后随着狩猎经验的积累，狩猎活动的组织性得到了加强，出现了双人猎、围猎等多人之间的合作。狩猎工具更为先进，如弓箭的发明，让古人可以进行远距离射击，大大提高了狩猎的有效性。在我国北方岩画系统中的贺兰山岩画主要是以狩猎内容为主，描绘了多种狩猎场面。猎人或徒步，或骑在动物背上，或盘弓欲射，或徒手拦挡，或手持棒、绳、刀等工具，或带领猎犬助猎。狩猎活动需要猎人身强力壮、反应敏捷，且能操作狩猎工具，如骑马、射击、投掷等，这些活动无一不要求多种身体动作的共同参与。从贺兰山狩猎岩画可以看出早期先民攀登、跳跃、骑马、掷打、奔跑、躲闪、搏击和摔跤等各种身体动作形式。西班牙拉文特崖壁画中以狩猎内容为重，突出表现各种狩猎活动和身体动作。

中国最后的狩猎部落

二、舞蹈

原始舞蹈是史前岩画中所反映的早期人类另一种主要的身体运动形式。在原始社会人类生活里，没有任何场合离得开舞蹈，如生育、婚丧、播种、收割、庆祝酋长就职、狩猎、战争、宴会、月亮盈与蚀、患病等。以上所列举的这些事情，对于原始先民来说无一不是很严肃的事情，都需要郑重其事地进行舞蹈来保障事情进展顺利。基于以上原因，世界各地岩画中所呈现的舞蹈形式多样、品目繁多，如狩猎舞蹈、生育舞蹈、征战舞蹈、祭祀舞蹈等。

不同地域岩画中舞蹈的形式各有不同，但以舞蹈为题材的岩画都占有较大的比重，显示出处于同一发展阶段的人们有着较为相似的文化特征。例如，美国夏威夷群岛岩刻《人物》展示的是一种祭祀舞蹈；我国广西花山岩画《祈祷》所示的也是一种祈祷舞蹈礼仪。崖壁之上这些大大小小、反复出现的双臂高举，两腿叉开的马步式姿势被称为“祈祷者”

姿势，是全世界岩画中最普遍表现的题材之一。在广西左江流域80多个岩画点，皆有以“祈祷者”为主题的岩画。这些岩画被认为是巫术文化的产物，是古骆越人巫术礼仪的重要组成部分。巴西皮奥伊州崖壁画《7 000年前的舞蹈》是一种生殖舞蹈。我国岩画学家陈兆复称与此相同的舞蹈在印第安的班卡拉部族至今继续着。再如，西班牙拉文特崖壁画《舞蹈的战士》描述了五位战士一手握箭，一手挽弓相继前行的舞蹈动作；澳大利亚崖壁画《奔女》、印度皮摩波特卡崖壁画《舞蹈》中鲜明的线条勾画出中原始先民优美的舞姿。图中的舞者身材修长，动作协调、舒展，即使放在舞蹈艺术高度发达的今天，也具有很高的艺术欣赏价值。我国各地岩画中都发现有很多关于舞蹈的内容，如内蒙古岩画中的舞蹈，从其表现形式上可分为独舞、双人舞、三人舞、多人舞及集体舞，从表现的内容上划分，又可归纳为宗教舞、狩猎舞、战争舞、踏舞、爱情舞、仿牲舞等；贺兰山岩画中也发现有丰富的舞蹈图像，如舞蹈形式有羽舞、面具舞、祭祀舞等，表现形式有单人独舞、双人对舞、多人群舞等。

花山岩画

三、搏斗

人类初民为了争得生存空间，不仅要与天斗（自然环境）、与兽斗（豺狼虎豹），还要与人斗。原始人多是部落群居的，不同部落间、氏族间为了争夺有限的猎物、财产、生活空间等常发生战争，因此以战争为主题内容的图画在岩画中也非常常见。斗争的残酷性要求战士们身强力壮、骁勇善战、有过硬的身体本领，尤其是在作战武器较为粗陋的人类社会早期，身体是作战的重要资本，身体技能是战胜敌人的重要保障。例如，南非布须曼人崖壁画《作战》和西班牙拉文特崖壁画《征战》表现了早期部落间搏斗的场面。其中可见弓箭是当时主要的作战工具，作战形式有远距离射击和近距离互搏。狩猎用的工具——弓箭及狩猎中习得的技能已被用于对付自己的同类。岩画虽是静态的描绘，但可以看出作战双方都在不停变换位置并准备随时拉弓射箭，杀死对方。《作战》岩画最左方有一头受伤的野兽，可能是用于标示此次作战的起因是争抢猎物。距离猎物近的一方显然是欲誓死保护到手的猎物，但这一方只有四人，且有一人没有携带弓箭，而另一方则有7人，这7人呈弧线形将“敌人”和猎物从半边包抄过来。《征战》岩画中的作战双方虽然也是以弓箭作武器，但双方几近厮打在一起。图中的人物个个躬身前倾，双腿分开幅度极大，表现出强烈的动态效果。西班牙拉文特崖壁画《败逃》描述了一名战败落逃士兵的背影。画中人被箭射中，可能剧痛使他无法将上身抬起，但他仍极力前倾，粗壮的双腿大幅前迈，死里逃命。

瑞典波罕斯浪岩刻岩画《武士》遵循了人物“正面律”的描绘方式，图中的人右手持标枪，左手上举，身体稍向后倾，似在演练技能又似乎是在进行某种祈祷仪式。人物形象在背景图中的动物和远处船上的小型人物形状的烘托下显得异常高大、健壮。这一人物形象在原始社会应具有某种象征意义，或表示战斗神或表示勇士等。我国岩画中关于征战内容的也有很多，云南沧源岩画和内蒙古阴山岩画中这种题材的内容较为突出。云南沧源岩画《混战》中有人持弩而射，也有人已经战倒在地。内蒙古阴山岩画《部落征战》同样显示出战争的残酷性和身体的参与性。这幅岩画中出现了多处两人前后夹击一人的情景，被夹击的人手中没有武器，或许在战斗中被“缴械”了，看来是败局已定。战争是残酷的，对于生活在野蛮时代的原始先民来说，食物、温饱、安全等一切的获取都需要通过战斗获得，因此需要与天斗、与兽斗，还要与人斗。从人猎兽到人相狩，“猎人”和“战士”的身份于原始先民来说在本质上或许并没有多大差别。

四、其他身体运动形态

狩猎、舞蹈和搏斗是岩画中所见人类早期最主要的三种身体运动形式，岩画中还显示有表现原始先民耕作、畜牧、杂技等方面的身体运动。例如，芬兰阿斯图万萨米尔岩画中发现了很多表演杂技的图像。这些杂技图中的人，个个背部弯曲，做着翻筋斗的动作。我国云南沧源岩画《杂技》中出现了一些杂技图，表现了一人叠站在另一人肩上。相似的岩画在宁夏岩刻《杂技》中也有见到。四川珙县狮子岩岩画《球戏》中出现了类似球戏的活动。图中人一手举起，一手落下，右腿弓步向前做踢球状，这是岩画中较为少见的与现代体育在运动项目和运动形式上均较相似的一种身体运动形态，但这种身体运动的真实性质还待进一步研究。

第二节 古文字中的人类运动痕迹

人类学家摩尔根指出：“文字的使用是文明伊始的最准确的标志。”文字作为语言和其他文化的载体，其产生的意义重大且深远。人类文明史上四大独立创造发展的自源文字，分别是埃及圣书字、苏美尔楔形文字、中美洲玛雅文字和中国甲骨文，这四种文字体系均是象形文字。象形文字的基本特征是“因事赋形，以形索意”，因此，通过对自源文字中以“人形”或人形局部构形文字的考察与分析，可以窥探人类早期生活中的运动痕迹。

一、甲骨文中所见身体运动形态

甲骨文也叫“契文”“卜辞”，是保存在龟甲、兽骨上的文字，被学者认为是我国迄今发现的最早的成熟文字体系，在甲骨文之前很早就已经出现了文字，但文字的发展程度较低，郭沫若认为“早期文字要发展到甲骨文的水平，需要一千到二千年的时间”。甲骨文是汉字成熟的标志，与楔形文字、埃及圣书字一样属于形意文字，也是目前世界上唯一仍在使用的一种表意文字——汉字的前身，对于研究世界文字起源具有重要的学术价值。根据甲骨文的象形构形特点，可以窥见人类早期的身体运动痕迹。

在目前已经被成功解读的 1 500 多个甲骨文文字中，有大量文字是以人及人体器官形象构形的。甲骨文在构形造字上遵循“近取诸身，远取诸物”的取象原则，主要从人、自然物及人造物三个方面进行取象，其中取象于人的字符在所有文字中所占的比重是最大的。这些取象于“人形”文字便是我们借以观察人类运动痕迹的重要抓手。以安阳殷墟博物馆展出、中国戏剧出版社编辑出版的《甲骨文写意书法集》为例，全书共收集甲骨文 915 字，其中有 193 字与人体有关，245 字与人体器官有关，共计 438 字，占全书文字的 48%，表明这本甲骨文集中的字有近一半是取象于人及人体器官的。金文是在甲骨文基础上发展而来的，较甲骨文略有简化，其字符取象的特点可以反映甲骨文的字符取象特点。张再兴在《西周金文文字系统论》中总结出西周金文字符（张先生称之为“字素”，并将之定义为“形义结合的最基本独体字素”）404 个，并按字符取象的不同分为人体、动物、植物、人工制造物、天地自然物、其他等 6 大类。统计出在西周金文中有 91 个字素是取象于人体器官及人的活动的，占所有字符（404 个）的 22.5%，其比重比取象于其他来源的字符要大，是所有字符中占比最大的一类。取象于人体和人的身体器官的字符比重最大表明我国古代先民在造字取象的着眼点是“近取诸身”，从自己最熟悉、最了解的身体和身体运动来表征具体的和抽象的事物，身体运动是甲骨文文字构形的主要取象源之一。

虽然甲骨文字符进一步简化与抽象化，但其基本字符的构形仍是以“画成其物，随体诘诎”的象形字为基础的。河南安阳的中国文字博物馆和殷墟博物馆中收藏和展示了大量的甲骨文和图片资料，尤其是殷墟博物馆，展示了殷商时期的遗址及甲骨文的发掘历史。在殷墟博物馆中设有一面写意甲骨文的甲骨文文字长廊，长廊墙壁上按“与人体有关”“与身体动作有关”“与自然相关”“与人类行为有关”进行分类，且文字中均以写意的图画方法形象展示了甲骨文的构形特征和意蕴。这面墙壁最为突出的特点是大量文字取象于身体动作，因此一眼望去仿佛人的身体动作图谱。例如，“走”作，“跑”作，“斗”作，“坠”作，“耕作”作等，无不既形象又写意。取象于身体动作的文字在词性上以名词和动词为主，但也有形容词、副词和方位词等；构字方式既有由单个身体或身体器官形象构形的单体字，如人、大、左（左手）、右（右手）等，也有由多个取象于身体动作的字符组合起来或者身体形象字符与其他字符相结合构成的复合字，如两人相对搏击表示“斗”，人扶犁铧表示“耕作”，两人并立表示“并”，太阳下的三人表示“众”，从人从子意为“保”，居中庭左右谓之“位”，从人从木表示“休”等。复合字的大量出现为满足人们日益增长的需求提供了方便，因为人们不可能将每一个事物都“画成其物”来表示，而且有些抽象的事物无形可象，因此在已有的象形字基础上通过会意、形声、转注和假借等造字方法组成大量的复合字，如此一来在基本字符量不变的情况下表意的功能与范围得到了极大的扩展。但后期出现的会意字和形声字是在最初的象形文字的基础上形成的，仍以身体动作作为文字构形的取象源之一。

取象于身体动作的字符有着天然的形象性，形象之中又蕴含古人造字的心理原型。例如，甲骨文的“人”字是以一个侧面躬身的人形表示，既似描绘一个正在劳作、负重的人，又似一位谦谦君子向人鞠躬行礼之状。古人在史前岩画中对人物描绘上常采用“正面律”，即通过展示人的正面形象以突出形象的完整性。而甲骨文中的“人”（）字独用侧身像来表示，究其原因，《金文诂林》引张日升之说谓：“人之形态，别于禽兽，其显著者，即在于不必以手足并用爬行，故字作侧立形。”先民笔下的人，是以人之站立垂手、屈背，即将负重之姿势来表示：人之特点，在于能劳动。汉代经书多训“人者，任也”，其意即在此。仲长统《昌言·损益篇》中“以筋力用者谓之人”，说的也是这个道理。甲骨文中的“人”虽然是侧身人像，但仍是有形可象，而甲骨文中的“大”（），是以人的正面形象构形，则是对人的意义的引申。仅从外形上看，字中人伸臂张腿，动作自由舒展，彰显出其“大”和威武的含义。许慎《说文》对大的解释是：“大，天大地大人亦大，故大象人形。”这里的“天大地大人亦大”源自《老子》，其本义是人是伟大的，大有作为的，故用以表示“大”。“大”字，像人直立、跨足、挺身、伸臂握拳，将有所作为之态，是准备劳作之态，这种姿势与神气就是“大”。张日升认为“大取谊于人之两臂及足向外伸张，扩占空间之状”（《金文诂林》），同时也是对“大”字取象于人体形象的合理解释。

世界文化遗产——殷墟

二、古埃及圣书字中所见人类运动形态

距今约 5 000 年，古埃及人创造了一种象形文字——圣书字。象形文字的本意为“神圣铭刻”，源自古希腊语“神圣的文字”。古埃及文字系统基本由象形、谐音、会意原则同时并用而形成，如古埃及人称房子为 Pr，所以画栋房子即表示房子，也表示 Pr 音。这与甲骨文画山表山、画水表水的象形造字法是一致的，其最初的造字理据也同甲骨文的“画出其物，随体诘诎”相同。

古埃及的文字系统在符号的使用方式上，有“象形表意”“表音（只表示‘辅音’）符号”“形声组合”的方式。在埃及象形文字形成初期，主要以象形表意为主。埃及学家艾伦·加德纳（Alan Gardiner）总结出圣书字文献中最常用的 671 个字符，并按照它们所取象的事物分为 26 个类别，主要包括人体（男人、女人）及其行为、人体器官、动物、动物器官、植物、建筑、自然事物等”。其中取象于“男人及其行为”的字符共有 58 个，如、等；取象于“女人及其行为”的字符共有 7 个，如、等；取象于人体器官字符共有 63 个，如、；在人自身形象基础上形成的“人形神”作为字符的共有 20 个，如、，因为神是由人依据自己的形象设计出来的，所以也将其计算在“人及其行为”的范畴内进行统计。经统计，以上 4 类字符综合在一起代表了所有取象于人体的字符，共计 148 个，占全部字符（671）的 22.1%，超过取象于其他事物的字符，是在古埃及文字中所占比重最大的（表 1-1）。

直接取象于人体的字符共有 85 个，占所有字符的 12.7%。圣书字的取象特征反映出

古埃及在造字时的“人本主义”思想，人是天地之灵秀，既是社会生活的主体也是人类文明的创造者，因此取象于人体，一是为了取象的便利性和表达的高效性，二是人类通过自身及其身体运动认知世界的特征也决定了造字取象首先要“近取诸身”。

表 1-1 古埃及字符中取象于“人形”字符的情况

类别	个数	字符示例
取象于“男人及其行为”	58	
取象于“女人及其行为”	7	
取象于人的“人形神”	20	
取象于“人体器官”	63	
共计	148	

取象于人及其行为的字符反映了古埃及人对人体的各种身体动作的认知与表达。从字符的整体上看，对人物形象的描述都遵循了“正面律”原则，即突出人物的正面，身体躯干从正视角度，而头部是侧视。圣书字字符中的身体动作形象非常丰富，有坐的，有跪的，有躺卧的，有倒立的，有躬身前行动，有双手上举的，持有器械的，如棍棒、船桨等，还有的是与动物相伴而立的，这些都是埃及先民早期身体运动的形象体现。

古埃及圣书字字符的表意方式主要有三种：“一是直接表意，是指基本字符直接表示所描摹对象对应的词；二是引申表意，是指基本字符不表示它所描摹的对象，而是表示与描摹对象相似或相关的引申意义；三是组合表意，是指通过组合基本字符来表现语词意义。”圣书字中取象于人体的字符因其形象性有很多是直接进行表意的。表意的方式有的是直接单独表意，即字符也是词符，如，以站立的木乃伊形象，表示名词“雕像”；，以躺在床上的木乃伊形象，表示“躺”；和分娩的女人，表示“生孩子”；以坐在脚踵上的男人形象，表“坐”；和，以扛着棍子和包裹的人的形象，表示“牧人”；和，以站在缸里的男人和在缸里搅的男人，表示“酿酒”；，以头顶篮子的男人，表示“工作、装载、搬运”；，以弓箭手的形象，表示“军队”；，以拄着拐棍的老人形象，表示“首领”“年老的”“年纪最长的”等。有的直接表意是以复合表意的方式，即字符形象作为复合字的“义符”。以上这些例子中有多字符是同时可以用作“义符”的，其所表示的主要意思基本不发生改变，如表示的意思仍是“坐”；表示的意思仍是“工作、装载、搬运”。有些取象于人体的字符是只能用作“义符”表意，而不能单独表意，如，以举着手表示崇拜的男人形象，表示“崇敬”；，以捶胸庆祝的男人形象，表示“庆祝”；，以双臂上举的男人形象，表示“高兴”；，以俯身男人形象，表示“弯腰”。虽然是用作“义符”，但在意义表达上仍是直接表意。另外，也有两个或两个以上的“义符”组合表意，但不常见，它们较少直接表词，而是常常与音符配合组成意思音结构，如人躲藏于墙角，表躲藏之义，复合词“躲藏”一词写为 *imn*；人持船桨，表划船之义，复合词“划船”一词写为 *sḳdw*；人用手筑墙，表建造之义，复合词“建造”一词写为 *ḳd*；用刀砍腿，表毁伤之义，复合词“被毁伤的”一词写为 *isṯ*。

三、楔形文字与玛雅文字中所见人类运动痕迹

（一）楔形文字中的人类运动痕迹

楔形文字可能是世界上最早的文字系统，一般被称为原始楔形文字（proto-cuneiform），于公元前4000年末期为生活在美索不达米亚平原的苏美尔人使用。有学者认为楔形文字与古埃及文字处于同一时期，稍微晚些或是更早。最早的文字文本发掘于美索不达米亚南部城市乌鲁克（Uruk），大概时间是公元前3200～前3000年，发现了约5 000个刻有原始的楔形文字的泥板和碎片。考古材料证实在古代美索不达米亚使用的原始楔形文字的外观形象并不是楔形的，而是一些平面象形图画。

从原始楔形文字中可以看出有些字是取象于人及人体器官的，可以从不同类型的楔形文字进行分析。一种是直接象形，如以头的形象表示“头”，以嘴的形象表示“嘴”，以人的形象表示“人”。这种象形方式是最基本的象形字，即通过“画出其物，随体诘诎”的方式构造。另一种是索引式象形，即在具体形象的基础上进行意义延伸，如用牛头的形象表示牛，用脚的形象表示“走”和“站立”，用脚与太阳的符号组合起来会

“出去，出来”之意，以从人从强大会“君王”之意，以从嘴从面包会“吃”之意等。虽然楔形文字材料有限，但现有的例子表明楔形文字的取象同样是基于“近取诸身，远取诸物”的原则进行的，因此可以推测取象于人形的楔形文字应该不在少数，身体运动同样是楔形文字的重要取象源之一。随着文明演变，交际需求的扩大，人们对书写的简便性要求越来越高，楔形文字字形符号中弯曲的线条趋向于变直，笔画的头部变宽，笔画减少，笔画的方向趋于固定，笔画角度趋于平行，楔形文字已经由早期的“图形体”演变为“丁头体”（表 1–2）。楔形文字的图画性特征基本不见了，字符数也大幅减少，从最早的系统的 1 200 个符号，到了公元前 3000 年中期，减少到 800 个，到了第二个千年和第一个千年时期，仅有 600 个符号了。

表 1–2　楔形文字中取象于人及人体器官的字及其演变

编号	汉字释义	古乌鲁克时代（Archaic Uruk, 约公元前 3500～前 3100 年）	拉格什时代（Presargonic Lagash, 约公元前 2700～前 2350 年）	新亚述时期（Neo-Assyrian, 约公元前 911～前 609 年）
1	头			
2	嘴			
3	吃			
4	手			
5	走，站立			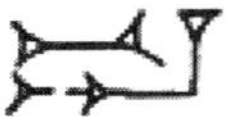
6	女奴			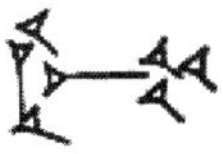

（二）玛雅文字中的人类运动痕迹

玛雅文明（Maya Civilization）是美洲印第安先民在与亚、非、欧古代文明相互隔绝的条件下独自创造出来的一项伟大文明。文字作为玛雅文明的重要标志和重要组成部分在公元前后就已经达到了较为成熟的程度，在一座玛雅金字塔的台阶上就刻有 2 500 多个玛雅文字。玛雅文字中既有象形，也有会意，还有形声，是一种兼有意形和意音功能的文字。玛雅文字的字形为方块图，类似于中国的印章，其发展水平与中国甲骨文相当，但符号的组合远较汉字复杂，字符的线条随图形起伏变化，圆润流畅。学者对玛雅文字的研究表明尤卡坦人（Yucatec）在16世纪仍在使用玛雅文字，所有玛雅文字的数目不超过600个。

玛雅文字艰深晦涩，至今能译解的不足三分之一。分析现有玛雅文字材料，发现玛雅文字中有很多字是以人体及人体器官构形的，如玛雅文字“人”作、和，用不同象形符号表达同一意思是玛雅文字中的异体字现象。“人”的第一个异体字最为形象，取的是一个侧坐沉思的人像。另外两个异体字则仅用头部形象表征，是以局部表整体的抽象化表达。同时，玛雅文字中的“君主”作，与第一个“人”的身体动作相似，但在头部与身体背部进行了突出装饰。以人体及人体器官构形的文字不仅用来表示名词，表示动词的字也有很多，如动词“坐”作和，也是异体字，分别以双膝跪坐和坐的轮廓图形来构形；动词“登上”作，是以一只向上攀登的脚的动作形象来构形，这个字对脚的描绘很具象，五个脚趾的形象都有体现，甚至脚趾的大小特征都有区别；动词“下降，栽下”作，取象于一个倒立的人形。玛雅文字字形中的这些侧身而坐的人、向上攀登的脚步、席地而坐的身躯及倒立的人形等都是玛雅先民身体运动的形象体现，而且文字构形具有具象化特征，表明玛雅文字的构形取象同样是“近取诸身，远取诸物”的原则，身体运动形态是玛雅文字的主要取象源之一。

玛雅文字中还有数量众多的取象于人身体器官的字，其中取象于人手的文字最为突出。虽然这些字符形象仅仅由一只手的不同动作形态构形，但它表示的是人的身体动作，也是取象于身体运动的表现。例如，是以手持粒状物来表示“播撒”；是以右手大拇指压在食指上表示“到达”；是以四指并拢，大拇指高高竖起的手部动作表示“拿”；是以握着杆状物表示“结束”。除以上这些例子外，哈佛大学出版的《世界文字史》中收录了一张以手构形的玛雅文字图，图中有29个以手构形的字，更是对这一特征的突出体现。29个以手构形的玛雅字所反映出的动作形态各有不同，如手指并拢的、手指分开的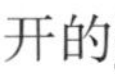、左手食指前伸的、横向握拳的、立向握拳的、左手五指伸直并拢的、拇指与四指分开且伸直的、手持物握拳的、手掌倒扣的等，通过变换手的姿势，或通过与其他构形符号结合进行表意。

第三节 考古文物中的人类运动痕迹

一、早期铜器铭文中所见人类运动痕迹

早期的铜器铭文被许多学者如郭沫若、汪宁生等认为是图画文字的孑遗，郭沫若最先把这些铭文认定为“族徽”，目前学术界普遍称这些铭文为“早期铜器铭文”“族徽文字”“族氏铭文”。汪宁生称：“族徽是一个部落或氏族的共同标志，同时也可作为器物主

人的个人标记……原始民族常以本族图腾作为自己的签名。”这种族徽对远古先民来讲是具有神圣意义的，不能擅自修改，就像我们在自己物品上签名、盖章一般，所以即使后来产生了文字，但人们仍是沿用原来的族徽，这样代代相传保存下来，正因此很多学者称之为图画文字的孑遗。在殷墟甲骨文和商代晚期及周代早期的青铜器铭文中，发现了大量这类族徽图形，反映了众多部族（含族邑首领）名称，这些图形或单独铸在一定的容器上，或附着于铭文一隅。组合起来的族徽，有的是在上面加上“大”或者“子”等字，可能是表示族的长幼等次，如“大宗”“小宗”之类，也有的是在下面加上人名，如祖丁尊、父乙鼎之类（图 1–1），还有的结合在纹饰中一起出现。

图 1–1　含有“人形”的族徽

在殷周族徽中，发现以人的身体动作形象单独构成或由人的身体动作形象结合其他元素组合构成的图形很多。图 1–1 中的 10 幅图形均为以人物形象构图的族徽，族徽文字中的身体形象不一，有正面的，有侧面的，有单人的，有多人的，有持工具的，有赤手的，不同的身体动作形象和不同图形的组合用以表示不同的意义。学者根据图形的内容将其分为七类：一是动物形；二是植物和自然现象；三是武器、工具和器皿形；四是人形（或仅画出手形及工具形为代表）与物件相结合，用以表示该族之职业或职务；五是强调和突出氏族外部特征的人形类；六是表现人之姿势及行为类；七是复合图形，用以表示复杂概念。

在这七类族徽图形中有四类，即第四类、第五类、第六类、第七类中的图形多与人的形象有关，借助不同的身体动作形态来表示。例如，第四类表示人形与物件相结合的一类的族徽中，就是用人形与不同的工具相结合构图表示相应的职业或职务。有用来表示农事的，两人相向而立，手持耒形，表示开垦或耕作之意（图 1–2）；两人手持禾苗形，相向而立也是用以表示种植、耕作之意，汪宁生称前人将该图形释为园艺的“艺”的初文（图 1–3）；一人面对树木而背有一床，似乎是看守农作物者（图 1–4）；有的用来表示战争和武士，一手持矛，一手持盾，表示武士（图 1–5）；一手持有斧头，一手牵着一个倒立的人，以此图形作为族徽的部落经常掠夺奴隶（图 1–6）；荷戈者是负责征伐的人，现在的“伐”字在外形上与荷戈之形较为相似（图 1–7）。第五类中的图形是突出人物外在特征，多体现在人物的装饰或头饰上，如头上装饰有羽毛或插上双角或者其他该部族所熟知的装饰物等（图 1–8），这一点与岩画中出现的“羽人”“鸟人”的表达方式较为相似。第六类表达人的姿势和行为，在表达方式上已经较为抽象，应该是与人们借助身体姿势作为辅助语言表达媒介由来已久，人们已经不需要完整的人形便可以表达完整的意思，于是族徽中的人物形象较为简化，用各种手势来表达相应的意思（图 1–9），不同足迹图形，则应该是用来表示与脚有关的行为或动作，如走、跑等（图 1–10）。

图 1–2　耕作

图 1–3　种植

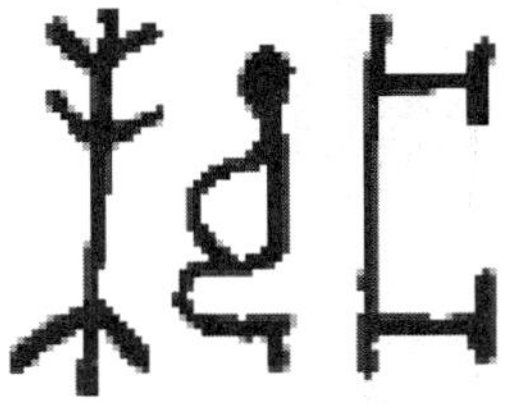
图 1–4　看守

图 1–5　武士

图 1–6　掠夺奴隶者

图 1–7　征伐者

图 1–8　突出人物特征

图 1–9　不同手势图形

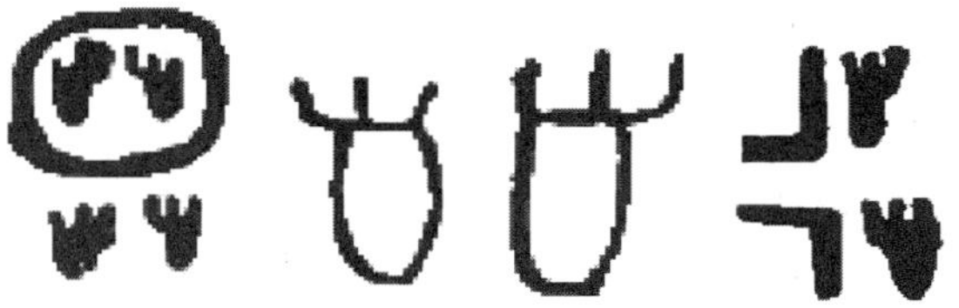
图 1–10　各种足迹图形

二、古滇国青铜器文物中所见传统运动痕迹

古滇国（公元前 278～前 109 年），是中国古代西南边疆的割据政权，疆域主要在以滇池为中心的云南中部及东部地区，历史学家惯称为滇族。古滇国地区青铜文化，最具有代表性的是晋宁石寨山、江川李家山墓地。在古滇国遗址中还出土了许多与人类身体活动有关的器物，如兵器、锄具，有装饰的铜鼓、扣饰、马具、陶瓷、铜牛等文物，展现了古滇国人民当时的生活方式和文化特征，也为探寻当时人民的运动痕迹提供了重要参考。

（一）竞渡

历史资料表明铜鼓是古滇国祭祀崇拜的主要对象之一，依据铜鼓上出现的一些竞渡图纹，推测竞渡是当时古滇国人民的一项神圣活动，常被用于各种祭祀活动。竞渡图纹：渡船上共有 15 个人，穿着羽毛做成的带有尾巴的服饰。船头一人持小旗立于船头作指挥，其余 14 人分为 7 小组，每 2 人 1 组肩并肩而坐，每个人手中持一桨在水中做划动状。他们皆头微仰，口微张，动作整齐规范。最前面的一个人在举着旗子指挥着，扮演教练员角色。2 人 1 组表明当时滇族已明白在竞渡过程中分工合作的重要性，两人肩并肩而立比两人一前一后或其他组合方式更有利于船只在水面上划行，有利于集中力量提高划行速度。

（二）磨秋（秋千）

在江川李家山出土的铜鼓图纹中，铜鼓侧面记录了当时磨秋的情节，图中央立一柱，顶端有一固定横轴，轴上有可转动的圆盘或滑轮，盘周系 4 条绳索，每条绳之端另系 1 个圆环。4 个人身着羽饰，最下面有一人在挥动着 2 面小旗子，可能为教练员。其余 4 人每个人各持 1 个圆环，做跳跃旋转状。并且荡到了秋千的最高点，或者说古滇国的秋千是从最高处向下跳的运动，说明荡秋千的技术很娴熟。古滇国的秋千与现在的秋千有所不同，古滇国的秋千是在绳子末端有一横木秋千，参与者是用双手挽住横木，而现在的秋千则是用脚踩或用臀部坐在横木上。

（三）镖牛

云南玉溪市江川区李家山 25 号墓出土的一件铜扣饰，反映了滇国祭祀过程中镖牛的场景。牛的正面图像的右侧有一木桩，木桩上粗下细，最上面有一平台。一头牛被拴在木桩上，牛角上倒悬一幼童。图像中有一人被牛撂倒在地，靠在木桩上作呻吟状，其余 3 人捆缚此牛。其中一人紧拉且拴住牛颈与前腿的绳索并绕于柱上，一人拉住系牛颈的绳索，另一人双手紧挽牛尾，控制牛不乱动。从上述场面中可以看出，参与镖牛活动的人必须体格强壮，体格稍弱就会被牛撂倒。由此可见，古滇国人已总结出了一套比较成熟的缚牛方法。

（四）斗牛

在江川李家山出土的扣饰文物中有牛与其他动物，以及人与牛角斗的场面。晋宁石寨山出土的 3 人缚牛扣饰，展现了 3 人与牛争斗的场面，其中 2 人在后面控制牛的尾部，1 人在前面用绳子拴住牛的颈部和前腿以试图把牛脚绊倒，推测当时他们的缚牛技术已经到了一定的高度，而且缚牛活动在古滇国很流行或者它产生的年代很久，否则难以呈现如此高超的缚牛技术。

第四节 考古中人类运动痕迹的性质

一、早期身体运动与人的生存与发展

从史前岩画中的人类运动痕迹分析，发现狩猎、舞蹈、搏斗是原始先民最主要的三种身体运动方式。这三种方式对于原始先民的生产、生活、安全至关重要，与他们的生存和发展息息相关。

狩猎是原始先民获得生活资料的最主要来源，没有狩猎，便没有食物果腹，没有兽皮保暖。农耕出现之前，原始先民主要依靠狩猎来获取必需的生活资料。

对于舞蹈，它虽然不会直接产生生活资料，也不能起到直接保护人身安全的作用，但它却是原始先民最为严肃的活动之一，尤其是原始巫术、宗教出现后。英国人类学家泰勒提出原始先民是万物有灵论者，为了与各路神灵进行沟通，便要借助表达不同主题的舞蹈活动，于是舞蹈作为一种巫术活动的基本形式与先民生活中的“万物”都建立了联系。通过跳跃、手势、跪拜、拜倒、装作神仙和鬼魔等身体动作形式，原始社会的舞蹈者表达了他们的诸多情感，如期盼胜利、祈求丰产等。

至于搏斗活动在原始先民生活中的重要性自是不需言说，因为它直接关乎人的生命安全、财产安全。哪怕是在当今以“和平”与“发展”为主题的全球化背景下，军事仍是一个国家或民族需要坚持发展的核心内容之一。原始先民的“搏斗”在很大程度上相当于当今的军事活动。

总之，人类早期生活中的狩猎、舞蹈和搏斗这三种生产和生活方式在原始人的生活中起着至关重要的作用。从马斯洛需要层次论的角度进行分析，原始初民的狩猎活动是满足其最基本的生理需求，否则原始人将食不果腹、衣不蔽体；搏斗活动是满足其最基本的安全需求，野蛮社会，优胜劣汰，适者生存。可以说原始先民的生存与发展史就是一部不断与天斗、与兽斗和与人斗的斗争史；而舞蹈活动本身带有休闲娱乐的性质，属于人的高级需求层次，然而原始人的舞蹈却是一件非常“严肃”的事情。舞蹈是原始巫术仪式的基本

形式，与原始初民生活的方方面面都密切联系在一起，于是产生了狩猎舞蹈、征战舞蹈、生殖舞蹈、祈雨舞蹈等一系列舞蹈形式，不同的舞蹈形式表征不同的巫术目的。因此，舞蹈因其与原始巫术的关系使之成为原始先民的最基本的生活需求。可以说狩猎、舞蹈和征战是原始先民生产和生活的主体形式，是事关其生存与发展的大计。而先民的这三种活动无一不是以身体运动的形式进行的，如狩猎活动中的奔跑、跳跃、投掷、射击等，舞蹈中的扭转、拉伸等，征战中的攻防格斗等都表现为丰富的身体动作形象。因此可以说，人类早期的生存与发展离不开身体运动。另外，古文字、一些考古文物中所见的人类运动形态呈现的也是人类的基本身体动作技能，反映的也多是人类的生存与生活技能。

二、早期的身体运动与现代体育的萌芽

人类早期的身体运动形态，如狩猎、舞蹈和搏斗等是由人的肢体承载和参与的人类行为，若从现代体育的概念上对其性质进行界定，如体育是“以人体运动为基本手段增进健康、提高生活质量的教育过程与文化活动”，体育是“人类为适应自然和社会以身体练习为基本手段而自觉地改造自我身心和开发自身潜能的社会实践活动”等概念可以发现这些身体运动形态并非现代意义上的体育。但体育的史前史，可以追溯到人的一切体力和智力活动都只是为生存条件提供保证的时期，从这一点看，人类早期身体运动形态可以视为现代体育的萌芽阶段，应与现代体育的起源有密切的联系。由于“体育”一词的内涵复杂，我们在讨论体育起源问题的时候，实际上包含了运动项目的起源、运动竞赛方式的起源和体育教育的起源三重问题。

首先，在运动项目的起源方面，人类先民身体运动形式丰富，如射箭、奔跑、搏击、投掷、舞蹈等，这些身体运动形式与现代体育中的射击、跑步、跳远、标枪，以及体育舞蹈等项目在身体表现形式上具有较高的相似度。而岩画中所见的一些杂技活动，如翻跟头、倒立等与现代体操项目较为相似。人类早期的这些身体运动形态与现代运动项目在身体动作表现形式和动作技能上也存在着高度的一致性。从婴幼儿到成人，人类终其一生的身体动作，皆不外乎包含位移的、操作的和非位移的三种基本动作技能。人类的这些基本动作技能对于掌握各种身体运动至关重要，是有效完成各种具体身体运动的基础。每一项身体运动都是多种身体动作的组合，不同的身体运动既表现出其特有的身体动作特征，也表现出共有的身体动作特征。人类早期先民的狩猎、舞蹈和征战都是人类身体基本动作技能的体现，如狩猎中的奔跑、跳跃等，舞蹈中的扭转、拉伸等，征战中的投掷、射击等。这些动作技能形成于人类早期的各种身体运动形态之中，并贯穿于人类自身及人类社会的发展过程中，为现代体育中丰富运动项目的形成奠定了基础。

其次，在运动竞赛方式的起源方面，人类先民竭力追逐猎物的方式、征战中武士奋力抗战“敌人”的方式都与现代体育中所追求的“更高、更快、更强”的竞赛理念有着天然的相似性，只不过早期先民的这种“竞技”更为残酷，遵循的是“物竞天择，优胜劣汰”

的生存法则，失败者，要么失去食物，要么失去生命。

最后，在体育教育的起源方面，人类早期的身体运动是人类早期知识的重要构成，这些知识的传授主要是以“身教”的方式进行。“在原始社会的普通教育中，体育目的占有统治地位。在很大程度上当时普通教育就是体育”。原始社会中虽没有所谓的学校，但从史前儿童开始仿效父亲投掷标枪起“学校”教育便开始了，而这种“学校”教育的主要内容是有关身体技能方面的教育，如狩猎、搏斗、舞蹈、祭祀这些身体运动技能无不是在相应的实践活动中进行传授的，这种“身教”的方式为体育教育的起源提供了基本范式。可见人类早期的运动形态对现代体育的起源具有发生学的重要意义。

第二章 古代体育运动

导读

与原始社会相比，有文字记载的历史尚十分短暂，但它却经历了若干次剧烈的文化变革。本章节介绍了古代两河流域和古埃及、古印度的体育运动，分析了古代奥林匹克运动的兴起、内容和特点，梳理了我国古代女子体育运动的萌芽、初步发展、繁荣时期和式微景象，归纳总结了古代女子体育运动发展的影响因素。

第一节 古代两河流域的体育运动

一、古代两河流域的社会状况

两河流域是人类文明的摇篮，第一个农业村落，第一座城市，最早的车、船和文字等，都出现在这片土地上。公元前3000年左右，在两河流域（亦称美索不达米亚平原）南部已出现了苏美尔人建立的一些奴隶制小国。它们都包括一个城市及其周围不大的地方。为争夺奴隶、土地和水源，各城市国家之间长期争战不休。公元前18世纪，古巴比伦王国的汉穆拉比统一两河流域中南部地区。直到公元前6世纪时两河流域相继出现了古巴比伦（公元前18世纪～前6世纪）、亚述（公元前19世纪～前612年）、新巴比伦（公元前626～前539年）等奴隶制王国。之后两河流域先后被波斯帝国、亚历山大帝国和罗马帝国征服；公元637年，两河流域并入阿拉伯帝国版图。两河流域各王国等级森严，宗教意识渗透了社会生活的每个角落。多数人认为人类被创造出来是为了侍奉神明；不仅要崇拜神，而且要供养神。

二、古代两河流域体育运动的内容

（一）格斗技艺和拳击、摔跤

中亚大约在 7 000 年前驯养了马，但马拉车的出现至少在 5 000 年之后。战车赛和赛马在西亚、北非、南欧、中亚、南亚都曾十分流行。考古资料表明，人类的乘车、赛车、骑马活动，都可以在两河流域找到源头，这对近东地区和世界古代体育产生了一定影响。西亚的亚述人马术精良，能够在奔马疾驰中自如上下，弓箭手能用各种姿势射箭。公元前 12 世纪时，亚述人曾经进行过有组织的击剑和投掷梭镖的训练活动。《汉穆拉比法典》的部分条文及一些图画，反映了古巴比伦的射箭、拳击、车赛、狩猎等体育活动的情况。巴格达博物馆一尊大约公元前 2800 年的青铜像，生动表现了抱腰摔跤的场面。

（二）狩猎

狩猎是国王和贵族中盛行的一种娱乐活动，巴尼帕国王曾经把自己杀死的野兽数目同自己在战争中杀死的敌人数目一样详细记载在泥板上。为保持士兵的战斗力，亚述的军队非常重视狩猎，以此作为重要的军事训练手段。

（三）游泳

游泳受到各阶层普遍欢迎。大英博物馆里收藏着巴尼拔国王率军渡河的浮雕：三个人使用充气的气囊作为漂浮工具，游泳姿势颇像现代的爬泳和侧泳。

（四）球戏和儿童游戏

古代两河流域采用海枣木棒进行击球游戏，后来又采用这种木棒进行马球运动。在民间还有一些娱乐性的舞蹈和儿童游戏。头顶大罐抱腰摔跤比赛，类似今天的杂技，特别受人欢迎。

（五）保健术

类似中国气功和印度瑜伽术的保健术从这里发端，后被古代各族人民吸收后，加以改进形成了不同流派。

（六）宗教性竞技

新年期间，为祭祀春天太阳神举行宗教性竞技会，这比古希腊奥林匹克祭典还早 1 000 多年。其中包括赛车、赛跑活动和分队进行的打斗比赛。

三、两河流域体育运动的特点

从城邦到帝国的漫长过程中，邻国冲突、王朝兴废、统一战争、外族侵扰、对外扩张，成为两河流域地区最常见的现象。尤其是亚述人以风尚习武著称，曾训练出机动迅速、进攻威力强大的军队，在对外扩张中更是以残暴著称。因此，两河流域的教育同军事密切相关，体育活动也带有明显的军事色彩。

第二节　其他区域的体育运动

一、古埃及的体育运动

埃及位于非洲东北部，尼罗河从南到北纵贯全境，河水每年定期泛滥，两岸淤积了肥沃的黑土。良好的自然条件使古埃及农业很发达，支持着埃及文明的发展。古希腊著名史学家希罗多德称埃及文明为“尼罗河的馈赠”。公元前 4 世纪中叶埃及进入阶级社会，公元 7 世纪中叶被阿拉伯人征服。古埃及社会宗教信仰与王权崇拜紧密结合，祭司与法老沆瀣一气，形成埃及君主专制的重要特征。

（一）古埃及的体育活动

1. 游泳和划船

古埃及地处尼罗河下游，濒临地中海，游泳、划船活动很普及。游泳是群众生存和娱乐的基本手段之一，在妇女中也不乏游泳好手。游泳是军队训练的重要内容，一些贵族家中建有私人游泳池，游泳是贵族学校的必修课。当时的游泳姿势与爬泳相似。划船也是国王和百姓经常参加的一项体育活动。

2. 球戏活动

古埃及人对世界体育的主要贡献之一是球戏。公元前 5200 年的埃及儿童墓中，已经发现了类似保龄球的大理石球与球瓶。2002 年在开罗西南郊发现了托勒密王朝（公元前 332～前 30 年）的保龄球场遗址。石灰岩球道长度约 18 m，中有一条深约 10 cm、宽约 20 cm 的凹槽。石道中部有一个边长为 12 cm 的正方形坑洞。附近还发现了两个打磨光滑的石灰岩石球，其中之一的直径与凹槽及坑洞尺寸相符。宫廷里的撞球是台球的远祖，使用球拍的球戏为网球运动奠定基础，用弯曲的木棍击球演化成现代曲棍球。

3. 拳击、摔跤、击剑

古埃及每逢节日庆典或外国使臣朝觐，都要在宫中举行拳击、摔跤、击剑活动。拳击和摔跤在军队与民间十分流行。古埃及帕尼·哈桑墓画上的200余幅摔跤图表明摔跤技术已经发展到较高水平，当时采用的抓、抢、摔、扭等动作同现在的动作相差无几。当时多采用站立式摔跤，并且出现了拳击规则。后来拳击和摔跤合并成一种叫“潘克拉辛”的运动，在埃及流行。

在古埃及的绘画和浮雕中，有使用木刀击刺的场景。比赛前双方要互相致礼，再向观众低头问候；赛毕胜利者双手上举，失败者单手掩面低头认输。

4. 杂技、舞蹈

杂技和舞蹈在古代埃及非常流行，在壁画中可以看到女演员做“桥”的动作、三人组成的塔形及翻筋斗等难度较高的技巧运动。贵族的待客礼仪中有一项就是用技巧表演和舞蹈让客人娱乐。古埃及还有培养舞女的学校。

5. 狩猎、射箭、驾车、骑马

猎取狮、象、犀牛等动物是法老的特权，普通百姓则常用长杆撑着小船去尼罗河三角洲的沼泽地打鸟、捕鱼、刺河马，或在草原上猎取动物。古埃及军队普遍进行射箭训练，许多法老的射箭技术非常高超。

在中王国时期，埃及人通过入侵的希克索斯人学会了养马和使用战车。

6. 船战

比赛者乘船手持长杆，尽力把对手往水里推，并且极力击沉对方的船，即船战。

此外，古埃及还有跑跳、举重、骑马、弈棋、棒槌打斗等体育活动。由于波斯人和古希腊人的入侵，埃及人学会了希腊式运动和波斯的马球。

在古埃及专门培养上层社会子弟的贵族学校和军事学校中，除教授文化课程外，还有射箭、划船、跑步、驾车、骑马等体育内容。

（二）古埃及体育运动的特点

古埃及社会等级森严，宗教意识浓厚，这对体育的发展产生了一定的消极作用。森严的社会等级，使得古埃及的体育呈现出阶级性。以法老为代表的奴隶制阶级不仅占有生产生活资料，而且垄断了文化教育和体育。

在举行体育对抗赛时，主要目的是体现法老的权威而不是体现运动技术和运动水平的高低。特权阶层人物能够依仗自己的社会地位在比赛中获得特殊待遇，如在棒槌赛中他们得到的棒槌较长，船战时他们得到的竿子较尖，在摔跤时有权使用较多的招数……卫生保健设施也仅见于宫廷和贵族住宅。

与平民相比，贵族拥有接受体育教育的专门机构、较多从事体育活动的时间及较多的体育设施。古埃及各种职业都是世袭的，平民阶层由于社会地位和经济状况的差异，只能从事一些和职业有关的身体训练：军人及其后代重视军事技术的学习，农民子弟重视农耕技术培养，手工业者的子弟主要限于作坊劳动技巧的掌握。这些活动虽然可以使人体得到部分锻炼，但很难使身体得到全面发展。

浓厚的宗教意识对体育的发展也有一定影响。例如，祭司不允许在非宗教场所修建体育场，也不允许按期举行竞赛和建立固定的竞赛制度。

二、古印度的体育运动

古印度包括今天的印度、巴基斯坦、孟加拉国等国家和阿富汗的部分地区，是人类历史上最早进入文明时代的地区之一，当地的达罗毗荼人在公元前3000年左右就进入了奴隶社会。公元前1500年左右，来自中亚雅利安牧民从西北方逐步入侵印度。在雅利安人奴隶制国家的形成过程中，印度形成了严酷的社会等级制度，即种姓（梵文叫“varna”，即颜色或品质）制度。

种姓制度把社会成员分为四个等级：婆罗门、刹帝利、吠舍和首陀罗，前两个等级为统治者，后两个等级为劳动人民。不同等级在社会地位、权利、义务和生活方式上有严格的不同规定，各等级职业世袭不变，互不通婚，界限森严，贵贱分明。婆罗门是祭司贵族，地位最高，掌管神权，解释法律，垄断文化；刹帝利是军事贵族，包括国王、武士和官吏，把持政权和军权；吠舍包括农民、手工业者和商人，必须向国家缴纳赋税，主要从事畜牧、农耕和经商，靠劳动谋生，受婆罗门和刹帝利的统治，用布施和纳税方式供养他们；首陀罗是指失去土地的自由民和被征服的居民，从事木工、打铁、挖井等被认为是低贱的职业，地位最低，不准参加宗教仪式，不得与前三等人通婚。种姓制度在印度延续了2 000多年。

在印度奴隶制发展的过程中，产生了维护种姓制度的婆罗门教，婆罗门教把婆罗门种姓说成是神用自己的嘴创造的，其他三个种姓则是神用双臂、双腿、双脚创造出来的。婆罗门教宣扬灵魂轮回转世，要求低等种姓逆来顺受。种姓制度和婆罗门教相结合，渗入印度社会生活的各方面，对印度社会产生了巨大影响。

公元前6世纪，释迦部落的悉达多·乔达摩代表刹帝利和上层吠舍的利益创立了佛教，反对婆罗门的特权地位。佛教主张众生平等，宣扬因果报应，教人安分守己，忍耐现实的剥削和压迫。

（一）古印度的体育活动

1. 瑜伽和保健术

瑜伽是一种古老的健身方法，它采用不同姿势、遵守静心调息的规则进行身心修炼，静坐是基本的锻炼形式，要领在于控制和调理呼吸，使身体处于相对静止状态，从而超脱尘世，具有修身养性、祛病延寿的保健作用。

瑜伽简史

印度人笃信神灵，关心修行升天和保持种姓。宗教教育要求前三个种姓的人洁身净心，每天水浴以洗净罪恶，饭前洗手洁齿，反对饮酒致醉，主张以静坐绝食来治疗疾病。但也有一些医生主张通过运动、按摩等手段来维护身体健康，按摩技术十分出色。在古印度的历史文献中，记载着有人因为污染河流、卖腐烂食物等行为污染公共广场而受处罚的事情，说明古印度人很重视公共卫生。

2. 舞蹈

舞蹈被认为是一种可以延年益寿的健身手段，是古印度非常普及的娱乐活动，不仅妇女们十分喜好，老年人也经常参加舞蹈活动。宗教活动也离不开舞蹈。为赎罪而进寺院的舞女，从儿童时期便要学习舞蹈。新王登基、传统宗教节日、凯旋都要举办舞蹈竞赛。

3. 摔跤、拳击

不同种姓、教派的男女都热衷于摔跤，当时的摔跤比赛中已经有了裁判。古印度许多城市都在城门侧建有摔跤和拳击场，并经常为著名选手举办专门的邀请赛。佛教学校大多附设有健身房供人练习摔跤。职业摔跤手主张早起练身，保精摄神，重视饮食、睡眠，在训练中使用沙袋吊腿以增强腿力。吠舍们经常去丛林、旷野唱歌、跳舞，进行拳击、打斗和其他娱乐项目。

4. 棋类

古印度的棋类游戏发展到了相当高的水平，公元前 7 世纪，印度已有了象棋游戏，称作“恰图兰格”，即“四方阵”或“四角”。棋盘分为 4 边，每边 8 格，全盘共 64 格，每方有 8 枚棋子：王、马、船、象各 1 枚，兵 4 枚。后来，船改为车。有人认为它是国际象棋和中国象棋的共同原型。

5. 游泳

游泳是古印度人十分喜欢的项目，王宫和一些贵族的住宅都设有游泳池，国王时常在宫女陪同下下河游泳。跳水也很流行，当时已经出现助跑跳水动作。

6. 其他娱乐活动

公元前 20 世纪中叶，古印度球戏盛行，人们还爱观看斗鸡、斗兽。秋千也是当时的娱乐活动之一，赛马活动经常举行，古印度人的赛马技术也很高超。

（二）古印度体育运动的特点

古印度的体育运动受到种姓制度和宗教观念的深刻影响。种姓制度给古印度体育刻下了深深的烙印，不同种姓的人参加体育活动的范围受到种姓制度的制约。骑马、武器练习及瑜伽术只有雅利安人才可以接触，非雅利安人出身的首陀罗不能参加；不同种姓之间也不能进行体育比赛。刹帝利认为自己不应该从事在吠舍中流行的舞蹈练习、圆环操等体育项目。

宗教对古印度的体育有较大影响，体育需要依附宗教才能推行和发展。例如，高难度的舞蹈学习是在专门培养寺庙舞蹈表演者的学馆里进行的，这些学馆不对外开放。瑜伽术只有神职人员才能达到高级境界。在农村中的一些体育活动形式如跑、跳、舞蹈和洁身等，也以宗教需要为出发点。例如，跳高是为了增加土地的肥力，而各种形式的绕物跑和舞蹈中的蛇形动作，是为灵魂转世开辟道路。由于宗教的影响，印度人普遍重视灵魂的修炼，忽视肉体的锻炼。但宗教教义中有一些关于清洁卫生的规定、祭祀典礼中的舞蹈和修行方式，也有益于人体健康。例如，瑜伽修行中的瑜伽术已经成为世界流行的健身方法之一。印度宗教把大多数的体育形式都置于自己的控制之下，使得古印度的许多体育形式依附宗教而发展起来。

综上，古代两河流域和古埃及、古印度文明都建立在农业社会基础上，都存在阶级压迫现象和森严的等级制度，社会历史发展进程中的这些共同点使得这些区域中的体育文化也形成了一些共同的特色。古代两河流域各国进入阶级社会后大都形成了森严的社会等级制度，统治者和被统治者的权力、地位在社会生活的各个方面都存在明显差异，对等级地位的重视也体现在体育活动中。统治者享有充分地从事体育运动的时间和物质条件，而被统治者只能在十分有限的闲暇时间内，参加一些与自己体力劳动职业有密切联系的体育活动，不同等级地位的人在体育运动中的地位也明显不同。古代苏美尔、埃及、印度，以及亚洲一些国家下层民众的体育活动状况都能够证明这一点。两河流域文明以农业为主，与自然和谐相处的生产也造就了和谐、宁静与稳定的生活方式，使保健养生活动在整个体育中占有重要地位。宗教活动对于古埃及、古巴比伦、古印度的体育运动也产生了一定的影响。

第三节　古代奥林匹克运动

一、古代奥林匹克运动的兴起

有史以来，游戏和竞技是人类生产生活的重要内容之一。溯源欧洲文化的源头是古希腊文化，古希腊文明源于海洋，是一种海洋文明。古希腊人创造的灿烂文化，是通过古罗马文化的连接得以发展的。古希腊的文化被古罗马人吸收和融合后，随着古罗马人的扩张和征服，将希腊的文化传播到整个欧洲。古奥运会历时 1 169 年，举办 293 届，是人类体育文化宝库的一颗瑰宝，对人类的发展产生了深刻的影响。

（一）古希腊自然环境和社会历史条件为奥林匹克运动的产生奠定了基础

古希腊地处巴尔干半岛南端的欧、亚、非三洲交界处。东临爱琴海、西南濒爱奥尼亚海（也称伊奥尼亚海）、南隔地中海海域，是典型的海洋文化流域，漫长曲折的海岸线和众多岛屿形成的天然地理环境为希腊人海上贸易提供了极大的便利。古希腊海洋文明区别于两河流域的农业文明，难以形成集中统一的国家，古希腊氏族制度瓦解以后，极为分散的奴隶制城邦之间为了政治稳定和经济发展而纷争不断。在这种情况下，形成了具有代表性的斯巴达和雅典教育体系，斯巴达因其规模小而更加崇尚军事体育教育，培养体格强健、能征善战的武士风格是城邦的首要任务，而雅典更注重培养人的身心和谐的发展，但两者中，体育都占据了非常重要的地位。这种自然的地理环境和社会发展历史形成了以古希腊为代表的欧洲人生活方式的多样性，傍海而居的生存条件塑造了古希腊民族的冒险性格和抗争意识。奋发拼搏、向外开拓是其生存的社会需要，倡导个体的自由、竞争，个人充分发挥自身的生命潜能和智慧，成为西方文化的重要特征。这反映在体育上，就是要求人们追求自身力量、速度、耐力、灵敏、柔韧等素质的极限发展，要求在活动中不屈不挠、超越自我、勇争第一，实现“更快、更高、更强”运动和生活目标。这为竞技体育在古希腊的产生奠定了基础。

（二）古希腊宗教祭祀的转换机制

古希腊宗教具有泛神论特征，宗教祭祀是古希腊盛大的仪式。相传奥林匹斯山上住着一群强大的神祇，各显神通。宙斯是诸神之王，具有至高无上的权威，掌管着人世、天上的一切。奥林匹亚以其众多的崇拜场所而显赫一方，出自奥林匹亚的神谕之灵验，吸引了趋之若鹜的朝圣者。仿佛唯有对其顶礼膜拜，才能求神灵佑护，故认为将最美好东西对其献礼是最虔诚的祭祀。超人的力量、健美的身体和发达的肌肉是古希腊人在当时社会历史条件和生存价值中最为崇尚的追求，自然成为宗教祭祀的最高献礼。以博取诸神的欢心，换取生活的需要和生存的美好。于是，这种带有宗教色彩的竞技活动如战车赛、拳击、摔跤、掷标枪、掷铁饼、格斗、射箭、球戏等成为向神灵献礼的展示，成为古奥林匹克运动的开端。

（三）古希腊频繁战争、渴求和平促进了奥林匹克运动的发展

古希腊形成各自独立、数以百计的城邦，因彼此利益之争，而战争频繁，战争极大地影响了古希腊人的生活。战事频发，要求古希腊人具有强悍的体格和敏捷的行动能力，体育训练、培养战争所需要的人成为各城邦的首要大事。苏格拉底曾针对古希腊体育与战争的关系指出，“每个市民绝不能成为体育的门外汉，应该具有最坚实的身体条件，一旦出现国家危机能随时出征，尽自己保卫国家的义务”。长久的战争使城邦市民疲惫不堪，损耗极为严重，这激起了他们对频繁战争的厌恶及对和平的强烈渴求。于是，市民们在积极提升体能的基础上，以宗教祭祀献礼为出发点开展竞技运动比赛，通过供奉神灵的方式，来加强各个独立城邦之间在经济、政治方面的共同利益往来及文化交流。并号召在比赛期间宣告“奥林匹克休战”，以保证比赛的顺利进行，而对违背“奥林匹克休战”规则的行为进行惩戒。奥林匹克运动会召开期间的“奥林匹克休战”从最初的 1 个月延长到 3 个月，不仅扩大了奥林匹克运动参与的规模和范围，而且缓解了战争带来的损害，满足了市民渴望和平的意愿，“奥林匹克休战”和竞技比赛进一步促进了奥林匹克运动的发展。

二、古代奥林匹克运动的内容

古代奥林匹克运动的缘起致使其运动项目内容的设置大部分与军事有关，因此比赛竞争激烈、对抗性强。这些项目的竞技体现了古希腊人的勇敢、强壮和健美的特质，展示了速度、力量、耐力等的较量，彰显了崇高的理想和追求。

1. 赛跑

赛跑也是古代奥林匹克运动会最早的比赛项目，前 13 届奥林匹克运动会只有短距离跑 1 个项目，距离为 1 个“斯泰德”（192.27 m）。以后又增加了往返跑，即跑到终点后绕终点线的石柱折回。公元前 720 年第 15 届奥林匹克运动会又增加了长距离跑项目，距离为 7～24 个“斯泰德”。武装赛跑在公元前 520 年第 65 届奥林匹克运动会开始列为正式比赛项目。

2. 拳击

拳击是古希腊最古老的运动项目之一，但直到公元前 688 年第 23 届奥林匹克运动会才列为比赛项目。

3. 摔跤

摔跤是古希腊人十分喜爱的运动项目。摔跤比赛分为立姿和卧姿：立姿比赛时，竞技者要将对手摔倒在地 3 次才能获胜；卧姿摔跤是竞赛双方在泥泞的场地上进行比赛，一直进行到一方筋疲力尽而承认失败为止。

4. 混斗

混斗是由摔跤和拳击混合而成的竞技项目。比赛时，竞技者身体的任何部位都是进攻的武器，可以用各种动作和方法打击对手，直至使对手丧失抵抗力或承认失败为止。

5. 五项竞技

五项竞技包括短跑、跳远、掷铁饼、掷标枪和摔跤。这项比赛是古代奥林匹克运动会中最受人尊重的项目，正如亚里士多德所评论的：“五项竞技的运动员是最出色的，因为他们既有力量又有速度。”

6. 跳远

跳远用的沙坑叫作“斯卡玛”（skamma），长约 15 m。跳远分为立定跳和助跑跳两种。比赛时，运动员手握名为助跳器（halteres）的半圆形重物，重量 1.48～4.63 kg，据说这样既可增加跳的距离，又有助于落地时保持身体平衡。跳远的成绩用线绳测量，用木桩标记。

7. 掷铁饼

最初投掷用的是中心厚、边缘薄的石饼，在公元前 6 世纪改用金属饼。

8. 掷标枪

古代奥林匹克运动会使用的标枪是一种直木矛，通常用松木或橄榄枝制成。长度相当于一般男子的身高（约 1.73 m），粗细与食指相似。最初矛尖为锋利的石头，后来才换成用金属制成的不同类型的枪尖。

9. 赛车

赛车在公元前680年第25届奥林匹克运动会列为竞技项目。由于比赛规模宏大，设备豪华，加之惊险场面层出不穷，其深受古希腊人喜爱。公元前500年第70届奥林匹克运动会时还增加了骡子拉车赛，但不久后取消。

10. 赛马

公元前648年第33届奥林匹克运动会将赛马列为竞技项目，当时称作“奥林匹克大赛马”。到公元前496年第71届奥林匹克运动会时又增加了牝马赛。

三、古代奥林匹克运动的特点

古代奥林匹克运动的特点与同时期东方中国体育运动的特点在文化认知、核心理念和竞技观方面都存在差异。

（一）古希腊奥林匹克运动文化认知的外向性、开放性

古希腊社会的世俗化与人格化，同雅典民主制所孕育的崇尚个人成熟、纵欲、享受的社会文化，发展了古希腊独有的人体审美意识、娱乐意识，以及从个人原则和人格意识出发形成的体育风尚。长期以来，西方体育文化产生与发展的经济基础是以海洋贸易为本的商品经济，商品经济的特点是互通有无，具有开放性和外向性，从而使欧洲文化自形成之时起就具有了外向性和开放性的特点。

（二）古希腊奥林匹克运动文化核心理念的利我原则

西方体育文化价值观为“勇敢、竞争、自由、平等、节制和谨慎”。其中勇敢被西方人看作重要的品德，为第一位，暗含了西方的体育运动是勇者的行为，以勇取胜，无勇而不至。这种价值观指导下的行为模式深刻蕴含着古希腊自然地理环境和社会发展历史孕育而生的奥林匹克文化的核心理念——利我原则。“勇敢、竞争、自由、平等、节制、谨慎”的对象都是自己，表现出施动者是自己，受动者也是自己，没有他人的位置，是一种典型的以自我发展为中心的做人做事原则。西方传统价值观中主张竞争为贵，物竞天择，适者生存的信条与德性。在这种理念下也就自然诞生了以个体为本位的体育思想。他们的比赛是代表个人，参加体育活动纯粹是个人的爱好，这些思想也深刻地反映在奥林匹克运动上。西方人从事体育活动坚持的是个人主义，提倡个性解放，宣扬个人独立，突出个人自由，尊重个人权利，重视契约关系。

（三）古希腊奥林匹克运动文化“认识自我”的竞技观

在希腊人眼中，理想的人物不是拥有善于思索的头脑或感觉敏锐的心灵的人，而是

血统优良、发育健全、肢体匀称、身手矫捷、擅长各种运动的竞技家。希腊人重视将其肌肉训练得强健有力。欣赏弥漫着活力、肌肉隆起的躯体，以展示肉体之美为荣。古希腊对力的崇拜与对肉体的赞美构成了西方体育文化竞技观的基础。不同的竞技观影响着人们对活动方式的选择，从而形成不同类型的运动模式。西方重视体格、赞颂力量，其主要运动竞赛大都属角力、跳跃、拳击、赛跑、掷铁饼等力量型的运动，以展示体能的高低为竞赛特征。而中国运动方式大多呈技术型，就是在力量型的竞赛中也崇尚“四两拨千斤”的技巧，以展示技法技巧之优劣为竞赛特征。独特的海洋文明形成了古希腊奥林匹克运动的冒险性、勇敢性和竞争性。其行为目的是带有极强的攻击性的。西方体育文化所彰显的则是自由竞争的参赛原则。古希腊思想传统主张人可以认识自然，征服自然，向大自然挑战。那个时候的人们清楚地意识到自身与自然的差异、对立和矛盾，并力求克服这种矛盾。他们主张在竞技中“认识你自己”（苏格拉底语），从而把荣誉与争取胜利联系起来。他们对竞赛活动的规范总是立足于如何保证在形式上完成公平竞争，竞赛规则主要是针对竞赛活动本身，而很少对参加者提出超出该运动竞赛的道德要求。

第四节 古代中国女子体育运动

古代中国女子体育运动[①] 发展演变历史不仅是中国女子生活史的一面镜子，也是我国古代身体运动和体育休闲活动的重要组成部分。它一方面与女性个体休闲、娱乐、游戏等活动密切相关；另一方面又和社会制度、文化礼仪及古代竞技表演有深刻交集。女子体育在中国古代体育发展的历史长河中是一个不可忽视的社会文化现象。

一、古代中国女子体育运动的萌芽

体育运动的产生，是人类生存和生活需求的产物。原始人类在狩猎、采集、防御和战争中的奔跑、跳跃、投掷乃至搏斗厮杀中，不断增进对身体运动能力的认识；在祭祀、祈祝及娱乐活动中对身体表现力的重视，也日益凸显出各种身体素质的重要性。在原始人类发展自我、壮大群体、教育后代的活动中，女子体育运动也开始萌芽。

（一）原始群居时期女子的身体活动

原始群居时期，人们主要依靠群体力量，通过采集和狩猎的方式获得生活的来源。

① 本节所提到的体育运动是一个概念区间，主轴的一端是娱乐游戏的活动类型，另一端则是高度建制化的竞技比赛；沿着这个区间中的身体活动，均存在着体力付出、或松或紧的规则和竞争等共同特点。

《韩非子·五蠹》载："上古之世，人民少而禽兽众，人民不胜禽兽虫蛇。"原始人民不仅要面对野兽的侵袭困扰，而且需要采集食物抵抗饥饿。在生产力极其低下的原始社会，挖掘食物根茎、采摘果实、围捕与防御野兽等成为原始祖先日常的社会劳动，而这些日常的身体活动成为运动起源的重要因素。

原始社会的总体特征是生产力水平十分低下，发展速度缓慢，主要以共同劳动、共同分配为主，不存在生产资料的私有制，社会成员之间关系人人平等。为了获取更多的生活资料，女子在群居时期和男子一样需要承担社会劳作任务，因此女性在采集食物和生产劳动期间需要进行大量的身体活动，此为该时期女性的主要运动方式。

（二）母系氏族时期的女子体育活动

母系氏族社会时期，原始社会生产方式由狩猎、采集发展到农业和畜牧业，女性占据着社会生产和生活的主导地位。女性在生产生活教育及宗教活动中的特殊角色决定了女子在原始体育活动中的重要地位。

1. 身体活动的教育者

《吕氏春秋·恃君览》中写道"尝无君矣，其民聚生群处，知母不知父"，描述了在母系氏族社会中女性地位远高于男性，是权力的核心。在这一时期往往也是女性担任教育者这一角色，传授与训练族人及其后代与生活生产密切相关的重要生活技能以提高生存能力，如行走跑跳、涉水攀登等原始身体能力和技术的训练。在"对门居"的社会生活中，养育子女，传授生活、生产技能，各种身体素质的锻炼与发展是女子体育活动的主要内容。

2. 原始宗教中女子体育活动的雏形

在母系氏族时期，女性体育的萌芽不仅存在于原始的生产生活教育中，而且在原始宗教活动中也能看到女子运动的雏形。《毛诗正义·诗大序》言："情动于中而形于言，言之不足故嗟叹之，嗟叹之不足故咏歌之，咏歌之不足，不知手之舞之，足之蹈之也。"这句诗讲述了人们难以用言语描述内心激动的情绪时，往往通过肢体动作进行表达，也因此指出了舞蹈的起源。尤其在原始社会尚未有成型的语言范式，氏族成员在庆典祭祀、谷物丰收、猎物满载的时候便会模仿自然界动物的动作形态，并且伴随着石块的敲击节奏手舞足蹈。《尚书·益稷》中写道"击石拊石，百兽率舞"，表达了自然崇拜、祖先崇拜、鬼神崇拜、图腾崇拜等原始宗教信仰。神话传说中的"女娲补天"和"精卫填海"的故事，一定程度上反映了这一时期女性的身体素质状况。而 1973 年青海省孙家寨墓葬出土的"舞蹈纹彩陶盆"上的女子集体舞蹈，显示出女性对于借由身体活动表达思想和信仰的认知。

（三）父系氏族公社时期的女子体育活动

随着农业、畜牧业和手工业的发展，尤其是部族之间愈发频繁的战争，凭借身体优势，男性逐步取代女性占据了社会主导地位，历史由此进入父系氏族阶段。"一夫一妻多姬妾"的婚姻模式逐步确立和私有财产的出现，标志着女性社会地位的降低。

尽管这一时期“男尊女卑”的观念渐趋呈现，女性仍然在社会发展中承担重要角色，如抚育子女后代、发展她们的身体素质，以更好地适应各种生存与社会竞争；担任巫觋高级职位，运用各类知识及舞蹈等身体活动以沟通鬼神等。

所以从起源来看，我国古代女子体育运动主要体现在生活劳动、后代教育、原始宗教活动三方面。这也充分地反映出女子体育活动的物质、社会与精神功能。

二、古代中国女子体育运动的初步发展

（一）先秦时期的女子体育运动

夏商周三代，是一个呈现着浓厚血亲色彩的族群社会，也是由父系氏族步入阶级社会的阶段。这一时期，生产力持续进步、奴隶制逐步确立，战争频繁、部族融合，体育运动也获得了飞速发展。军队规模的壮大及战争的频繁，使得各类身体素质的锻炼和武器操演渐趋体系化；社会生活中祭祀与宴乐中的身体运动，如舞蹈和射礼等，也日益建制化；射箭、驾车及舞蹈，也成为官学和私学教育系统中的重要内容。

在已经开始“女正位乎内，男正位乎外”的社会分工模式下，男性主导了显著性的身体活动，并成为体育运动的社会主体；女性参与各类体育活动的权利和机会，受到一定程度的抑制。

1. 夏商周时期

在原始社会末期，由于生产力的发展使得产品有了剩余，在氏族内部开始出现贫富分化现象。此外，氏族贵族往往把战争中的战俘作为奴隶，由此我国从原始社会逐渐过渡到奴隶制社会。

作为我国历史上建立的第一个朝代，夏朝正是奴隶制社会开始形成的时期，此时的农业、手工业和畜牧业都得到较大发展。根据偃师二里头遗址中出土的鼎、爵、斝、盉等礼器，这些青铜礼器与当时的祭祀和游猎等活动密切相关。《今本竹书纪年疏证》中写道：“十年，帝巡狩，舞九韶于大穆之野。”《墨子·非乐》中记录了：“启乃淫溢康乐，野于饮食。”史料的记载与青铜礼器的水平工艺说明当时的统治者非常重视田猎与乐舞等活动。在此影响下，夏朝奴隶主时常进行野外狩猎活动，并且会带上妃妾一同游猎，因此该时期的女性在一定程度上还是有机会参与到体育运动中的，但多在上层阶级群体。

公元前 1600 年汤灭夏以后，商朝建立，成为中国历史上的第二个朝代。商朝末代君主帝辛于牧野之战被周武王姬发击败以后，商朝灭亡，周朝建立。周朝前期建都镐京（今西安市西，史称西周），西周是中国奴隶社会发展的最高阶段。为了维护奴隶主阶级的统治，完整的宗法礼乐制度由此出现。

商周的宗法礼制，使得女性在政治、教育权利上是有限制的，但对女性参与身体运动的束缚并不严重。上层社会的女性尽管受礼乐文明的影响，但各种身体活动依然十分普

及，并与生产、宗教、教育、娱乐、社会参与等密切联系。她们的体育活动也颇有特色。例如，女性仍然被视作通灵的媒介，在商周的宗教祭祀活动中担任乐师和巫师等角色，以歌舞的仪式娱神通灵、禳灾降福；女性舞蹈还是贵族娱乐的重要方式。舞蹈专业训练队伍很庞大，《管子·轻重甲》记载："昔者桀之时，女乐三万人，晨噪于端门，乐闻于三衢。"此外，女性仍参与领导和进行战争。商王武丁的妾妇本领强大，既能主持祭祀，又可领兵作战。《库方二氏所藏甲骨卜辞》记载"辛巳卜，争贞：今者王共人呼妇好伐土方，受有佑""辛巳卜，贞：登妇好三千，登旅万，呼伐羌"。

下层社会女性却因"礼不下庶人"的社会规范，而相当程度上保持了体育活动的自主性。《诗经》记载："南有乔木，不可休思。汉有游女，不可求思。"显示了当时女性游水活动的开展比较普及。起自北方部族山戎的荡秋千活动，"后中国女子学之，乃以彩绳悬木立架，士女炫服坐立其上，推引之"，遂逐步得以流行起来。

2. 春秋战国时期

西周灭亡后，整个春秋战国时期历经549年，在此数百年间诸侯称霸，列国混战，战争的频繁使得各国对军事力量十分重视，相应的军事体育也在战争实践中得到迅速发展。女子体育除了休闲、娱乐、祭祀等活动以外，也出现了军事、竞技等特点。

在春秋时期，铁制农具的出现带动了铁制兵器的发展。在春秋战国时期，吴越两国的制剑工艺极具盛名。在湖北省荆州市江陵县望山楚墓群1号墓出土的越王剑便是当年越王勾践所戴的佩剑。剑道在当时不仅流行于帝王将相与文人侠客之间，在民间也有着广泛流传。《吴越春秋》记载越王勾践请"生于深林之中、长于无人之野"的越女讲解教授剑术的故事。越女提出击剑中的"道、意、阴阳、开闭、内外、形神、呼吸、纵横"等一系列理论范畴，阐明了其中动与静、快与慢、攻与防、虚与实、内与外、逆与顺、呼与吸等矛盾双方的关系。这在一定程度上表明，东周时期战争的频繁使得技击斗剑风行于民间，女子也成为重要的参与者。

越女

（二）秦汉帝国的女子体育运动

自秦以来，中国步入官僚制集权帝国时代。秦汉帝国政治体制的变革，在推动社会经济文化发展的同时，也深刻影响着女性的身体活动。一方面，董氏儒学为政治所吸纳，上升为官方意识形态，"男尊女卑""男以强为贵、女以弱为美"的社会观念得到强化，进一步抑制了女性参与竞技类的体育活动；另一方面，岁时节令活动的规制化及上层社会女性的非生产化，使得女性更为青睐休闲性的体育游戏，使得女性休闲娱乐活动获得较好的发展。

1. 秦朝时期

秦朝时期关于女子体育的史料记载较少。一方面是由于秦始皇在统一六国后为了加强中央集权，维持国家统一和皇权专制，颁布收缴兵器这一重大措施，举国上下实行民间禁武，以弱黔首。这一时期军事体育的发展占主要地位，而民间体育活动受到严重影响，得以保留的只有宫廷中的乐舞、角抵和养生、导引等。另一方面是由于女性地位逐渐下降，妇女活动不受重视。从先秦时期开始，女性从自我展示的审美主体转变为被男性欣赏的审美客体，女性形象大多以贤淑为主，《诗经》中“窈窕淑女，君子好逑”一词便可窥见古代美丽女子往往是娴静优雅的形象，而少有对女性运动过程中的动作姿态进行赞赏。此外，在先秦诸子百家思想中的“男尊女卑”的思想也对秦朝妇女地位有着较大影响。无论是儒家学派孔子所言“唯小人与女子难养也”、道家学派庄子所提出“男先而女从，夫先而妇从”，或是韩非子提出的以妇女作为政治工具、生育工具的说法，无不显示着女性在进入父权社会后处于较为低下的地位。

受到先秦诸子百家思想影响下的秦始皇为了稳固政权，更是极力谋求建立男尊女卑的封建秩序，“贵贱分明，男女礼顺，慎遵职事”，秦刻石上的这些字句反映了该时期社会对妇女道德的官方规范。尽管女性地位处于劣势，但由于秦朝仍在封建社会形成之初，各项专制仍在形成阶段，道德礼教规范对女性活动的限制较轻，妇女活动尚未被打上妇德的烙印，如从“百里奚妻千里寻夫”的故事可以看出该时期女性是有一定的活动自由权利的。

2. 汉朝时期

秦末连年战争，民不聊生，因此在西汉建国之初，汉高祖采用道家“无为而治”的思想，实行“与民休息”，重视生产与恢复经济，社会生活相对安定，社会生产力也随之得到发展，使得文化事业与体育活动日趋繁荣。女子身体活动的娱乐性、观赏性、阶层分化也逐渐得到了增强。同时伴随着医学的进步，以保健养生为目的的导引术也在民间普及，这也成为女子体育运动的重要组成部分。

《史记·律书》记载：“文帝时，会天下新去汤火，人民乐业，因其欲然，能不扰乱，故百姓遂安。自年六七十翁亦未尝至市井，游敖嬉戏如小儿状。”反映了当时在文景之治下百姓安居乐业的生活情境，这为体育活动的开展创造了条件。到了东汉时期，体育活动更是作为艺术形象，出现在建筑画像中，这说明东汉时期的体育运动得到了更大发展，扩大了在生活领域内的范围。

然而这个时期也是父权制不断得到强化和稳固的时期。在经历了“黄老之治”后，汉武帝时期统治者为了加强封建集团，采取“独尊儒术”的措施，以儒家思想作为封建统治的正统思想，并逐渐形成以董仲舒为代表的新儒学派。董氏儒学借用法家思想提出三纲之说：“君臣、父子、夫妇之义，皆取诸阴阳之道。”认为妻子必须绝对服从丈夫并且受到丈夫的支配。到了汉章帝时期更有《白虎通德论》一书正式提出“女子有三从之义”的言论，进一步强化男性对女性的封建控制。妇女参加社会活动的权利随之被剥夺，参加体育活动的机会更是渺茫。在“唯唯诺诺，勿改是非”“妇言妇容妇功”等封建礼教要求下妇女沦落为男人的附属品，女子体育活动也随之逐渐发展成为取悦君王、满足统治阶级享乐需要的工具，且最后演变成观赏性、娱乐性活动，女性“他者”地位在运动文化中逐渐形成，而竞技性质的女子体育活动渐渐式微。

汉朝女性
体育活动

社会下层的女性苦于生活奔命，除了孩童时的跳绳和踢毽等活动游戏，极少有常规化的、群体性的身体休闲生活。社会下层一些女性为生计所迫成为专职艺人，如舞姬和百戏表演者（倒立、柔术、走索、跳剑、弄丸等），依靠苦练的技艺表演谋求生活资本。此外，在男性兵丁匮乏时候，女性也被训练征召入军。汉朝边疆不定之时，西北边郡百姓“颇习兵事，妇女犹戴戟操矛，挟弓负矢”。“白骨露于野，千里无鸡鸣”的东汉末年，曹操也曾令妇女守营，男子设伏破敌。故特殊时期军营服役的女性，也有军事体育训练的内容。

汉朝时期，医学进步，这也直接促使了以保健、养生为目的身体（锻炼）活动的出现和普及。1974 年，湖南马王堆西汉墓中出土了帛画《导引图》。该画有 44 位男女老少在做各种导引动作，通过肢体动作和呼吸配合以增进健康。这也在一定程度上反映了当时社会女性已经普遍地练习导引动作。

三、古代中国女子体育运动的繁荣时期

（一）魏晋南北朝时期的女子体育运动

魏晋唐宋之际，是中国文化昌盛、经济繁荣的时代。魏晋南北朝的社会动荡在破坏经济的同时促进了民族融合，在瓦解董氏儒学的同时也解放了社会风气。隋唐帝国的经济发展、文化繁荣和开放的对外政策，相对平等的性别意识，为女性社会生活的丰富发展提供了重要的基础。两宋时代对南方的开发、民族战争的减少，造就了超过前代的经济水平和城市文化，也为体育的发展创造了极好的条件。在唐宋文明的润泽下，女子体育运动也有了长足的发展和普及。

魏晋南北朝时期，我国出现了史上空前的民族大融合，北方少数民族的习俗与玄学、佛学共同对两汉以来形成的儒家观念造成巨大冲击，使得社会生活在一定程度上冲破传统观念的束缚，女性地位有所提高。尤其是到了北朝时期，《颜氏家训·治家》记载：“邺下风俗，专以妇持门户。争讼曲直，造请逢迎。车乘填街衢，绮罗盈府寺。代子求官，为丈诉讼。”说明北朝妇女享有较高的家庭地位，不仅能够主持门户，而且对外也能独当一面，有机会参与官场的各种活动。

此外，在北方少数民族善骑射、好歌舞的豪迈风气影响下，北朝妇女亦善射，并且射技也相当高超。而当时居住在阴山一带的北周突厥族女子则爱好蹴鞠运动。《北史·突厥传》记载：“男子好摴蒱，女子踏鞠，饮马酪取醉，歌呼相对。”由此可见，魏晋南北朝时期由于妇女地位的提高，女子参与体育运动机会越来越多，这也为后来的唐朝女子体育迈向鼎峰时期作了铺垫。

（二）唐朝时期的女子体育运动

唐朝建国后，统治者调整了统治政策，采取了一系列顺应社会发展的措施，积极发展

经济生产活动。经过贞观之治和开元之治后，国力相比两汉时期大大增加，并且在经济、教育、科学、文化等方面取得巨大成就。大唐君主开明的思想，使得唐朝加强了与国内外各民族的交往，同时也吸收了其他国家与民族的精髓，使得唐朝的文化与艺术呈现出空前盛况，由此形式多样、绚丽多姿的体育运动在唐朝也得到了繁荣发展。

唐朝时期，女子体育也得到了空前的发展。一是得益于体育运动文化本身繁荣，二是得益于继承了南北朝对女性较为宽松的社会风气，女性主体意识在开放包容的社会环境中开始得到苏醒，女性角色活跃在唐朝社会中的方方面面。在较为开明（放）的社会风气下，女性崇尚运动并且积极参与其中，女子体育由此得到了长足发展。唐朝女子体育不仅延续了表演性和观赏性强等特点，竞技类的活动也重新出现，不仅展现了唐朝帝国的体育风采，更体现了古代女子卓越的体育成就。

唐朝以前，球类运动几乎是男人的体育运动，女子较少有机会进行球类运动，上球场进行竞赛更是难得。而唐以后随着女子社会地位的提高，女子开始踊跃出现在各种球类活动中。皇家贵族、富商大贾、军中将士等群体中击鞠相当流行，这样影响了其附属女性群体的娱乐爱好。五代时期花蕊夫人“自教宫娥学打球，玉鞍初跨柳腰柔”的咏诗，以及和凝“两番供奉打球时，鸾凤分厢锦绣衣。虎骤龙腾宫殿响，骅骝争趁一星飞”的诗句，正反映了宫廷女性击鞠活动的情形。此外，由于骏马疾驰的危险性，女性更倾向于骑驴击球。宫廷贵族的击鞠比赛表演，成为女性观赏和参与的重要社会娱乐活动。女性中盛行驴鞠的同时，很多女性倾向于徒步击球的活动，形成唐代的“步打球”。此类游戏在宫廷、贵族及社会中上层女性中较为流行，在唐末时候演变成两宋时期极为流行的“捶丸”——一种类似于当今高尔夫球的竞技游戏。

唐朝的舞蹈极为兴盛，是朝野人士生活中的重要娱乐内容。女性舞蹈是政府宴乐和各种社交不可或缺的表演项目。上层社会的喜好追捧，加之良好的中外交流和民族融合，都使舞蹈的类型和风格更为多样化。结合其他民族风格的舞蹈诸如霓裳舞、胡旋舞、剑舞等，在宫廷教坊中获得创新性发展。在社会上的交流表演和娱乐中，女子剑舞、踏球舞等很风行；唐代诗人杜甫曾就此赋诗歌咏公孙大娘的剑器舞。为了满足统治者阶级享乐的需要，在唐武德年间设置了太乐署、梨园和教坊等机构，将礼仪祭祀、宫内歌舞艺人和庙堂音声以外的音乐、舞蹈、杂技等教习区分开，使得舞乐艺人的教育更加细化。在安史之乱后，宫廷艺人从皇宫流散到民间，同时也把宫廷的歌舞技艺传至民间，对民间表演艺术的兴起有着较大影响。

除了宫廷女性及社会上以体育表演活动为谋生手段的女艺人，唐代社会上层女性体育生活中，极少有高难度技艺方面的训练及比赛活动，多以柔和的游戏性身体活动，如舞蹈、荡秋千、放风筝、郊游踏青、划船等娱乐活动为主。在诗人王建的《宫词》中曾写道：“弹棋玉指两参差，背局临虚斗著危，先打角头红子落，上三金字半边垂。”诗词描写了宫中女子在弹棋的纤纤玉手，说明弹棋是唐代无须劳动的贵族女子的活动，是社会上层女子的体育活动。

尽管唐代处于封建社会，但是它也是一个文化开放与宽容的时代，唐代妇女体育也因此得到空前发展，从击鞠、剑舞等竞技性较强的体育运动到围棋、踏青这一类以休闲自娱为主的活动，都有女性踊跃参与其中的身影。唐朝女子的英姿飒爽，别具风采的体育形象更被不少文人墨客写入诗歌，流传后世。

（三）宋朝时期的女子体育运动

女子体育经过唐代的高度发展后呈现空前的兴盛景象，但及至宋代女子体育逐渐走向下坡路。宋代程朱理学的盛行使得女子体育受到了封建礼教的约束，使一度盛行的女子体育渐行渐衰。

进入两宋以后，由于阶级矛盾和民族矛盾愈演激烈，儒家的礼治伦理思想和佛道的宗教思想已经不能适应统治者的需要，此时维护封建秩序和封建道德的理学为当时统治者所采用。尤其在南宋时期理学思想更是发展到根深蒂固阶段，理学的集大成者朱熹宣扬人们要从思想上放弃一切的物质享受和文体娱乐活动，也就是“存天理，灭人欲”。他主张“非动”“静坐”，把打球、踢球、放风筝等体育活动视为“无益之事”，并且不得带入校门，汉唐以来的活泼健康、开放兼容的体育活动由此受到打击。更甚之，理学家认为妇女的主要任务便是生儿育女，传宗接代，更把宗法视为“天理”，从而论证妇女地位奴隶化的合理性，导致女性受到封建思想的严重束缚。在夹缝中生存的女子体育在宋朝也有其时代特点：宫廷女性体育的兴衰与朝中君王喜好息息相关，而民间女子体育在都市经济繁荣的机遇中也出现了职业化的特征。

宋代马球亦是深受统治者喜爱的体育活动之一，宋孝宗便曾是习马球的典范。在统治者的影响下，宋代宫廷马球发展良好，其主要成员一度以宫女为主，宫中设有专供娱乐的宫廷女子马球队，相关史料也记载着关于宫女打马球的精彩场景。宋代宫廷女子体育更多的是表演性质，主要是为了给皇帝与朝臣观赏，故蹴鞠、马球比赛的激烈程度相比于唐代时期有所减弱。

宋朝击鞠和蹴鞠

（四）少数民族地区及政权下的女子体育运动

与宋帝国并立的政权如辽、夏、金，以及其后80余年的蒙元帝国，皆为少数民族所创立。尽管辽夏金元的体育内容不比唐宋时期的丰富，但是在宋的中原文化与辽夏金元的游牧文化相互冲突与融合中，体育活动展现出不一样的面貌，尤其是妇女体育更是经历了由弱到盛的过程。

游牧民族妇女相比于汉族女子，所受到的儒家思想束缚较少，女子有更多机会跟男子一样进行骑马、狩猎、摔跤、相扑活动。与汉族女子表演娱乐性的体育活动不同，游牧民族女子体育活动仍保留着体育运动原生的样态。

少数民族不仅有重视身体素质和技能的尚武传统，其女性地位也较汉族女性为高，这些都使得女性能够广泛地参与各类体育活动。教育子女、参与狩猎乃至征战，是少数民族女性的重要事务，故女性的骑射活动极为普及，对于身体素质和各类技能的练习也极为寻常。例如，辽国女性拥有的崇高社会地位是其同期宋朝女性所无法比拟的，她们在体育内容、项目数量都较同时期其他少数民族和宋王朝有了较大进步，体育活动的竞技意识较强、军事色彩浓厚、平等意识强烈、娱乐性质鲜明。另外，曾生活在元朝时期的意大利人马可波罗在其游记中曾记述当时的海都王女儿艾吉阿姆以摔跤择夫婿的故事，也从侧面说明宋代根深蒂固的封建礼教在辽夏金元相对较为淡漠，元朝女子不遵从礼教，不受封建禁锢亦不足为奇。

在与汉族政权及中原文明的折冲中，游牧民族也学习了击鞠、蹴鞠等运动游戏，汉化的女性群体中也逐步流行舞蹈、赛舟、拔河、棋戏等文化娱乐活动。元朝载有女性踢球的元曲诗词数量十分多，如元代戏曲家关汉卿在描写女子蹴鞠时有着细微的观察，“引脚蹑斩眼，担抢拐风摇头，一左右，折叠拐，鹘膝游”，刻画了元朝女子在蹴鞠活动中高超的球技；而元朝散曲家邓玉宾在《仕女圆社足球双关》更是记录了男女合踢的场景，表明游戏化的蹴鞠成为女性休闲娱乐一种极为流行的方式。

四、古代中国女子体育运动的式微

明清两朝，是封建时代的晚期。一方面，愈发强化的中央集权专制在稳定社会的同时，使得作为意识形态的宋明理学更进一步地钳制人们的思想和行为；鼓励贞洁和缠足现象由上层社会蔓延到下层社会，女性受到礼教宗法的严重束缚。另一方面，商品经济的进一步繁荣，推动着城镇的发展和人口流动的增强，城市生活更为丰富多彩；社会对于女性的主流审美观念更偏向于“白面纤腰、妖媚斯文、弱不禁风”的特点。这些因素都使得明清时期的女子体育活动呈现出式微。

（一）明朝

明初时期，农业、手工业、纺织业都得到较大发展，人们生活负担有所改善，社会经济的繁荣带来了文化的繁荣，百姓有时间与精力参与文体活动。无论是宫廷女子或者民间女子都有机会参与到适合自己的体育活动中，如贵族女子以体育为手段调剂枯燥乏味的闺阁生活，而民间女子则借着节令时日的出游机会得以从繁重家务中获得暂时解脱。然而，由于明朝晚期封建主义集权加剧，“三纲五常”“三从四德”的修身准则，认为妇女本应温柔贤淑、文弱娇羞、不出深闺才是女子美行，因此社会价值观和审美观在一定程度上限制了女性充分的身体活动。特别是宋明理学大力提倡女子缠足，使得民间女子缠足情况更为严重。女子缠足导致妇女从肉体上和精神上受到进一步摧残，对于女子参加体育活动的影响是显而易见的。

明朝时期，中华武艺得到蓬勃发展，传统武艺门派林立，习武者博采众家之长。在纷繁众多的武术门派中，女子武术占有一席之地。相传与少林派、武当派旗鼓相当，构成三足鼎立架势的峨眉派，便是起源于一位明朝时期的出家道姑。“手如三春杨柳，步如风摆荷叶；出手似闪电，发力如雷霆”，峨眉拳击法明快，以巧取胜，为女子所创练。

然而，习武之女仍然只是少数。因为缠足的普遍存在，女性更偏向于轻柔型、非竞技化的身体活动，如曾经在女性间广为流行的球类活动——蹴鞠就丧失了其对抗性和竞技特点，呈现出休闲娱乐的特质，在男性眼中，女子踢球更是被作为一种观赏审美活动。王誉《崇祯宫词》曾描述女子蹴鞠：“锦骱平铺界紫庭，裙彩风度压娉婷。天边自结齐云社，一簇彩云飞便停。”

受到封建礼教和审美观的影响，社会中上阶层的女性更多参加那些活动范围小、活动量不大的“优雅”休闲运动。除了踢毽子、秋千等活动以外，捶丸活动是当时的一项高雅的娱乐游艺，是由宋金时代的马球演变而来的一项体育休闲运动，盛行于元明两朝。由于活动范围不大，仅有轻微的肢体活动，其成为当时深闺女子钟爱的文雅运动之一。在明朝杜堇的《仕女图》中便有记录女子捶丸运动的场景，画中的执杆女子穿着华贵，身边还伴有两三个女仆，可见捶丸是当时流行的贵族活动。这类活动运动量不大、娱乐性强，是富贵人家闺房小姐和绣楼少妇的运动娱乐项目，并不常见于社会下层女性生活之中。

农村和城市平民女性，虽然在人际交往与日常活动空间相对开放，但她们面对的是繁重的家务劳作，如照顾幼小、侍奉老人、洗衣做饭、饲养禽畜，以及生产劳动如纺纱、织布、采桑、养蚕、商业售卖等，只有在农闲或岁时节令的时候，才有群体性的户外体育娱乐活动，如秋千、跳绳、庙会游览、节日郊游等。有研究表明，踏春郊游活动是明代普通女性热衷参与的活动之一。踏春活动由来已久，在魏晋唐宋以前已成为民俗。到了明朝朱元璋推翻元朝，收复汉人江山后，朝野上下兴起了探寻唐宋遗风的兴致，纷纷走向山野城外观赏祖国山河。踏春活动往往与清明扫墓同时进行，而宗教礼法要求所有族人共同祭祀祖先的习俗使得女子也得以有外出踏春的机会：“三月清明，男女扫墓……游人以万计，簇地三四里。”刘侗等在《帝京景物略》中便清晰描写了在寒食扫墓之日游人遍野，女性亦在其列的踏春情景。

与踏春同是民俗活动的还有元宵“走百病”。由于古人对于生老病死的过程并没有清楚的认知，人们相信世上有鬼怪的存在，并由此产生各种驱赶恶鬼的办法，而“走百病”便是其中的一种。在明朝“走百病”是十分盛行的驱疫祛病活动。据《帝京景物略》记载：“元宵节……妇女相率宵行；以消疾病，曰走百病，又曰走桥。”说明“走百病”是一项在妇女中开展，以散步为形式的健身活动。而在明代长篇小说《金瓶梅》中更是细致地描写了该时期女子“走百病”时的穿着打扮：“月色之下，恍若仙娥，都是白绫袄儿，遍地金比甲，头上珠翠堆满，粉面朱唇。”封建时代下的明朝女性长年禁锢在家，身心受到压抑。妇女们难得在正月时日能够出门健走，都会通过精心打扮来展示自我，使得身心获得一定解放。

（二）清朝

从明朝开始盛行的程朱理学到了清朝受到了统治者的青睐，封建礼教不断强化，统治阶级不遗余力地提倡儒家的传统礼教思想，对女德伦理的培养尤为注重，并且采取了各种手段培养符合封建礼教规范的女子。在清朝道德礼教的严厉要求下，女子必须“贞静悠闲，端庄诚一”。此外，缠足的陋习在清朝依旧流行，在男权审美下妇女以“三寸金莲”为美，不仅对女性身体造成极大伤害，甚至成为禁锢女性活动的一种手段。在如此大环境下提倡女性进行身体活动的女子体育受到严重挫击，在官方史料上鲜有对于该时期女子体育活动的记载，但是在民间小说中仍能看到妇女体育的进行。例如，曹雪芹在《红楼梦》中大量描写了大观园中的女性进行放风筝、踢球、荡秋千和钓鱼等休闲活动；与《聊斋志异》齐名的《镜花缘》更是塑造了众多尚武女子的形象，从侧面反映了该时期女性仍有机会参与到体育活动中，并且借小说中的侠女形象显示出清朝女性对身体活动与力量的向往，表达了被压迫女性渴望冲破封建枷锁、重新掌握自我的强烈愿望。

由于活动范围的限制与礼教思想的禁锢，清朝民间女性更多从民俗节日和时令活动中获得身体锻炼的机会。例如，从明朝兴起的元宵“走百病”活动发展至清朝，已成为该时期妇女们重要的节日之一。清朝的元宵“走百病”活动加上了摸门钉的习俗：“正月十六日，妇女俱出门走桥，不过桥者云不得长寿。手携钱贿门军，摸门钉，云即生男。”这些民俗虽然还是带着浓厚的封建思想，但都是为了增加妇女得以外出逛市的机会。在高度封建专制的清朝元宵“走百病”的民俗活动之所以得以在妇女中盛行并能够有所发展，一方面是因为这是一项关于妇女免灾祈求吉祥的迷信活动，妇女们不得不参与；另一方面是由于妇女们长年承担着繁重的家庭事务，容易造成腰酸臂疼等疾病，“走百病”活动能够使她们暂时放下手中杂事，出门求得身心满足。但这也在一定程度上反映出清朝女性受压迫程度加深，地位低下，较少有机会可以释放自我，因此对于积极参与体育活动更是难上加难。

在史料记载中清朝妇女所进行的体育活动同样以休闲娱乐为主，女子竞技类活动难觅其迹。但是清朝少数民族女子体育会受到地域和生活习性的影响，往往带有一定的激烈性与竞争性。例如，在清朝少数民族中流行“姑娘追”这一活动，男女青年之间进行马上的技巧比赛，由女子在后策马扬鞭追赶前面的男青年。少数民族充满活力的女子体育为暮霭沉沉的清朝女子体育添上难得的色彩。

除此之外，明清时期商业经济和城镇的规模化发展，以及人口流动的新变化，包括专制高压政策，都使得民间结社、宗教组织及反政府组织迅速成长。这些组织多吸纳女性参加活动，给予身体素质方面的训练或功夫传授。例如，清代王聪儿领导的反政府武装，均有大批女性参与；而白莲教、红灯照等组织，也有更多女性群体参加武艺练习。同时，民间很多以身体技艺表演为谋生手段的各类社团也持续壮大；社团多招收女性，通过武艺或百戏活动进行商业性演出。清朝女子体育虽然停滞不前甚至有所倒退，但在如此艰难的社会环境中仍能得以生存下来，在一定程度上能够反映中国古代女子体育顽强的生命力，证明其对于调节妇女身心具有重要的影响作用。

红灯照

五、古代中国女子体育运动发展的影响因素

关于古代中国女性的体育生活，历史资料中并无系统的记载。我们只能从浩繁的史料中爬梳勾勒，将有关女性身体运动和休闲娱乐的资料作以归纳总结。

（一）社会制度对女子体育运动的影响

从女性史的角度讲，随着阶级社会和父权制度的确立，古代中国男性主导了权力和经济及社会文化导向，女性逐步成为男性的附属；2 000 多年来专制思想的逐渐强化，更是不断禁锢着女性的主体意识和自我发展，造就着逆来顺受、委曲求全，而又弱不禁风的古代女性形象。所以，古代中国女性的身体与精神，一直都在向“弱化”的方向演变。

（二）社会生活方式对女子体育运动的影响

从社会生活史的视角去体察古代女子体育运动，可以发现，中上层社会女性不事生产、生活条件较好、闲暇时间很多，以娱乐交际为目的的各种身体活动相对丰富，体育生活也较为多样；而下层社会的女性群体因家务操劳，无暇更无精力和资金进行各类体育活动的练习及娱乐，只有孩童时期的体育游戏玩耍和传统岁时节令中的民俗体育活动，如秋千、蹴鞠、出游等。此外，身体素质和体育技能的提高，可以成为古代女性提升社会地位或谋求生活的重要途径。一方面，因为社会风气和权势的喜好，部分女性能够凭其良好身体素质和优秀舞蹈技能而步入中上层社会；另一方面，随着商品经济与城市生活的发展，一些女性可以依靠身体素质训练和运动技能的卓越参与表演团体而获得生活保障，如宋代的女子角抵社、百戏社等。而且古代农业社会的生产生活，主要依照时令与节气的变化而进行，故女性体育活动也多是围绕着岁时节令进行的。

（三）性别文化对女子体育运动的影响

从性别文化视角去审视，可以看到，古代中国的意识形态和两性观念，通过社会习俗、家庭伦理深刻影响着女性的心理和行为，进而深入地影响着女性的体育活动参与。古代女性体育多局限于家族庭院，多为家族成员间小规模的竞技游戏，以娱乐放松身心为主，没有高强度的对抗性和竞争性，常带有小型活泼、自由轻松的特点，充分说明了女子体育运动和身体文化是与主流社会所倡导的女性道德文化相吻合的。在少数民族地区，以及一些特定的文化场域（如武学社团）内，在封建主流性别文化发生松动或者被挑战的情况下，女性在体育运动中的参与度越大，包容程度越高。但是随着封建父权文化的逐步成熟与稳定，中国女性身体活动受到的限制、规范、禁锢越强，也成为中国近现代女性运动爆发的源起。

第三章 现代体育运动与竞赛的兴起

导读

如果以现今社会对体育的普遍认识去探讨“中国体育史”，中国古代并没有体育。即便中国传统武术，也不是现代意义上的体育运动，而更多的是一种具有中国特色的身体活动形式。现代体育起源于西方国家，伴随着资本主义的发展，以及殖民扩张和宗教传播，传入世界各国。本章节主要介绍西方现代体育的发端、特征和世界传播，中国学校体育的发端、本土化和女子学校体育发展，中国竞技体育的兴起和发展，以及中国大众体育的兴起和发展。

第一节 西方现代体育的兴起

一、西方现代体育的发端

在人类历史的长河中，传统和现代只是相对的时间概念，并没有一条明确的分界线，传统体育和现代体育的关系亦是如此。现代体育既包括历史流传下来并最终实现了现代转型的传统体育，也包括后来在现代社会中被发明创造的新兴体育。但是，无论是转型的还是新兴的，现代体育的形成都是一个发生在特定的历史和社会条件下的动态过程。

一般认为，体育的现代化发端于英国，时间长度跨越了工业革命的爆发至维多利亚时代结束的一个多世纪，即 18 世纪中期到 19 世纪晚期。首先，欧洲宗教改革运动是推动英国现代体育形成的最初力量源泉之一。自罗马帝国时期起，由天主教会主导的“政教合一”治理体系长期掌握着欧洲地区的最高领导权。16世纪，欧洲各地纷纷发起对基督教自上而下的改革运动，从而瓦解天主教的统治体系，并奠定了新教的领导地位。这一过程不但在经济上保障了资本主义和新兴资产阶级的形成与发展，而且在文化上也解放了人的思想和意识，即倡导个人自由、平等和人性至上，并提倡竞争进取和科学求知。这为后来欧洲国家从封建社会过渡到多元化的现代社会奠定了基础，也包括现代体育的形成和发展。

除了宗教改革运动，资本主义的发展和工业文明的演进对英国现代体育的兴起同样起着巨大的推动作用。一方面，随着英国文明进程的进一步加速，上层阶级开始注重个人行为和修养的提升，而这种自我约束逐渐扩散到中下层；另一方面，在工业革命的影响下，英国农业经济逐步解体，传统的乡村社会结构随着城市化进程的加剧发生了很大变化。自此，以企业资本家、城镇职工、工商业界精英为主要成员的新兴资产阶级群体不断壮大，并形成了城乡交融的二元生活方式。这两方面的社会变迁或促使了众多英国传统体育的流失，或实现了它们的现代化转型。在“文明”观念的影响下，社会各阶层逐渐摒弃了有失教养的“暴力体育”，包括多种形式的决斗和搏斗；势力日渐庞大的新教，尤其是清教，把大多数以休闲娱乐为目的的传统体育项目视为亵渎神灵和不务正业，导致宗教庆典活动期间的体育活动被温和的锻炼方式与项目取代，包括舞蹈和箭术等；生物科学的发展及“物种平等”理念的提出，导致以玩虐动物为基础的传统体育逐一被禁止，包括掷鸡、饵牛和斗熊等；英国大众生活方式的变迁也导致了英国传统的乡村“田间运动”在组织形式上的变化，包括狩猎、射鸟、垂钓等。

二、西方现代体育的特征

有关现代体育的本质和特征，说法不一。就目前而言，美国学者阿伦·古特曼（Allen Guttmann）的解释在世界范围内得到较为广泛的认可。古特曼的经典体育史著作《从仪式到记录——现代体育的本质》指出，现代体育的本质特征包括以下七方面，且这些特征是系统地相互依存、相互影响的。

1. 世俗主义

现代体育已从人们的宗教生活走向世俗生活的属性变化。在现代以前，几乎所有的身体运动形式，从最初出现时就带有祭祀性质，体育运动也常常被赋予宗教的含义。跑步、跳高、投掷、摔跤，甚至是后期出现的部分球类运动形式都曾在特定的宗教仪式或庆典中出现。古希腊的奥林匹亚竞赛会正是当时盛大的宗教盛典，而其中的队列和赛车、运动会期间的献祭祭礼、颁奖仪式的橄榄冠授予等都具有其特定的宗教含义。西班牙斗牛也起源于杀牛祭神活动，古埃及的礼跑也曾是王室宗教礼仪的重要内容之一。反之，现代体育即使夹杂一些宗教仪式，也只是附带于运动竞赛；参与者即使是在寻求神明的庇护，那也是一件世俗的事。也就是说，现代体育割裂了世俗与神圣的联系，断绝了人们对于超验世界的依恋。

2. 平等竞争

平等竞争，即现代体育提倡平等性，这主要体现在两方面：一是参与体育运动的权利平等；二是开展体育运动的条件平等。在古希腊，是否有资格参与比赛很大程度上是根据城邦成员或亲属群体的社会身份和地位来决定的。在英国阿什本，忏悔节举办的足球比赛中，参赛者往往根据各自年龄、婚姻状况和出身背景组队；在科夫堡，新工匠学徒一般在忏悔节被介绍给公众，活动及筵席经费由前一年结婚的成人负担，学徒之间的足球赛则被安排在圣灰节，各队队员在场上的位置则根据各自在行业内的地位决定。可见，当时的体育竞赛更多地出于宗教生活的规条需要，竞技能力和成绩则次之。反之，现代体育在同一规则的约束下，以成绩的普适准则为基础，无疑体现了平等原则。当然，现代体育竞赛规则下的平等竞争并不是一蹴而就的，而是经历了一个长期的变革过程。例如，英国的足球运动，最初只是乡村或者街头的无固定规则的游戏，如今已经演变为规则完备的运动项目。篮球运动也如此，从发明至今，篮球规则经历了百年变革而愈来愈完善，参赛者在统一的规则约束下平等竞争。当然，我们同时还要认识到，这种平等竞争也是相对的，竞技赛场或多或少存在着国家、种族、性别等方面的不平等。这些都是全球化时代的政治、经济、文化的不平衡发展所造成的。

3. 角色专门化

角色专门化，即现代体育根据个人技巧、力量和其他身体条件，在开展形式上有着明确的角色和分工，且每个角色都随着具体的训练而变得越来越专门化。在现代以前，体育在某种程度上也具有一定的专门化，但这种特征并不明显，因为专业化在本质上有违于宗教教条提倡的人的全面发展理念。反之，现代体育的角色分工则十分明显。例如，在足球运动中，球队内的 11 个球员都会被分配到场上某一个特别的位置，定义了他们的角色和主要活动区域。另外，一些西方现代体育，如棒球和篮球，从其被发明之时就表现出高度专业化特性。篮球运动起源于 1891 年，当时已经对篮筐高度、比赛的得分计算方式进行了规定，第二年又制定了 13 条比赛规则，如不得抱球跑、不准有粗野动作等。随着篮球运动的发展，场上运动员的角色划分越来越清晰，包括前锋、后卫、中锋；棒球的角色划分更为精细，包括投手、捕手、一垒手、二垒手、游击手、三垒手、左外野手、中外野手、右外野手。

4. 理性化

首先，现代体育遵从人为的特定规则。现代以前的体育规则很大程度上是“神灵赋予”的或者是由上层阶级确定的，而现代体育的规则是在不断变迁的社会环境中演进的，并且需要满足人们的一定目的。例如，狩猎最初的目的是获取食物以求生存；后来贵族阶层制定简单的规则进行狩猎比赛，其目的是闲暇消遣；狩猎比赛在现代社会中演变为射箭比赛，更加纯粹地展现了人人公平参与的竞技精神。其次，现代体育以科学的手段推动运动技术和体育器材的发展，如运动竞赛学、运动心理学、运动生理学等相关的科学研究都为现代体育的发展提供了更加科学的理论和方法。最后，现代体育强调其社会功能，即有用性，也就是迎合现代的社会运行需求，成为现代生活的一部分。当然，现代以前的体育也有一定的工具性，如在古希腊和古罗马，体育在很大程度上被认作获取公民身份的一种手段。但是，现代社会体育的工具效用进一步被扩大化。参与现代体育的动机可能是休闲消遣，可能是获得荣誉，可能是获得经济收益，也可能是政治需要等。

5. 科层化治理

科层化治理，即现代体育在运行机制上趋于专门化和精细化作业。在现代以前，体育的开展常常是由宗教组织，或者由司仪、牧师等教会人员主持，古代体育管理权很难落在世俗人手中。而现代体育由各个层级的组织和治理机构制定与统筹各个级别的体育活动。科层系统最重要的一项功能是保证规章制度的普遍适用，而另一项功能则是必须使竞赛的网络结构易于操作。也就是说，帮助体育比赛自下而上从地方比赛开始，然后发展成国家级比赛，直至世界级比赛。1787 年，英国玛丽勒本板球俱乐部（Marylebone Cricket Club）成立，成为英国板球运动的最高管理机构，这是现代体育科层化形成的重要标志。另一个重要标志则是 1894 年国际奥林匹克委员会（简称国际奥委会）的成立。目前，世界范围内有很多国际化的科层组织，包括国际奥委会和各单项体育联合会等；国家层面上，包括国家奥委会、单项体育联合会，还有省市郡县级的地方性体育机构、体育俱乐部、体育组织等。

6. 可量化

在现代以前，体育运动的量化不是必需的。而现代体育的特点是试图将每一种竞技行为都变得可以量化，并且能够被测量得到。随着科学技术的推进，量化的精确度不断提高，诸如秒表的电子计时器已经可以精确到百分之一秒，甚至千分之一秒，而且人们也更加重视这些微妙的时间差。另外，现代体育的量化指标已经实现了多样化。例如，篮球运动出现了越来越多精细的统计项目，包括得分、篮板球、助攻、盖帽等。时至今日，现代体育的量化方式也已经从人工书写的记录发展到数字媒介和大数据时代了。也正是由于现代体育的可量化性，使之与多门自然科学结合，构成新的体育科学门类，如运动生物力学、体育信息化等综合性的交叉学科。

7. 追求记录

上述几项现代体育的特征，使得体育运动的开展有了明确的时间、地点、人物和事情，即记录的内容。但不同于原始社会或古代社会，现代意义上的体育记录不再是对活动开展或输赢状况的事情记载，而是追求突破运动记录的历史记载。因此，在现代体育中，记录成为一个抽象的概念，它不仅使得同场竞技的运动员之间的竞争成为可能，还使那些不同时间和空间里的运动员的竞争成为可能。也就是说，这种对追求记录的痴迷，帮助我们实现了对宽泛的、跨越时空的人类极限突破的记忆书写，同时引发了我们对现代体育更广泛和深入的认同。

三、西方现代体育的世界传播

英国现代体育在维多利亚时代早期初步形成，而到了维多利亚时代晚期，现代体育逐渐被其他欧洲国家认可并广泛传播，包括法国、德国和意大利等。法国改革派贵族阶层，包括现代奥运之父顾拜旦本人，认为英国能在英法战争中最终战胜法国的原因之一，正是体育为英国培养了许多精英将领、军官和士兵。此外，法国改革派贵族阶层还归因于英国人较为高效的办事能力，尤其体现在国家治理方面，而这些优势来源于体育教育和运动竞赛中对领导能力的塑造和培养。与此同时，现代体育的理念在北美地区也得到广泛传播。与英国的情况有所不同，北美地区的多项体育运动是为了适应现代社会的需求而发明创造的，而且有着明确的历史记载，如篮球和排球运动等。自此，随着西方国家对其他国家和地区的侵略，现代体育逐渐被传播到世界各地。尽管西方现代体育在不同社会的传播方式和接受程度不尽相同，但可以肯定的是，这个传播过程是基于帝国主义两方面的需要：其一是殖民扩张，其二是宗教传播。

作为例证，英式体育在维持英帝的海外殖民统治中扮演了重要的角色，这就很好地说明了帝国主义者的殖民扩张与西方现代体育的世界传播之间密切相关。第一，体育为英国殖民者培养了大批社会精英，并以此满足帝国统治的实际需要。体育赋予了这些精英们勇气、体力和耐心，以及随和、自律和团队精神等优秀品质。维多利亚时代的印度行政参事会在筹建之时，管理层的首要招募标准就是必须拥有优秀的运动能力。第二，体育活动增强了移居海外的英帝居民的民族认同感。无论在英国本土还是殖民地，英国大众视体育为一项休闲文化。在殖民地中，英帝居民既是当权者，又是享乐阶层，而共同开展体育活动常常是这些海外英帝居民之间或与当地精英阶层的社交活动。赛马俱乐部在殖民地的建立就可以证明体育的这种社会融合功能。第三，体育成为英国殖民者展示其统治权威的工具。在海外殖民地，英国军官常常利用英式体育震慑本土居民。譬如，他们为了证明自身在印度的统治地位，经常在狩猎的过程中使用枪支，以成功地射杀数量更多的猎物。第四，体育帮助英帝在殖民地建立忠诚文化。英国殖民统治者不但在当地社会用体育俱乐部来建立社交生活圈，还致力于在当地灌输英式教育理念，特别是身体教育。因为身体教育是英式文化的精神载体，其蕴含的团结、责任与服务的品质和精神，能潜移默化当地的精英阶层，使他们融入英式的生活圈和文化圈。这种内在的文化认同变迁，能渐渐转化为对英国皇室的忠诚。

伴随着西方帝国主义者坚船利炮的殖民扩张，宗教传播是西方现代体育传向世界各地的另一重要途径。在这一过程中，基督教青年会（Young Men's Christian Association）承担着无可替代的角色。1844 年 6 月 6 日，时年 18 岁的青年商人乔治·威廉姆斯（George Williams）在英国伦敦创办了第一家基督教青年会，旨在解决工业革命末期大量新移民涌入英国大城市而带来的不良社会环境问题。除了开设查经班和组织宗教集会，基督教青年会还举办各种各样的康体活动以满足青年们的心理和精神需求，如阅读和体育活动等。基督教青年会很快就得到英国资产阶级及基督教会的大力支持，并逐渐对非基督教徒开放。仅 10 年间，基督教青年会的组织网络不但遍及英国，还扩展到欧洲各国和北美洲地区。1851 年 11 月 25 日，加拿大首家基督教青年会在蒙特利尔成立；同年 12 月 29 日，美国首家基督教青年会在波士顿成立。1854 年，美国和加拿大联合组成了北美基督教青年会；次年，基督教青年会世界协会成立。自此，包括德、智、体、群的“四育”成为基督教青年会的重要工作内容，尤其是对于北美基督教青年会。随着基督教青年会的国际网络日趋成熟，西式的德、智、体、群“四育”被传遍世界各地。正是在这样的社会和历史背景下，北美基督教青年会成为西方现代体育传入中国的重要推动者。

爱尔兰体育运动的兴起

第二节 中国学校体育的兴起

一、基督教与学校体育的发端

（一）教会学校的影响

教会学校是西方现代体育传入近代中国的重要场所之一。教会学校是西方传教士在华传教布道的主要场所，其目的在于培养本土传道人和教育信徒子弟。中国最早的教会学校可追溯至 1839 年由美国人在澳门创设的马礼逊学堂。1840 年以后，中国的教会学校数量不断增加。在教会学校的初建时期，传教士发现中国学生体质十分孱弱，很多学校往往因为学生疾病的暴发而关停，如疟疾、天花、瘟疫和结核病等。当时，在“健康的精神寓于健康的身体”的身体观和强身派基督教思想的影响下，传教士也希望通过体育运动促进中国学生的体质发展，以构建强健的精神宿体。因此，西方现代体育得以通过传教士在教会学校内传播。即使体育活动在教会学校中的早期传播仅局限在课外进行，也无碍于现代学校体育在中国本土的萌芽。

19 世纪末 20 世纪初，中国的教会学校得到了快速发展。据统计，1875 年全国共有教会学校约 350 所，学生共约 6 000 人。虽然以初等教育为主，教会中等教育和高等教育也相继出现。到了 1899 年，全国范围内的教会学校已多达 1 766 所，学生总数超 3 万。此时，传教士也不再简单地把教会学校看作布道的场所，而逐渐引入西方现代的学校教育内容，以培养更多优秀的人才。教会学校的体育活动不再局限在课外进行，逐渐进入正式的教学课程。虽然各校的体育教学因办学条件的差异而有所不同，但所开展的主要体育教学项目基本相同，包括田径、体操、篮球、足球、网球、垒球等。始建于 1881 年的福州鹤龄英华书院，其教学章程中详细地记载了当时的课程表。其中，体育课程的设置情况为预科第一学年设置球类运动课，第二学年设置体操课；正科第一、二、三、四学年均设置体操课。此外，第三学年还设置身体学的相关理论课程。

20 世纪的前 20 年是教会学校在中国发展的鼎盛时期，特别是对于高等教育系统。当时，教会大学之间强强合并，发展规模不断壮大，逐渐占据了中国高等教育系统的主导地位。教会大学的体育教育在当时也得到了极大的发展。圣约翰大学规定学生每天必须至少在两个固定的时间段内参与体育运动：上午的集体早操，即全体学生在 7 时到操场完成半小时的集体哑铃操；下午课后的自由活动，即学生可在 16 时以后到操场进行自由运动。此外，在星期一、三、五的 16 时 30 分，全体学生还必须到操场参加军式操演。辅仁大学秉承着普及体育运动的原则，而非重点培养精英运动员。该校的体育课分为课堂和课余两种类型。课堂体育教学每周 2 小时；课余体育教学也是每周 2 小时，学生可从篮球、足球、越野跑、排球、垒球等中任选一项。为了增强学生体质，学校还规定学生在春、秋、夏三季的课前进行 15 分钟的早操，而冬季则改为课间操。在齐鲁大学，学生在每周六下午进行篮球和网球活动。然而，篮球在冬季会被曲棍球替换，网球则被暂停数月。

如前所述，从幼儿园到教会中学，再到教会大学，中国的教会学校已形成了一整套完善的体育教育体系。这对当时的官办学堂及中国私立学校的体育教育也产生了很大的影响。除此之外，教会学校在体育场地设施和体育人才培养方面也都得到了较大发展。以圣约翰大学为例，该校早在 1895 年就利用钟楼前的空地建成了一座网球场；1897 年又建成了第一间体育室；1900 年再次建成一座足球场。到了 1909 年，圣约翰大学兴建了一座正规的足球场，其中包含了长度为 440 yd（约 402 m）的煤屑环形跑道和长度为 220 yd（约 201 m）的 6 条直道跑道，场地设施的配置可以达到举办正规的田径和足球比赛的标准。由于校区改建，此运动场在 1911 年进行了扩建。1919 年，圣约翰大学建成了一座设备齐全的双层体育馆。这座体育馆的上层是办公室、器械房和篮球场，还有可容纳百人站立的看台；下层则是室内游泳池、更衣室、淋浴室、大看台和体育器材室等。

然而，在 20 世纪 20 年代，非基督教运动的爆发及中国社会日渐高涨的民族主义情绪导致教会学校在中国的发展受到巨大冲击。在强大的压力下，教会学校不得不向中国政府注册备案，接受中国政府的管制。这导致教会学校必须与公立学校实行同样的课程标准、设置和学制。至此，教会学校中的体育教育与公立学校走向融合发展的道路。

（二）基督教青年会的影响

基督教青年会在西方现代体育传入中国的过程中也起着十分重要的作用。中国早期的基督教青年会活动出现在 19 世纪 70 年代的租界，当时的青年会活动只允许居住在租界的外国人参加。1895 年，北美基督教青年会派遣青年会干事来会理（David Willard Lyon）来华，开启了中国基督教青年会事业的新时期。1895 年 12 月，作为中国第一个城市基督教青年会的天津基督教青年会正式成立。来会理在天津大力推广篮球运动，并早在天津基督教青年会成立之初就举办了一系列与篮球相关的体育活动，而当时的篮球被人们称作

“筐球”。当时，篮球运动的规则并不完善，技术简单粗糙，对场地要求和参赛人数也没有明确规定。天津基督教青年会逐步解决了这些问题，并在当地的教会学校和公立学校组织校际篮球比赛。1912 年，基督教青年会的全国性组织在上海成立，该组织在 1915 年被命名为“中华基督教青年会全国协会”。该组织的行政结构包括三部分：青年会全国协会、城市青年会和学校青年会。在 1912 年，全国范围内共有 25 个城市基督教青年会及 105 个学校基督教青年会。到了 1920 年，城市基督教青年会的数量增加到 30 个，而学校基督教青年会的数量激增到 170 个。可见，学校基督教青年会发展之快。而学校基督教青年会以提倡德、智、体、群“四育”的发展为宗旨开展体育事工。除了篮球运动，多项西方现代体育在各地不断成立的基督教青年会的推广下逐步发展起来，包括排球、足球、网球、田径等。

前述的教会学校主要在其自身的教育系统中开展体育活动，而基督教青年会则不仅限于此，还大力在本土的官办学堂和私立学校中传播西方现代体育。同时，随着西方体育在近代中国的影响日渐深入，越来越多的本土学校邀请传教士和基督教青年会干事担任体育教师或宣讲体育教学方法和理念。例如，广东高等师范学校的校长在 1919 年前往广东基督教青年会寻求帮助，希望其派遣体育干事到该校，为 34 名学生传授现代体育专业知识和技能，使他们具备体育教师的基本素质。

此外，基督教青年会也是在中国培养体育人才的前沿阵地，主要形式是开展长期和短期的体育干事训练班。埃克斯纳（Exner）是较早在中国开办体育干事训练班的西方传教士，因为他很早就意识到其中的重要性，即可以向各地的基督教青年会、教会学校及本土学校输送可以教授体育的人才。除了埃克斯纳，多位体育干事都曾致力于中国体育人才的培养，如天津基督教青年会的史温（Swan）和广东基督教青年会的蔡乐尔（Siler）等。值得注意的是，体育干事本身也会得到基督教青年会的内部培训，如始发于 1911 年的上海基督教青年会（图 3-1）暑期体育干事培训班一直持续了近 20 年。这些暑期培训班不仅注重体育专业技能的传授，还强调体育理论知识的培养。

图 3-1　上海基督教青年会旧貌

在近代中国，基督教青年会在本土学校推广西方体育及开办体育干事训练班，都取得了很好的实际效果。这使得基督教青年会试图利用更为长效的培训机制以培养更多的体育人才，即在中国建立体育专门学校。经过一系列的前期准备，全国青年协会体育专门学校于 1917 年由上海基督教青年会正式开办。据当时的学员焦湘宗回忆：该校学制为四年，前两年为基础课程，完成学业后可获颁修业学位并获体育员的称号；后两年为高级课程，完成学位后可获颁毕业学位并获体育师的称号。毕业后，多数学员会回地方基督教青年会任职或者到学校中担任体育教师。此外，基督教青年会还帮助学生出国深造。例如，在体育干事葛雷（Gray）的倡导下，基督教青年会自 1919 年起每年输送一批体育人才赴美国春田学院进修（图 3–2）。作为北美基督教青年会的干事培训基地，春田学院为近代中国培养了一批体育家，其中包括董守义、马约翰、郝伯阳、王毅诚、舒鸿、许民晖等。

图 3–2　1933 年全国运动大会春田学院同学学会

二、学校体育的本土化

（一）洋务运动的影响

鸦片战争后，中国人终于认识到自己的闭关自守及向西方学习的重要性。为实现自强图存和维持封建统治，清政府掀起了洋务运动。洋务派提倡“中学为体、西学为用”和“自强、求富”，即向西方学习，包括编练新军、开办军事学堂、兴办军事工业和选派留学生出国深造等。为增强清军的战斗力，曾国藩的湘军和李鸿章的淮军都大力引进和采用西式的兵操训练，并聘请洋教习进行洋枪和洋炮的操练。当时的军事训练还包含了一些诸如跑坡、抢旗和跳坑等的体育锻炼。洋务运动后，多所军事学堂的开设为体育的发展奠定了基础。作为军事训练的手段之一，体育被这些新式学堂列入必要课程，这包括了天津水师学堂、天津武备学堂、天津电报学堂等。据天津水师学堂学生王恩溥老人的回忆，天津水师学堂的体育课内容包括击剑、刺棍、木棒、拳击、哑铃、足球、跳栏比赛、算术比赛、三足竞走、跳远、跳高、爬桅等。此外，还有游泳、滑冰、平台、木马、单双杠及爬山运动等，但是还没有篮球和网球等西式体育。通过体育锻炼，天津武备学堂为清政府培养了一批军事人才。在官办学堂中开展体育运动，也常被视作中国本土体育兴起的标志之一。

（二）戊戌变法的影响

甲午中日战争失败后，以严复、康有为、梁启超为代表的资产阶级改良派发起了戊戌变法。他们主张不仅要学习西方的军事和科技，还要学习西方的政治、制度和文化等。如果说此前的洋务运动促使了中国人对西方体育的最初理解，体现了“强兵”的体育思想；那么，戊戌变法则促进了中国人对西方体育的更深层次理解，体现了“强种”和“强国”的体育思想，以及对国家和民族利益的长远追求。改良派在肯定西洋体操提高军队战斗力的同时，进一步把西洋兵操引入学校体育教育中。严复曾在作品《原强》（1895 年）中提出了拯救种族和国家的对策，即启民智、兴民德、鼓民力，并强调体育在“强国”“强种”中的重要作用。康有为在他的代表作《大同书》（1902 年）中，对育婴院、小学院和大学院的论述均涉及体育问题的讨论。梁启超也认识到中国重文轻武之风所造成的国民体质孱弱，于是提倡尚武之风，并主张军国民体育以塑造国人强健的身体。

洋务运动和戊戌变法后，清政府逐步接受了尚武强国的思想，并试图把这一思想植入教育系统中。因此，与尚武教育相契合的“兵式体操”也成为学校体育的重要内容。1903 年，清政府仿照日本，制定了《奏定学堂章程》。这是中国历史上第一个由政府正式颁布并在全国范围内施行的学制。《奏定学堂章程》把体育课命名为“体操科”，并明确规定所有学堂体育课程内容都包括普通体操和兵式体操，这为体育最终进入学校教育提供了重要的制度保障。同时，《奏定学堂章程》还根据不同教学阶段制定了不同的体育教学目标和教学内容。为了保证体育课程的实施，《奏定学堂章程》还对学校体育所需场地进行了明确要求。此后，随着新式学堂对体育教师的需求增大，中国还出现了早期的本土体育专修科和体育学校，如大通师范学堂体育专修科（1905 年）、江苏两级师范学堂体操专修科（1906 年）、中国体操学校（1908 年）、中国女子体操学校（1908 年）等。

（三）资产阶级革命的影响

20 世纪初，资产阶级革命的爆发促使军国民主义教育思想在近代中国得到进一步宣扬。在推翻清政府的革命斗争中，资产阶级革命党利用体育手段训练革命队伍，以提高军事力量。1905 年秋，光复会会员徐锡麟和陶成章等牵头在浙江绍兴创办了第一所革命党人的体育专科学校——大通师范学堂。该学堂所教授的课程主要以兵式体操和器械体操为主。大通师范学堂曾一度成为光复会的活动中心，并培养了一大批辛亥革命的骨干成员。此外，广东同盟会会员在 1907 年创办的“松口体育会”、四川同盟会会员在 1908 年创办的“重庆体育学堂”，均以兵式体操教育为主。在北洋军阀统治时期，军国民主义教育思想依然发挥着重要作用。1912 年，教育总长蔡元培指出中国亟须“富国强兵”，实利主义教育和军国民教育都是当务之急，并强调兵式体操在军国民主义教育中的作用。1915 年，时任大总统的袁世凯重申“尚武”教育的重要性，并推出了一系列的方案和规章，更加确立了军国民主义教育的地位。

（四）五四运动的影响

1915年后，中国社会兴起了一场激烈的反对封建制度和宣扬科学民主的五四运动。自此，各种欧美教育思潮接踵而至，其中以美国教育哲学家约翰·杜威（John Dewey）倡导的实用主义教育思想所产生的影响最为广泛和深刻。在此影响下，实用主义的体育思想渐渐得到体育界进步人士的推崇。同时，第一次世界大战时德国的战败，使得军国民体育思想受到了进步人士批判。1919年，第五次全国教育联合会指出军国民主义已经不适合当时的教育发展潮流，学校体育教育应减少兵操比例，并增加其他体育项目。1922年，教育部通过颁布《学校系统改革令》废除了军国民主义的教育宗旨，并仿照美国提出“六三三”学制，即小学6年，初中3年，高中3年。在新学制实施的第二年，北洋政府补充颁布《课程纲要草案》，将学校的“体操科”正式改名为“体育科”。同时，军国民体育教育被现代体育项目取代，包括田径、球类运动、游戏及体操等。此外，一批体育师资培养专门学校在五四运动后得以创办，如南京高等师范学校体育科（1915年）、北京高等师范学校体育科（1917年）和浙江体育师范学校（1921年）等。

（五）国民政府的推动

1927年，南京国民政府成立，中国近代的学校体育得到进一步的系统化和规范化发展。首先，国民政府在1929～1944年制定了一系列教育法令以推动学校体育的发展，对小学、中学、大学的体育课程标准和考核要求都作了详细规定。在此基础上，教育部于1940年颁布了《各级学校体育实施方案》和《各级学校设备暂行最低标准》。其次，国民政府还组织专家编写和出版了多本体育课教材。1936年，历时4年的《体育教授细目》编写完成。这套教材以美国和德国的相关教材为蓝本，同时覆盖小学、初中、高中的体育教学。直到1946年，我国已经至少出版了体育教材13余种，体育教学参考书10余种。再次，国民政府进一步发展和完善了我国体育教育制度，包括创办高等院校的体育系（科）和体育专门学校、选派体育留学生和举办体育师资培训班等。在前期的基础上，我国在国民政府时期增加了数量众多的体育专门学校和高等院校的体育系（科），如中央国术专科学校（1933年）和国立中山大学体育学系（1945年）等。

三、女子学校体育的发展

19世纪末，戊戌变法拉开了中国近代妇女解放的序幕。资产阶级改良派在学习和宣扬西学的过程中，认识到妇女在挽救民族危亡和强国强种中的作用，并提出了贤妻良母式的资产阶级女性观。为此，改良派强调女学，主张女性接受学校教育，学习文化知识，从而达到强国强种的目的。受此影响，中国人自办的近代女子学校纷纷建立起来，其主要办学形式包括私立女学和官办女学两种。私立女学的开设早于官办女学。1897 年，时任上海电报局局长的经元善在上海筹办“经正女学”，经正女学是第一所国人自办的女子学校，积极响应设立女子体育课程的号召，把体操纳入课程之中，对之后的国人自办女子学校起到了示范作用。1908 年汤剑娥和王季鲁等在上海创办了中国历史上第一所女子体育专门学校——中国女子体操学校。在上海以外，南京、广东等地也陆续创办了一批私立女子学校。官办女学是在 1907 年清政府颁布《女子师范学校章程》和《女子小学堂章程》后才陆续建立起来的。这两个章程对女子师范学堂及女子学堂的办学宗旨、课程设置、培养目标等作出了详细的规定和要求，还明确规定学堂中要一律戒除缠足，并必须开办体操课。虽然仅限于开办小学和师范学堂，也没有允许男女同校，但这两个章程还是在很大程度上促进了官办女学的快速发展。1909 年，据清政府相关部门的初步统计，全国的女子学校约有 308 所，在校学生约有 14 054 人。无论是私立还是官办，这些女子学校不仅提倡放足，而且大力提倡体育。当然，这些早期的女子学校体育在组织形式上还是较为松散的，且在尚武和军国民主义思想的影响下，兵式体操一直是其中最重要的教学内容。

20 世纪初，资产阶级革命对中国女性解放运动也产生了重要的影响。当时，资产阶级革命派利用妇女报刊和其他革命出版物宣扬男女平等、妇女解放等观念。在肯定妇女对国家义务的基础上，他们主张建立一个性别平等的国家，并鼓励女性参与资产阶级革命。同时，资产阶级革命派意识到开展女子体育的必要性和重要性，因而把军国民主义思想引入女子体育教育中，将女子体育与资产阶级革命结合在一起。于是，一些逐渐觉醒的知识女性开始积极投身到女子体育的宣传和实践中，如秋瑾。这使得女子体育在爱国主义的感召和知识女性的解放意识的觉醒中得到普遍开展。辛亥革命期间，不断涌现的妇女革命团体活跃于军事训练，为国民革命积攒力量，如女子光复军、女子北伐军、女子尚武会等。

五四新文化运动时期，女子教育得到进一步发展，女性的自我解放意识也得到进一步提高。她们的诉求已经从个人的自我解放延伸到社会风俗的改良、女性体格的增强、妇女教育水平的提高和社会生活的丰富等。当时，以北京大学和南京高等师范大学为代表的高等院校陆续开始招收女学生，这在一定程度上促进了女性体育在学校教育中的普及化发展。同时，越来越多的女子体育学院、系科的创建，也为当时的女子体育发展提供了丰富的师资储备，如 1922 年创办的上海私立两江女子体育专科学校、1924 年创办的北京女子高等师范学校体育系、1925 年创办的金陵女子大学体育系等。以金陵女子大学为例，该校的体育教学体系与中国的当代模式比较接近。一方面，金陵女子大学注重在全校学生中建立体育传统，并由体育系教师兼顾全校的体育公共课。学校规定，前两年的体育课为学生的必修课，而后两年为选修课，凡体育成绩不达标的学生不得毕业。另一方面，金陵女子大学设立体育教育专业和体育系。体育教育专业开设的课程较适合女性特点，包括基本体操、韵律体操、中外舞蹈、球类运动、剑术及团体娱乐游戏等。体育系开设的运动术科包括体操、篮球、排球、射箭、民间舞、网球、曲棍球等，而基础理论课程则包括生物学、体育原理、体育行政、解剖学、生理学、人体机动学等。与此同时，体育界人士还编译了一系列适合中国女性的体育教材和运动规则。

国民政府时期，随着女子教育的快速发展和女性学生人数的快速增长，女子学校体育的参与程度和质量都得到了很大提升。四川女子体育学校、国立北平女子文理学院体育专修科、河北省女子师范学院体育系等专业的女子体育院校相继成立，为近代中国女子学校体育发展培养了大批的优秀体育人才。

第三节 中国竞技体育的兴起

一、体育竞赛的发端

体育竞赛在我国的发端始于19世纪末的教会学校。1890年5月，圣约翰大学举办了一场学校田径运动会，这通常被认为是中国体育史上的第一场体育运动会。此后10年间，中国的教会学校举办了各种级别和形式的体育竞赛。例如，在1898年，山东烟台的汇文书院举办了一场以游戏赛跑为主要形式的田径运动会。随着西方体育在近代中国的传播和发展，教会学校以外的各级各类学校也纷纷举办各种体育竞赛。此外，在教会学校和基督教青年会干事的共同努力下，各种校际体育竞赛也频繁举办。1901年5月11日，文华书院、博文书院、博学书院三所教会学校在文华书院举办了一场校际田径运动会。1902年，天津基督教青年会和教会学校共同组织了首届“天津学校联合运动会”。这项年度体育竞赛一直持续到1925年，共举办了21届。1904年，位于苏州的东吴大学发起了华东地区范围内的“华东四大学体育联合会”，该联合会后来发展为“华东八大学体育联合会”。在校际体育竞赛发展的初期，田径是主要的竞技项目，后来越来越多的项目成为竞赛内容。例如，1903～1910年，上海圣约翰大学与南洋公学举办了每年一届的足球对抗赛。在20世纪初，通县的协和书院和北京的汇文书院也曾先后举办了网球、棒球、足球等体育项目的校际运动会。

在基督教青年会的推动下，本土的官办学堂和私立学校不但接受了西方体育的教育价值，同时也接受了西方体育的竞赛价值。因此，体育竞赛在这些本土学校中逐渐得到广泛开展。1899年，位于上海的南洋公学举办了该校的首次体育运动会。同年，北洋大学、天津水师学堂、天津武备学堂和天津电报学堂等学校举行了一场校际运动会。到了20世纪初，运动竞赛所设置的比赛项目越来越丰富，参加校际竞赛的学校数量也越来越多。1905年，京师大学堂举办了该校的首次体育运动会。这场运动会为期2天，共设置有32个比赛项目，到场的嘉宾除了王公大臣、学务大臣外，还有各国的驻华使节，另外还有大批记者和数千名观众到场。1907年，“宁垣学界第一次联合运动会”在南京举行，共有86所学校的代表队参与了69个运动项目的角逐，包括竞走类、体操类、游戏类、军体类、球类项目，以及舞蹈、武术、马术等。这次运动会又称“江南第一次联合运动会”，是当时规模比较大的校际运动会。

此后，在校际竞赛的基础上，体育竞赛逐渐发展为地方性、区域性乃至全国性的运动赛事。在20世纪初，多数省市级行政区已陆续开始举办体育运动会，如广东省、四川省、天津市等。后来，一些大型的区域体育赛事也逐渐活跃起来，如华北运动会和华中运动会等。在近代，中国共举办了18届华北运动会和6届华中运动会。这些区域性运动会也成为全国运动会、远东运动会和奥林匹克运动会运动员的选拔赛和练兵场。在这一发展过程中，各地的基督教青年会组织发挥了较大的作用。

二、全国运动会

随着体育竞赛在学校和地方的不断推广，最终使得基督教青年会干事希望举办全国性运动大会的设想得以实现。在近代中国，最早提出这一设想的基督教青年会干事是埃克斯纳。他认为举办全国体育竞赛既可以扩大西方现代体育在中国的影响，又可以进一步在中国推广现代体育的道德规范，同时又能加强与本土体育组织的联系，以消除中国人对基督教的误解和偏见。为此，作为组织单位的基督教青年会筹备并成立了“全国学校区分队第一次体育同盟会”，埃克斯纳担任筹备会会长。与筹备会同名的赛会“全国学校区分队第一次体育同盟会”于1910年10月18日至22日在南京劝业场举行。这是中国历史上首次全国性的运动大会，因此在中华民国成立后被追认为第一届全国运动会。本届大会的参赛队伍包括上海、吴宁（现苏州、南京）、武汉（现武昌、汉口）、华南、华北五队，各队队员由基督教青年会选拔，且全部为男性。大会历时5天，比赛设高等组、中等组和学校联合组三个组别，竞赛项目包括田径、足球、篮球及网球四项。本届大会从筹办到闭幕的整个过程均由外籍干事主持，裁判和秘书等工作人员也由外籍人士担任。另外，大会的工作语言，包括秩序册的印制等，都采用英文，且量度单位也采用英制。

第二届全国运动会由“北京体育竞进会”发起，于1914年5月21日至22日在北京天坛举办。“北京体育竞进会”的前身是1910年在北京成立的一个体育联合会。此联合会由北京基督教青年会联合清华学堂、协和书院和燕京大学创办，并由北京基督教青年会外籍体育干事侯格兰德（Hoagland）主持。1912年，随着北京高等师范学院和汇文书院的加盟，联合会被正式命名为“北京体育竞进会”。本届大会包括来自中国东部、西部、南部、北部四个区域的参赛队伍，参赛选手共96人。北洋政府官员致开幕词，且全程参与了本届运动会。大会首日，到场观看的中外人士多达15 000余人，会场设置的头等座、优待座和普通座全部座无虚席。次日，美国运动团体进行了排球表演，并吸引了众多观众到场观摩。本届全国运动会不但新增了排球和棒球比赛，同时在田径比赛中新增了十项全能和五项全能等项目。

第三届全国运动会由“中华业余运动联合会”组织，于1924年5月22日至24日在武昌练马场举办。这是首次由中国人自己组织举办的全国运动大会，而体育领域内的“收回体育主权运动”成为促成此转折的关键因素。“中华业余运动联合会”成立于 1922 年，由张伯苓任会长，郭秉文任副会长。然而，这两位中国体育名人并非协会事务的主事者，实际主事的是基督教青年会干事美国人葛雷（Gray）。1924 年初，当葛雷开始筹办第三届全国运动会时，就开始不断遭到中国本土体育界的抵制。这主要来自两方面因素：其一，中国体育代表团在 1923 年的第六届远东运动会上失利后，本土体育界已经开始试图建立由中国人主持的全国性体育组织；其二，国内日渐高涨的反帝情绪，激发不少体育团体开始抵制葛雷和全国运动会，并质疑“中华业余运动联合会”的合法性。最后，鉴于全国运动会在推广体育运动和备战远东运动会两方面的重要性，本土体育界采取了折中态度，即保留“中华业余运动联合会”的对全国运动会的组织权，但必须由中国人自己主持。在“中华业余运动联合会”和武汉体育界的合作下，第三届全国运动会如期在武昌举行。大会共有 340 位运动员参赛，他们分别来自华东、华西、华南、华北和华中五区。此外，本届大会较前两届的进步还包括：比赛项目多；首次新增团体操表演，并修建了专门的运动场和游泳池；首次设立女子比赛项目；田径赛的量度单位由西式的码制改为公尺制；除少数外国人担任裁判外，其他所有事务均由中国人承担。值得注意的是，“中华业余运动联合会”在 1924 年 7 月被改组为“中华全国体育协进会”，张伯苓担任临时主席，沈嗣良担任临时书记，而其他主要领导人全部为中国人。1931 年，“中华全国体育协进会”被国际奥委会正式承认为中国国家奥委会。1941 年，“中华全国体育协进会”向国民政府社会部申请正式注册为社会团体，成为当时唯一的全国性体育组织，主持全国及国际间的运动比赛事项，以及制定各项运动规则，同时还代表中国参加各类国际体育事务，负责组队参加远东运动会、奥林匹克运动会等国际比赛。

1927 年，南京国民政府成立。新中国成立前，“中华全国体育协进会”负责或协助筹办了中国第四至七届全国运动会。第四届全国运动会于 1930 年 4 月在杭州举办，主办单位为浙江省政府。这是中华民国成立后首次由地方政府主办的全国性体育运动会。大会得到国民政府的重视，不但多位政府要员出席了此次大会，蒋介石还在开幕式中致辞。本届全国运动会不再以区域为参赛单位，而是以省、市及华侨团体为单位，所以规模比前 3 届更大，共有 22 支队伍参赛，覆盖了中国的大多数省份。大会共刷新了 7 项全国运动纪录。

第五届全国运动会于 1933 年 10 月在南京举办。这是全国运动会第一次在首都举行，因而得到南京国民政府的大力支持。为了更好地举办这届运动会，南京国民政府特在中山陵开辟了 1 200 亩地，花费 143 万多元建造了当时亚洲首屈一指的中央体育场。本届全国运动会的筹备工作由国民政府教育部组织筹备委员会，南京国民政府主席林森为名誉会长，蒋介石为名誉副会长。筹备委员会下设竞赛和裁判委员会，其下又分设场地设备、注册编排、裁判、记录、奖品等部门负责相关工作。当时我国的东北三省已被日军侵占，但仍然组队参加比赛。代表团在会上发表宣言，决心保卫祖国山河，激起了在场观众的反帝情绪和爱国热情。

第六届全国运动会于1935年10月在上海的江湾体育场举办。上海市政府开创性地采用商业运作，以发行国债的形式向社会集资350万元。由于其中的100万元用于包括田径场、体育馆和游泳池等的体育场馆建设，这次运动会的场地被当时报刊媒体称为“远东第一”。这届全国运动会增设小足球、摔跤、自行车、举重、竞走、马球等表演项目。同时，民众对体育的关注度也有所增加，对一些全国运动会的优秀运动员大为追捧。运动会中，有“美人鱼”之称的女性游泳运动员杨秀琼，参加了所有女子游泳项目。此外，足球赛也是观众们竞相观看的焦点。本届全国运动会最使人难忘的是在开幕式入场时，来自东北四省（吉林、黑龙江、热河、辽宁）的选手均穿着黑色裤装，所举旗帜黑白各半，以示不忘被日本侵略者践踏的东北地区领土。

第七届全国运动会于1948年5月在上海举办，比赛场地同样设在江湾体育场。多达55个单位的2 400名运动员参加了此次大会，包括来自新疆和台湾的参赛代表队。大会举办期间正值内战，因此主办方特别增加了火炬接力长跑传递、放飞彩色丝带及信鸽等文化活动以增加大会的喜庆气氛，其目的是掩饰国民党政府在政治和军事上的失败并借此安定民心。由于连年征战、政治腐败、经济困顿，本届全国运动会的整体运动水平不高，许多体育项目的竞赛成绩都有所下降。

三、远东运动会

如前所述，基督教青年会自19世纪中期开始就活跃于世界各地传播西方现代体育，而亚洲的多个国家也深受影响。随着亚洲各国体育竞赛制度的发展，中国、日本、菲律宾三国的基督教青年会干事于1913年联合发起了首届远东运动会，后有印度尼西亚、越南、印度等国加入。远东运动会常被称为亚洲运动会的前身，其举办的初衷是在亚洲国家进一步传播现代西方体育、奥林匹克理念，以及西方体育中蕴含的道德观、精神观、身体观。

远东运动会发端于20世纪初菲律宾国内一年一度的嘉年华盛会，其中也包括各种体育比赛。1911年，菲律宾基督教青年会干事布朗（Brown）发起并成立了“菲律宾业余运动体育协会”，其本人担任协会主席。同年，布朗邀请中日两国参加菲律宾的嘉年华盛会。中国基督教青年会应邀派遣了田径和足球选手赴菲律宾参赛，而日本也派出了早稻田大学板球队和网球队选手参赛。这次嘉年华盛会为远东运动会的筹办提供了契机。1912年，布朗亲赴中国和日本，向两国的基督教青年会提议建立远东地区的体育协会。该提议还获得中国政要伍廷芳和日本相关人士的支持。后经三方代表商议，远东奥林匹克委员会于1912年成立。协会的宗旨是辅助国际奥林匹克委员会的常务工作，并在远东地区举办业余运动竞赛。当然，成立初期的远东奥林匹克委员会实际上与国际奥委会没有直接联系，直到1920年才被国际奥委会正式承认。

1913年2月1至8日，第一届远东运动会在菲律宾的马尼拉举办，中国、日本和菲律宾派出代表团参赛。大会按照奥林匹克运动会的模式设置了开幕式和闭幕式等仪式，比赛项目包括田径、游泳、足球、篮球、排球、网球、棒球和脚踏车 8 项。中国代表团共 40 余人，绝大部分为教会学校的学生。他们参加了除棒球外的所有项目的角逐，并取得了田径赛 120 yd（约 110 m）高栏、跳远、跳高、五项全能的冠军，总分位列第二名。这也是中国第一次参加国际性的体育竞赛。

1913～1934 年间，远东奥林匹克委员会（1920 年更名为远东业余体育协会）共举办了 10 届远东运动会，其中在中国举行了 3 届，分别为 1915 年的第二届、1921 年的第五届和 1927 年的第八届。第二届远东运动会在上海的虹口体育场举行，这是近代中国第一次在本土举行的大型国际体育赛事。本届运动会仍然是基督教青年会负责操办，包括中国选手的选拔、训练，以及赛会的筹办及组织，总管事为基督教青年会的外籍干事柯乐克（Crocker）。本届大会得到社会各界的大力支持，尤其是当时的北洋政府当局。总统袁世凯带头捐助了 2 000 银元，同时他还向代表中国参赛的美国檀香山华侨队提供了 500 银元的旅费资助；副总统黎元洪也捐赠了 1 000 银元。约 2 000 名中外来宾出席了本次大会的开幕式，王正廷代表副总统黎元洪致开幕词。中国代表团派出了约 154 名运动员参加了全部比赛项目，其中包括了从美国檀香山远道而来的华侨棒球队。为期 8 天的运动大会吸引了人数众多的观众前来观赛。本届远东运动会的比赛项目与上一届相同，中国队获得了团体第一名的好成绩。当时，在中国最具影响力的报纸《申报》也多次刊登了关于远东运动会的赛事消息，引起了社会各界的广泛关注。王正廷认为本届远东运动会体现了西方现代体育在亚洲的受欢迎和普及程度。

九一八事变后，日本侵占中国东北，次年宣布建立伪满洲国政权。为了让伪满洲国得到国际社会的承认，日本极力推动其加入远东运动会。1933 年，日本在报纸上宣称伪满洲国将代表中国参加 1934 年的第十届远东运动会，此举激起了中国人的愤慨。1934 年 3 月，中国、日本、菲律宾三国代表在上海举行圆桌会议，讨论伪满洲国参加远东运动会的可能性。中日双方各执己见，菲律宾则持折中态度，导致会议无果而终。同年 5 月，远东运动会在马尼拉举办期间，日本在执行委员会会议上提出修改远东运动会会章，以达到允许伪满洲国进入远东运动会的目的。在遭到中国代表坚决反对的数天后，日本私下联合菲律宾非法解散“远东业余体育协会”，并建立“东亚业余体育协会”。远东运动会自此成为历史，但无论如何，远东业余体育协会所举办的 10 届远东运动会极大地促进了东亚地区体育事业的长足发展（表 3-1）。

表 3-1　历届远东运动会简况表

届数	时间	地点	冠军国	会长
第一届	1913 年 2 月 1 日～1913 年 2 月 8 日	菲律宾马尼拉	菲律宾	布朗
第二届	1915 年 5 月 15 日～1915 年 5 月 20 日	中国上海	中国	王正廷
第三届	1917 年 5 月 8 日～1917 年 5 月 12 日	日本东京	日本	嘉纳治五郎
第四届	1919 年 5 月 12 日～1919 年 5 月 17 日	菲律宾马尼拉	菲律宾	布朗

（续表）

届数	时间	地点	冠军国	会长
第五届	1921 年 5 月 30 日～1921 年 6 月 4 日	中国上海	菲律宾	王正廷
第六届	1923 年 5 月 21 日～1923 年 5 月 23 日	日本大阪	日本	岸清一
第七届	1925 年 5 月 16 日～1925 年 5 月 23 日	菲律宾马尼拉	菲律宾	奎松
第八届	1927 年 8 月 27 日～1927 年 9 月 5 日	中国上海	日本	王正廷
第九届	1930 年 5 月 24 日～1930 年 5 月 30 日	日本东京	日本	岸清一
第十届	1934 年 5 月 12 日～1934 年 5 月 19 日	菲律宾马尼拉	菲律宾	格爱孙

四、奥林匹克运动会

基督教青年会对奥林匹克运动会（以下简称奥运会）在中国的早期传播同样扮演着重要的角色。早在 1908 年 10 月 2 日，时任天津基督教青年会干事的饶伯森（C. H. Robertson）就在第六届天津学校联合运动会颁奖仪式上向大家展示了 1908 年伦敦奥运会的幻灯片。此后，饶伯森还在各地开展了一系列的演讲以进一步向中国民众普及奥运会。当年，中国人就提出了奥运三问："中国什么时候可以派选手参加奥运会？中国什么时候可以派队伍参加奥运会？中国什么时候可以举办奥运会？"这三个问题进一步开启了中国人的奥运之旅。国民政府时期，中国人共 4 次出现在了奥运会场：1928 年首次派代表团观摩在荷兰阿姆斯特丹举行的第 9 届奥运会；中国运动员分别参加了 1932 年的美国洛杉矶奥运会、1936 年的德国柏林奥运会及 1948 年的英国伦敦奥运会。

1928 年第 9 届阿姆斯特丹奥运会举办之时，南京国民政府刚刚成立不久，政局尚不稳定。同时，由于中国运动员在 1921 年上海远东运动会上的成绩并不理想，国民政府决定不派选手赴欧参赛。中国驻丹麦公使罗忠贻以中华民国正式代表的身份出席了国际奥委会年会及奥运会开幕典礼；而美国春田学院留学生、中华全国体育协进会名誉干事宋如海，则以中华民国副代表的身份前往荷兰考察奥运会。在奥运会举办期间，宋如海搜集了各种与奥运相关的资料，并先后从荷兰阿姆斯特丹往国内发回 14 篇特约通信稿。这些通信稿被刊登在《申报》的体育版上，引起了中国人对奥运会的关注。回国后，宋如海以英文单词"Olympiad"的译名"我能比呀"作为书名，著《我能比呀·世界运动会丛录》一书。该书由上海商务印书馆于 1930 年出版，王正廷、陈时和余日章分别撰序文。这本书是我国有史以来第一册有关参加奥运会的历史文献。

1932 年第 10 届洛杉矶奥运会见证了中国选手的首次参赛。由于受到九一八事变的影响，加上中国代表队在远东运动会上的不佳表现及国内财政的困境，国民政府并不打算选派运动员参加此次奥运会，仅拟派沈嗣良为代表出席大会开幕式及其他典礼。然而，日本于 1932 年 5 月至 6 月间，在《泰东日报》先后发文宣布刘长春和于希渭将作为伪满洲国的运动员参加奥运会。这一行径激起了全国上下的抗议并问责国民政府教育部及中华全国体育协进会。刘长春也很快在《大公报》（1932 年 7 月 4 日）发表声明，明确表明自己是中华儿女，决不代表伪满洲国参加奥运会。在体育界的有识之士张伯苓、王正廷、郝更生等的努力下，以及张学良等人士的慷慨资助下，刘长春和他的教练宋君复终于得以代表中国出征美国洛杉矶，于希渭由于日本的阻挠而未能参赛。由于长途跋涉而造成的体能消耗及国内动荡环境而导致的系统训练缺乏，刘长春的单刀赴会并未取得好成绩。然而，刘长春成为中国参加奥运会的第一位运动员，开辟了中国体育史的新纪元。刘长春的参赛得到美国媒体的关注，也改变了世界对于中国人是“东亚病夫”的误解。

1936 年，包括 200 多人的中国代表团远赴柏林参加第 11 届奥运会。这是由两方面的因素促成的：其一，南京国民政府吸取前届奥运会的经验教训，以防日本利用国际体育赛事和组织获取国际社会对伪满洲国的合法地位的承认；其二，南京国民政府认识到体育运动不仅可以强健国民体魄，还能宣扬爱国情感和增强民族凝聚力，更可以作为体育外交和政治斗争的手段和工具。本届中国代表团由中华全国体育协进会选拔和组织，王正廷和马约翰分别担任领队和总教练。中国队的参赛项目包括田径、游泳、举重、足球、篮球、自行车、拳击等。遗憾的是，当时中国运动员的竞技水平还不高，加上旅途劳顿和水土不服等原因，中国代表团并未获得任何奖牌。然而，中国代表团还是有所收获的。例如，中国武术表演队大放异彩，此次奥运会后还被邀请到德国多个城市进行表演；中国第一位篮球国际裁判员舒鸿执裁了美国和加拿大之间的奥运会篮球项目的金牌争夺战，并获得了广泛认可。在赛场以外，中国还派出了由 37 位体育精英组成的考察团。除了柏林奥运会，考察团还赴丹麦、瑞典、捷克斯洛伐克、意大利等欧洲七国进行观摩学习。考察团不但吸收了许多现代体育的新思想，也为中国体育界提供了更多的国际交流机会。此后，中国多次派代表参加国际体育会议和交流，这对中国体育的现代化转型具有重要意义。

1948 年第 14 届伦敦奥运会举办期间，中国正值内战时期，社会和经济均遭受了严重破坏。尽管如此，中华全国体育协进会最终克服了重重困难，派代表团参加了这届奥运会。中国运动员参加了足球、田径、游泳、篮球和自行车 5 项竞赛项目，但仍然未获得任何奖牌。在当时国力衰败、经济窘迫的境况下，中国代表团唯有在王正廷等人多方筹措经费后才得以返回中国。

第四节　中国大众体育的兴起

一、侨民与大众体育的发端

1840 年，鸦片战争爆发。两年后，清政府与英国签订《南京条约》，被迫开通广州、福州、厦门、宁波、上海五地为通商口岸。后来，随着一系列不平等条约的签订，西方列强在中国各地设立的租界多达 30 处。凭借不平等条约的庇护，租界侨民可以在中国居住、经商、传教，建立工厂、学校、银行等。他们把风俗和生活习惯带到中国，包括体育运动。可以说，现代体育在中国最先开展于租界，然后才为中国人所认知。最初，这些体育项目主要是作为侨民的休闲娱乐活动，而它们的主要载体则是体育竞赛。

随着租界的兴盛发展，各种现代运动项目陆续出现于各地租界。19 世纪 50 年代，上海租界的外国人开展的体育运动包括赛船、赛跑、赛马、板球、足球、马球、网球、保龄球等。以赛船和田径运动为例，每年夏秋之交，西人常常选择上海、厦门等较早开埠的城市附近的空阔水面举行赛船比赛。在上海，最初的赛船比赛地常设在苏州河内，后因海上航业发达和河道壅塞，便更改至昆山的青阳港举行。英国人把该地称为“恒利”，而“恒利”本是英国著名的赛船胜地。恒利赛船举办之时，观众众多，万人空巷。1907 年的秋季恒利赛船吸引了英格兰、苏格兰、德国的赛船队前往参赛。早在 1872 年 11 月，西方人在跑马场上就举行了包含跑、跳、投掷等共 25 余项的综合性的田径比赛。当时并无“田径”一词，中国人称这类比赛为“塞力”“跑人”。后来，万国运动会、万国越野跑、万国竞走赛都成为近代中国比较有名的田径赛事。

狩猎和赛马也是外国侨民较早引入中国的体育项目。1843 年上海开埠后，一批较早登陆的外国侨民传入了他们的户外运动，如英国人十分热爱的狩猎和赛马。除了在租界建立跑马场（图 3-3）和举办跑马比赛以外，他们还在公共租界以外辽阔平坦的广袤乡间中骑马纵犬、打猎赛马。于是，当时也出现了以娱乐为主的撒纸赛马（the paper hunt）和追猎赛（the drag hunt）。当然，以营利为目的的赛马比赛也是很流行的。1850 年，西方人开辟了上海第一个跑马场，正式开始经营赛马活动。骑师通过赢取比赛赚钱，观众通过下注赌博赚钱，经营商通过对马匹的经营赚钱，而养马者则通过训练赛马赚钱。当时，由于赛马具有巨大的商业潜力，赛马活动渐渐发展成为一种较为流行的赌博形式。跑马场股东能通过对赛事的组织赚取巨大的收益。19 世纪末 20 世纪初，除了上述项目外，在租界中出现的体育运动还包括篮球、排球、草地滚球、曲棍球、棒球、高尔夫球、网球、游泳等。可以说，当时欧美社会流行的大多数体育运动项目都已经在中国租界中出现。

图 3-3　上海旧时租界跑马场

随着各种体育项目的传入，租界中的体育在开展和组织形式上都日趋完善，而各种体育场地和器材设施也得以配套。例如，上海运动事业基金董事会在1863年买下了跑马总会的430亩土地，建成了综合性的体育场，即西侨公共体育场。这片体育场有一片高尔夫球场，还有棒球场、草地滚球场、板球场、足球场、网球场等。这些场地的功用除了休闲娱乐外，还常被西侨作为彰显社会地位的社交场所。此外，租界内还成立了各式各样的体育俱乐部。其中，上海租界内成立的俱乐部包括上海跑马总会、板球总会、草地滚球总会、游泳总会、板球总会、网球联合会、足球联合会等；天津租界内成立的俱乐部包括赛马俱乐部、板球会、西侨游艇会等。同时，这些俱乐部不仅是外国人的体育娱乐场所，也常被用作商业周旋与人际交往的手段，甚至成为一种标榜身份的象征。因此，这些早期的租界体育组织具有排华性。自20世纪初起，越来越多华人开始出现在此前被侨民排除在外的各项体育赛会中，如田径、足球、篮球、网球比赛，以及万国运动会、万国越野跑、万国足球赛等。例如，始于1904年的年度万国竞走赛从1922年开始允许华人参赛，标志性事件是陈和清以个人资格参加比赛，且穿布鞋走完全程。

二、体育社团的发展

在近代中国，大众体育的发展与体育社团的发展是并肩前行的。基督教青年会对近代中国大众体育的发展起了很大的推动作用。如前所述，城市基督教青年会是基督教青年会行政结构的重要组成部分，负责开展当地基督教青年会的各项事工。城市基督教青年会一般都有固定的会所，有专职且经验丰富的干事和职员。一般来说，城市基督教青年会的事工会分为德、智、体、群四部。基督教青年会的体育部正是中国大众体育的践行者和开拓者。除了协助举办区域性的运动会，各地方城市基督教青年会会根据自身的条件修建体育场地和健身房、提供相应的体育设施，并积极举办各种项目的体育培训和体育比赛等。此外，他们还将体育运动与公共卫生结合起来一起宣传，开展消灭苍蝇、老鼠等公共卫生宣传和活动，并举办卫生演讲等。

以上海基督教青年会为例，1908年11月17日，北美基督教青年会派遣体育干事埃克斯纳到上海。此后不久，上海基督教青年会就成立了体育部，负责开展体育卫生讲座和体格检查，开办各种体育培训和健身班，组织体育表演赛，以宣传体育理念和推广现代体育运动。此外，上海基督教青年会拥有优良的体育场地和设施，常常组织地方的各界职工进行乒乓球、篮球、足球、网球、田径等联谊赛和各种形式的体育锻炼。1936年，上海基督教青年会发起的“夏季千人游泳大召集”，参加者超过千人；1937年发起了“储力运动”，提倡群众每天开展1小时运动；1939年发起的民众半小时晨操运动，参加锻炼者总计2 000余人；1944年举办的“民族健康运动周”，内容有篮球、游泳比赛、器械体操、国术和健美操表演等；1948年，参加上海青年会举办的体育活动的人数多达26万人次。

成立于1924年8月的中华全国体育协进会（其前身是成立于1922年的中华业余运动

联合会）是另一个致力于推动近代中国大众体育发展的重要全国性体育社团。为了普及体育活动，中华全国体育协进会发动筹组了各地方性的体育协进会和体育联合会。直至抗日战争前，先后有北平体育协进会、武汉体育协进会、天津体育协进会等 19 个分会。中华全国体育协进会积极采用各种方式传播现代体育，如定期举行暑期体育训练会、体育讲习会及体育讨论会、开展体育巡回表演等。1935 年，中华全国体育协进会在山东大学举办暑期讲习会期间，曾邀请国内著名的体育专家张伯苓、沈嗣良、章辑五进行了公开演讲，分享了他们对中外体育发展现状和前沿体育知识的认识，增进了学员对于国内外体育发展状况的认知。1936 年的奥运会结束后，褚民谊应邀在“夕阳会”进行了一场“对于奥林匹克运动大会之感想”的讲演，介绍了中国参加这次奥运会的概况，并表示中国今后应该努力提倡民众体育，推动体育的普遍发展。1942～1943 年，中华全国体育协进会重庆分会的民众体育训练班共举办了 10 期的垒球班和 6 期的板羽球班等。1943 年，中华全国体育协进会制定了“组织体育巡回访问团，分赴各地表演示范宣传，以提高各地运动兴趣”的工作方针，并组织体育表演团，赴各地实地表演体育活动，教授体育运动方法。中华全国体育协进会的这些工作不仅扩展了民众的体育知识，而且在实践上推动了大众体育事业的发展。

成立于 1910 年的精武体育会，不仅是一个民间拳社，还是一个在全国范围内有着广泛影响力的体育社团。无论是从开办规模还是组织机构影响力来说，它都对中国近代群众体育的发展有着重要的推动作用。直至 1928 年，精武体育会的分会已经遍布国内多数省市，而且在越南、新加坡等地也成立了海外分会。1928～1929 年间，它的总分会共有 42 个，会员人数超过 40 万，来自工界、商界、政界、学界等。精武体育会总部经常向各地精武分会派出教员，并派技击主任到各地巡视、检查和帮助推进会务。精武体育会的主要日常事务是吸收会员，传授、研习和推广武术技艺，最终达到以武术强国的目的。因此，精武体育会还会定期组织演武活动，编写武术书籍和教材等。此外，精武体育会也在一定程度上推动了多项现代体育在群众中的开展和普及，如排球、篮球和足球等。

此后，为了进一步加强体育社团建设，1934 年 8 月，南京国民政府颁布了关于民间体育组织建设方面的法规文件——《体育会组织办法》。其对体育会的组织宗旨、任务及会员要求等均作了详细的规定。1936 年 11 月，国民政府又制定了《各省、市、县体育会组织条例》，其宗旨是普及体育、增进健康、发扬民族精神及研究体育学术；具体事务则包括会员体格锻炼、体育调查和统计、民间体育的推行、体育技术的传授等。随着现代体育在近代中国的传播，各类自发的民间体育社团也曾大量出现。这些体育社团主要包括：第一，综合体育社团，如优游体育会、乐华体育会、东华体育会、丽都体育会和南华体育会等；第二，专项体育社团，如上海车会、上海网球会、广州市射击会和达群国术社等；第三，机关和行业的体育社团，包括在警界、政府界、银行业、烟草业、商会成立的各种体育社团。

三、体育设施和业余赛事的发展

1927 年以后，南京国民政府对大众体育的发展是持积极态度的。国民党时期曾任上海市市长的吴铁城提出，体育锻炼能健全国民的体格，只有拥有了健全的体格才能更好地开展事业，才能使民族兴盛地发展。他的这种说法也得到了当时众多国民党政要的支持。当时，政府除了支持学校体育的发展，也为大众体育的发展提供了较大的政策支持。其中影响最大的是 1929 年 4 月颁布的《国民体育法》和 1932 年 8 月通过的《国民体育实施方案》。《国民体育法》一共有 13 条，明确规定了所有国民，无论男女，都有义务从事体育锻炼，且规定了兴建公共体育场和组建体育组织与社团等方面的内容。为了贯彻这些体育法规，《国民体育实施方案》对大众体育的推广作了更详细规定，包括大众体育推行的具体办法、体育设施和体育场馆的数量与基本功能等。而该方案倡导的大众体育观念则包括了增强参与体育的平等性，通过体育锻炼培养大众的社会适应能力、团队精神和民族精神等方面。《国民体育法》和《国民体育实施方案》等政策法规的施行，推动了国民政府时期大众体育的发展，特别是保障了体育场地和体育社团的建设及业余体育赛事的发展。

实际上，在国民政府成立前，我国体育场地建设已有一定发展。我国最早的公共体育场馆建于 1913 年，坐落在京师通俗图书馆附近。1915 年，教育部曾通令各省在省城筹设体育场。1917 年，上海建成西门公共体育场。此后，各省陆续修建了一些体育场。国民政府成立后，公共体育场地设施的建设得到更大力度的支持。当时，体育场不仅为群众体育活动提供场所，还肩负着实际组织者的角色。1928 年 8 月，国民政府公布了《各县市公共体育场暂行规定》，指出公共体育场要以指导民众发展体育及从事正当娱乐为宗旨，并要求县级体育场设置普通运动部、妇女运动部、儿童运动部。1929 年 1 月，国民政府通令全国各县市教育局，每县市应至少配有一个完备的公共体育场。1932 年颁布的《国民体育实施方案》规定各省、市体育场的面积至少应有 80 亩（1 亩＝666.67 m^2）；县体育场面积至少应有 30 亩；儿童乐园应设置儿童游戏器械及能引起儿童游乐兴趣的用具。当时，较为流行体育活动主要包括球类、田径、徒手体操、器械体操、国术和各种游戏。

为了推动和规范业余体育赛事建设，国民政府教育部于 1931 年 4 月颁布了《民众业余运动会办法大纲》。根据规定，行政院直辖市及各县市的民众业余运动会，每年于春季或者秋季举行一次或两次，每次以 1 天为限；行政院直辖市的运动会由该市教育局举办，而各县的运动员由各省教育厅各自拟定选定办法。群众只要年龄在 20 岁以上、50 岁以下，不分男女，均可参加。比赛项目一般包括国术表演比赛、田径、游泳、球类、拔河、举重等项目。

国民党统治时期，国民政府对大众体育的支持范围较大。除了社会层面的人民大众，还包括了军队、工矿、报业等机关领域。当时，多数国民党军队驻地都修建了体育场。有的军部为了管理全军的体育运动训练竞赛事宜，还设有体育部，并配有专职体育教官和指导员。很多军部还组建了不同项目的代表队，定期举办军民运动会，如陆军三十二军的全军运动会和海军全军运动会等。此外，国民政府的体育法规曾多次提及对工矿机关体育活动的管理，并指出在工矿机关也应该推行体育活动。因此，地方性的矿石业、运输业、纺织业、报业、商行等，都定期举行各种体育项目的运动会。1928 年，报界工会成立了"报""界""工""会"4 支足球队，掀起了工人体育发展的热潮。上海市总工会组织是上海市工界的领导机关，它对工人体育的提倡也是不遗余力的。1934 年 5 月 15 日，上海市总工会的"劳工体育委员会"举办了上海市第 1 届工人运动会。大会得到社会各界的支持，参加者包括邮务工会、牙刷工会、水电工会、轮船木业工会、民船木业工会等男女工人，超过 1 000 人，比赛项目包括田径、足球、篮球、网球、锦标五项、女子径赛、乒乓球、国术、竞走等。

四、体育用品业的发展

西方体育传入中国初期，国内使用的体育用品多为舶来品。民国以后，随着大众体育推广的深入及体育活动范围的扩大，大众对体育用品的需求也日渐增大，国产体育器材生产厂家也逐渐扩大了生产规模。例如，创办于 1920 年、原名"春合工厂"的天津春合体育用品制造厂，最初只生产篮球、足球和网球拍等体育用品，集中在平津（今北京和天津的并称）一带销售。后来，随着生产规模的扩大，该厂的销售区域也扩展至全国乃至亚洲、欧美等国。保定布云工厂于 1915 年开始生产体育器材。到了 20 年代，工厂已经具有较大的生产规模，生产产品线覆盖了各种球类用品，还有铁饼、标枪、铜球、铅球等田径用品，其销售地区也从全国扩展到东南亚、印度、日本，以及欧美等国家和地区。孙润生于 1921 年在天津创办的利生制球厂，最初也只生产篮球、足球等皮制球类产品，后来逐步增设制革部、制弦部等生产部门。20 世纪 30 年代后，该厂的产品除了篮球、足球、排球、羽毛球外，还增设了田径、体操等相关器械，逐步发展成近代中国规模最大的体育用品厂。当时大型运动会所用的体育器材，多数是由利生制球厂生产的。

五、体育出版物的发展

在近代中国，报纸因其传播的广泛性和时效性成为大众体育传播的最重要途径。当时最具社会影响力的报纸都开辟了体育新闻专栏，如《申报》《时报》《益世报》《新闻报》《北京晨报》《大公报》《新华日报》等。这不但促进了体育运动项目的推广和体育知识的传播，还推动了体育的大众化进程。此外，为数众多的体育期刊也是近代中国重要的体育出版物。仅在 1927～1937 年间，全国范围内发行的体育期刊就有 29 种，其中较具代表性的包括《勤奋体育月报》《体育季刊》《体育周报》《体育周刊》等。这些体育期刊对宣扬现代体育和健康理念、普及先进体育知识、改善大众体育风气、推进大众体育发展都起到了重要的作用。例如,《勤奋体育月报》开设了社会体育的活动调查专栏;《体育研究与通讯》十分关注大众体育的发展，其刊文范围广泛地覆盖了大众体育的发展目的、实施效果、对大众体育发展的建议及对妇孺体育发扬的反思等方面。另外，根据相关统计，1926～1935 年间，全国范围内出版的体育丛书和教材超过 400 种，仅商务印书馆就出版了多达 131 余种体育类专业书籍。

第四章 中国共产党领导的红色体育

导读

中国共产党所领导的红色体育为近代中国体育事业的发展和繁荣做出了杰出贡献，具有十分伟大深远的历史意义，在思想和实践层面都为新中国的体育发展提供了宝贵经验、奠定了坚实基础。本章节主要介绍中国共产党成立早期的红色体育，土地革命时期的红色体育，抗日战争时期和解放战争时期的红色体育，并归纳总结新民主主义革命时期中国共产党领导的红色体育的伟大历史意义。

第一节 中国共产党成立早期的红色体育

1921～1927 年，中国共产党的主要工作重心是在城市组织工人进行革命斗争。这一阶段，中国共产党领导下的红色体育开始萌芽。

一、主要领导人对体育的重视和倡导

李大钊、陈独秀、毛泽东、恽代英、朱德、周恩来、向警予、蔡畅等人，都十分重视体育。

1917 年 4 月，毛泽东在《新青年》发表《体育之研究》一文，其中针对“体育之效”的研究，发表了关于身体强弱的论述。他强调，体质的强弱不是天生所永久决定的，而可以通过后天的锻炼和努力改变。

朱德也一直是体育的爱好者。1907 年春，时年 21 岁的朱德考入了四川通省师范学堂附设体育学堂，这是一所专门培养体育教师的学校，朱德毕业后到仪陇县立高等小学堂任体育教习兼庶务。朱德一生对体育的热爱和实践，都在此时打下了坚实的基础。

二、安源路矿工人的体育活动

安源路矿工人的体育活动是中国共产党创建初期所领导的最早的体育活动。1921 年秋天，毛泽东来到安源进行考察。1922 年，安源成立了工人俱乐部，由刘少奇担任第一任俱乐部主任。工人俱乐部下设有游艺股，其职能就是组织群众性的文娱体育活动（图 4–1）。

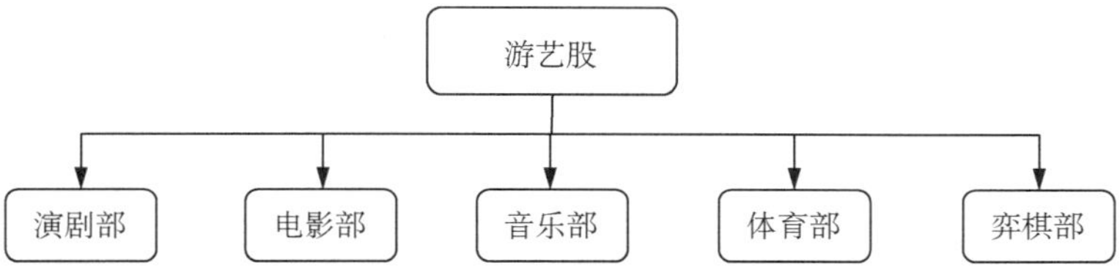

图 4–1　安源路矿工人俱乐部游艺股机构图

1924 年，中国共产党为了加强对安源路矿年轻人的领导，在俱乐部中专门设立了青年部。青年部下设有运动科，主要负责青年人的体育活动（图 4–2）。

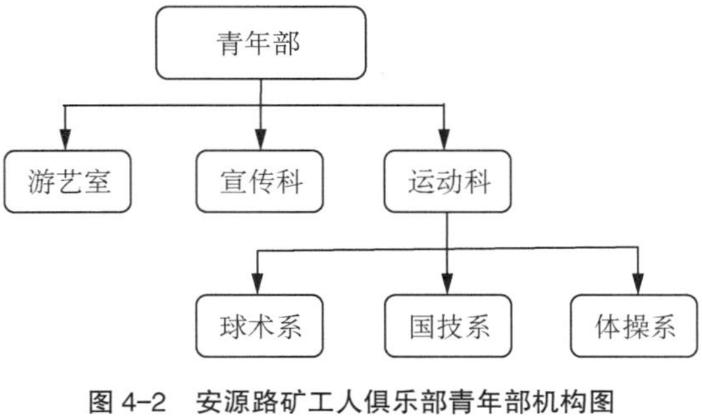

图 4–2　安源路矿工人俱乐部青年部机构图

每逢假日或重要纪念日，安源工人常常会举办乒乓球、武术、篮球比赛，还会召开秋季运动会。在由党兴办的工人补习学校和子弟学校中，基本上都将体育课列入课表，开设有足球、武术、跳远跳高等课程。

体育活动的有序组织和开展，不仅丰富了工人的业余活动，还帮助工人养成良好的生活习惯，并在身体上促进了工人的健康强壮；更重要的是，工人们在体育活动中获得了教育和锻炼，提高了战斗能力和政治觉悟。

三、以海丰、陆丰地区为代表的农村体育

彭湃是中国共产党农民革命运动的先导者，1927 年 11 月，彭湃所领导的海丰、陆丰县苏维埃政府成立。海丰、陆丰所在的广东地区，武馆拳馆甚多，群众基础也较好。彭湃积极与武师们联络，一方面向武师宣传农会，一方面也鼓励农民学习拳术。后来，随着革命形势的变化，武师和农民逐渐成为农团军、农民自卫军的主力，为农民革命运动作出了重要贡献。

彭湃在海丰、陆丰地区积极开展体育活动，并将体育与革命活动紧密联系起来，不仅锻炼了群众的身体和意志、增强了他们的战斗力，还培养了群众的革命热情和觉悟，更组织了群众参加革命活动。

第二节 土地革命时期的红色体育

“锻炼工农阶级铁的筋骨，战胜一切敌人”，这是毛泽东对苏区体育工作方针的总概括，也是苏区发展体育运动的总方针。在土地革命时期，中国共产党建立起相对稳定的政权，获得了进一步实践红色体育的基础条件，各根据地都积极推广体育运动。

一、体育管理机构和法规

（一）健全体育管理机构

中共中央建立起中央教育人民委员部、中华苏维埃共和国赤色体育委员会等管理机构，还广泛设立了主要进行社会教育的机构——俱乐部。俱乐部的具体工作主要有五种，其中第一种就是运动。根据 1933 年的统计，苏区 2 932 个乡中建有俱乐部 1 917 个，在其组织下经常参加运动的人有近 10 万（图 4–3）。

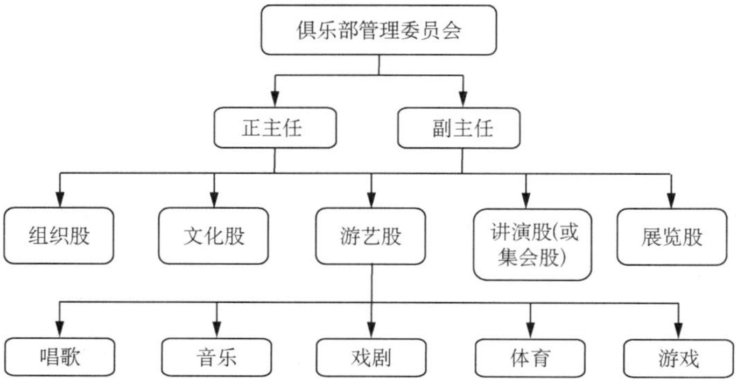

图 4–3 俱乐部组织系统结构图

比俱乐部更为基层的组织是列宁室，列宁室接受师俱乐部和连政治委员会的双重领导。下设杂耍组、游艺组、体育组、识字组、墙委组和青年组，体育组分设有武术股、田径股、劈刺股和球术股（图 4-4）。

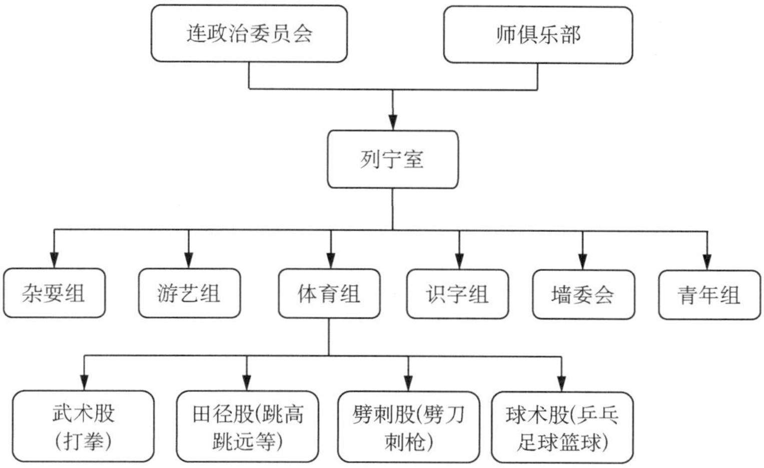

图 4-4　列宁室的组织结构图

（二）颁布体育法规

1. 体育教育法规

1933 年，苏维埃中央教育人民委员部颁布了《小学课程与教则草案》，规定了小学一至四学年不同的运动课程和教材。1934 年，《中华苏维埃共和国小学校制度暂行条例》颁布，其中要求前 3 年都要上运动课。

2. 体育规则

为规范体育活动和竞赛，1933 年苏区编印了《各种赤色体育规则》，其中规定：①运动场地的设计要求；②运动器材的制作要求；③比赛的竞赛规则；④裁判员等的规则职责。

二、红色体育活动的开展

（一）军队体育

毛泽东专门制定了《军事工作大纲》，规定政治委员或支部书记要重视并负责部队的文体工作；并鼓励战士们说："你们要加强训练，打好野操，锻炼好身体，才能打敌人。"通过体育运动练就红军强健体魄从而提高战斗力的这一体育思想，对中央苏区体育的发展和革命战争的胜利具有重要、长远的指导意义。红军中常见的运动项目有打军拳、刺枪、劈刀、跳高跳远、爬墙、过障碍物、爬杆、投弹、上木马等，这些项目几乎都是为了战争中的实际需要。

（二）学校体育

中国共产党在苏区兴建了各级各类学校，每所学校都非常重视体育。当时初级小学每周上课 18 小时、高级小学每周上课 24～26 小时，其中游艺课占 8 小时，而体育一般占游艺课中的 3 小时。为引导和规范学校体育活动，当时各苏区还出版了很多教育读本，如《共产少儿读本》《少队游戏》《少队体操》《竞争游戏》《柔软体操》《儿童游戏》《小学体育运动教学法》等。

当时学校的体育项目，包括上操立正看齐报数、跑跳骑竹马走、做游戏等。除了常见的拍皮球、跳绳赛跑、踢鸡毛毽子等，还有大量竞赛游戏。这些游戏大多结合当时战争及物资匮乏的环境进行设计，让小朋友们在游戏中锻炼了身体、提高了革命觉悟。

通过体育活动，调节了学生们的神情，使其更有精力学好文化课程，更为革命战争培养出身体健壮并有一定政治素养和军事素养的后备军。

（三）群众体育

为发展群众体育，苏区各级政府做了很多工作。毛泽东曾以模范村——长冈村为例，介绍了当地农民体育的组织和开展。在长冈村，乡苏政府在村一级建有俱乐部，并以村为单位开展排操及其他体育运动。排操频率为 1 个月两次，主要科目有立正、稍息、左右转、齐步、正步、跑步、野外拉练（3～4 km）等。各机关、工厂，也时常举办以篮球赛为代表的体育活动。

在苏维埃政府的有力推动下，原来闭塞落后的广大偏远农村出现了蓬勃向上的崭新气象。毛泽东曾在“二苏大”的报告中表扬道：“群众的红色体育运动，也是迅速发展的，现虽偏（远）乡村中也有了田径赛，而运动场则在许多地方都设备了。”

（四）运动场地和器材

广大苏区一直受到军事围堵和经济封锁，物质条件十分艰苦。在这样的条件下开展体育运动，场地和器材只能自力更生、因地制宜、因陋就简。这些简陋的运动场和手工制作的运动器材，当然无法像城市中那些正规场地和工厂制造的器材那样精美完善，但是群众锻炼起来一样很尽兴。甚至在踢足球时，很多人没有球鞋，那就穿草鞋或者光脚踢球，也一样能起到很好的锻炼作用。这种积极克服物质困难的革命乐观主义精神，在苏区的红色体育上也表现得十分突出。

三、体育竞赛

（一）“五卅”运动大会

1933 年 5～6 月，在瑞金召开了“五卅”运动大会，这是“中华苏维埃共和国境内第一次盛大的运动会”。参加运动会的代表队有工农红军第一、三、五军团，江西军区，江西省少先队、安远、上杭、中央一级机关等 17 个单位，参赛选手有 180 余名。比赛项目有两大类——球类和田径类。球类主要有篮球、足球、排球、网球和乒乓球；田径类主要有跳高、持杆跳、跳远、三级跳、铁球、铁饼、标枪、障碍物、杠子、五十米、百米、两百米、四百米等。

这次运动大会是土地革命时期中国共产党组织举行的项目最多、参赛人员最多的运动会。比赛彰显了苏区顽强向上的生命力，极大鼓舞了军民的斗争士气。在总结大会上，中央政府给了这次运动大会“锻炼工农阶级铁的筋骨，战胜一切敌人”的赠语，这也成为苏区红色体育的核心价值和发展道路。

（二）长征途中的“五一”运动会

中国共产党不仅在稳定的根据地举行运动大会，甚至在艰苦卓绝的长征途中也依然坚持体育运动，并进行比赛。1936 年 5 月 1 日，红四方面军在位于川西高原的炉霍举行了一次运动会。这次运动会不仅有体育项目，还有军事技术项目。比赛进行了 3 天，不仅修整了队伍、增强了体质、锤炼了意志，而且锻炼了生存本领、提高了思想素质、鼓舞了斗志。正如当时红四方面军总司令朱德在闭幕式上总结的那样：“（这次运动会）再一次证明红军是钢铁的军队，是永远打不败、压不垮、拖不烂的！”

第三节　抗日战争时期和解放战争时期的红色体育

1935 年 10 月，中共中央随中央红军长征到达陕北吴起镇，直到 1948 年 3 月，延安一直是中共中央驻扎地。到 1945 年 8 月，中国共产党领导下的抗日根据地已经有 19 块；到 1948 年秋天，中国共产党领导的地区已经达到 235.5 万平方千米、管理的人口约 1.68 亿（全国人口约 4 亿）。

1942 年，毛泽东为首届体育节题词“锻炼体魄，好打日本”；朱德为延安“九一”扩大运动会题词“运动要经常”，贺龙题词“体育运动军事化”。这些题词充分反映出中国共产党将体育与革命斗争、与军事紧密结合的体育发展思路。中国共产党延续了土地革命时期对体育的高度重视，加之环境相对稳定、物质条件相对改善，红色体育迎来了发展高峰。

一、体育管理机构

随着边区政府建制的逐步完善，在各级政府、教育厅、学校、中央军委、中共中央青年工作委员会（简称“中央青委”）等部门中都有管理体育的机构。

在延安时期，各根据地的体育活动逐渐由苏区时期比较单一的政府主持，发展到社会团体多方面协同组织（表 4–1）。

表 4–1　社会团体中的体育组织一览表

名称	成立时间	主要负责人	主要活动
苏区体育运动委员会	1937 年	名誉会长朱德；会长冯文彬	促进体育群众化、普遍化，筹备“八一”抗战筹备大会
延安体育运动委员会	1940 年	名誉会长李富春；历任主任李导、张远、杨烈、戴路	组织推动各机关、部队、学校、工厂和农村的群众体育活动
陕甘宁边区体育委员会	1942 年	公推王一民、陈实、高长久、左平、李之欣、高朗山、章泽、贾克、陈梦怀、杨烈（女）、张远、白衣、蔡德仁、戴路等 14 人为委员	加强对各机关、部队、学校、工厂体育活动的联系和指导
延安新体育学会	1942 年	名誉会长朱德；理事张远等	体育科学研究机构，配合延安体育会，收集体育资料
民众教育馆中的体育组织	1938 年	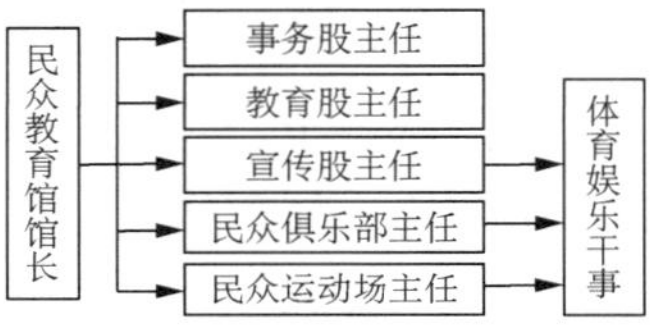	在教育厅领导下，进行城乡群众体育活动的监管和组织

注：边区妇女联合会、边区总工会、边区农民会、少共中央局等机关团体中，也设有体育管理机构。

二、体育专业人才的培养

边区一般处于比较落后闭塞的农村，虽然有部分从苏区和国统区来到边区的体育专业人才，但是其数量难以满足蓬勃发展的边区体育活动的需要。随着边区体育运动的普及，体育专业人才的培养被提上日程。

（一）泽东青年干部学校体育部

1940 年，在延安安吴堡青年训练班的基础上成立了泽东青年干部学校，学生 300 余人。全校分为高级部、中级部、初级部、艺术部和体育部（也称体育训练班），体育部主要任务是为边区培养体育专业人才。

（二）延安大学体育系

1941 年 7 月，中共中央决定将泽东青年干部学校、中国女子大学和陕北公学院三校合并，命名为延安大学。延安大学下设社会科学院、法学院、教育学院、俄文系、英文系、体育系、中学部。延安大学体育系是在泽东青年干部学校体育训练班基础上建立的，系主任由张远担任。学生主要是从部队、各单位调来的体育尖子，有20多名。体育系除开设联共党史、中国共产党简史、政治经济学等公共必修课外，还开设体育专业课程：体育理论、教育学、生理卫生课、田径、丹麦操、篮球、排球、垫上运动、单双杠、游泳、滑冰、三铁、舞蹈等，内容可谓十分全面。这些专业课除体育系老师讲授外，还邀请延安著名体育人员和学校其他专业教师授课，教学阵容在当时边区体育界堪称豪华。

1942年，由于各方原因体育系停办。虽然延安大学体育系只办了一年，但是为边区培养了一批从事体育工作的骨干，他们为边区体育事业的发展做出了重要贡献。

总体来说，边区在体育专业人才的培养方面还处于起步阶段，无论是培训时间还是师资力量都较为薄弱。但这毕竟是体育专业人才培养的开始，为中华人民共和国成立之后培养体育人才奠定了基础。

三、红色体育活动的开展

（一）群众体育

1938年10月，中国共产党在六届六中全会上提出了教育的具体政策，要求“广泛发展民众教育，组织各种补习学校、识字运动、戏剧运动、歌咏运动、体育运动”。在此方针指导下，围绕着抗战，边区的群众体育蓬勃发展起来了。

在边区，以毛泽东、朱德、周恩来、贺龙等为代表的领导，许多都亲身参加体育运动，这有效带动了机关、工厂的体育活动。大部分机关和重要工厂，一般都设有较为齐全的俱乐部组织，也组建有自己的球队。绥德大光纺织厂组织了俱乐部，下设篮球、乒乓球、跳远等小组；大光肥皂厂有篮球、棋子等运动器材；印刷厂还要求职工每天进行早操锻炼。1942年，延安体育会发起“十分钟运动”，建议群众“每天拿出十分钟到十五分钟的时间做一定的运动”。这项运动内容广泛、方式灵活，极大调动了群众运动的积极性。

在农村中，不少地方都有民间传统体育活动项目。中国共产党进行根据地建设后，民众逐渐对体育形成了正确认知，对锻炼身体也开始重视。延安市西区一乡共有23个村，每村都以俱乐部为中心建有体育场所，每5天组织一次乡级体育活动。运动项目主要还是和军事体育相关，如跳高、跳远、赛跑等。

（二）军队（包括军事院校）体育

与苏区一样，边区也一直处于战争状态，军队始终坚持结合军事战斗进行体育活动。广大官兵利用宝贵的战斗间隙和休整时间，密切结合战斗的实际情况，广泛且高频次地开展各项体育活动。主要练习的项目有篮排球、跳高、跳远、跑步、游泳、单双杠等常规体育项目，以及劈刺、武装爬山、过障碍、投掷手榴弹、上木马、举石、射击、武装泅水、跳壕沟等军事体育项目。1936 年，埃德加·斯诺在西行途中参观了陕甘宁地区部队的列宁室，他发现许多列宁室中间都放着一张大乒乓球桌。由于条件有限，这张桌子通常又是饭桌。于是每到饭点，总有几个官兵拿着乒乓球拍、乒乓球和球网站在旁边，催促其他同志快些吃饭，他们要打乒乓球。而在与这些乒乓球选手的对战中，斯诺发现自己简直不是他们的对手。从斯诺的记述中反映出，当时官兵们对体育运动的热情十分高涨。

延安时期军队体育的广泛深入开展，为革命锻炼了一支体力过硬、意志坚定、能力强大的军队。

（三）学校体育

1. 小学体育

初小（小学 1～3 年级）的体育课一般安排 3 节，音乐课 2 节，美术课 1 节；高小（4～5 年级或 6 年级）的体育课一般安排 5 节，音乐课 2 节，美术课 1 节。

小学还有丰富的体育课外活动。1941 年，边区教育公布的《陕甘宁边区小学规程》中，就规定了小学生课外各种活动，要求初小每周有 500 分钟、高小每周有 600 分钟进行集体运动和集体游戏。活动内容主要与军事密切相关，如队列练习、跑步、投弹、防空等，还有“抓特务”“骑兵打仗”等军事游戏，体育活动安排得十分频繁。

2. 中学体育

在中学，体育课每周 1～2 节，并要求应与课外进行的“以自卫军活动为主、有实际意义的军事教育取得配合，使学生获得一般的体育知识和一般的军事知识”，以加强体格锻炼、提高健康素质。

3. 大学体育

延安时期边区兴办的主要大学有中国人民抗日军政大学（简称抗大）、中共中央党校、鲁迅艺术学院、延安自然科学院、中国女子大学、延安民族学院、边区行政学院、延安大学等。同学们夏天在延河里游泳，冬天在延河里滑冰，平时练习爬山，日常进行球类、田径、体操等体育锻炼，还开展举石锁、花枪、武术、跳绳、踢毽子等传统体育活动。各校也基本组建了各种球队，课余时间时常进行比赛。同学们在这里学习了知识，也锻炼着体魄和意志。

四、体育竞赛

抗日战争时期和解放战争时期举行的大型运动会较多，小规模、日常化的比赛也经常举行，数不胜数。

（一）全苏区“八一”抗战动员运动大会

1937 年 8 月 1 日，党中央在延安举行大型运动会。毛泽东、张闻天等中央领导出席了开幕式并作了讲话，参赛选手共计 469 名。这次运动会紧紧围绕抗战，口号是“把我们的身体锻炼得像铁一样，好到抗日战场上去”，比赛项目主要有田径、球类、军事体育和政治测验。在闭幕式上，毛泽东再次莅临现场致闭幕词，他鼓励道：“参加大会的同志，把运动大会的精神发扬到全边区去，发扬到每个人民中去！”

（二）新四军“五卅”运动会

1939 年 5 月，新四军举行了纪念“五卅”的运动会。这次运动会的比赛项目是一般体育与军事体育的结合，比赛还总结出不少项目标准，如投掷手榴弹标准为 40 m、跳高标准为超过一个人身高、跳远应达到 6 m 以上等。时任新四军副参谋长、新四军教导总队总队长的周子昆最后总结道：“假如一个军人不会运动，这是很落后的，不是真正的革命的战士。”

（三）“九一”扩大运动会

1942 年 9 月 1 日，延安举行了盛大的“九一”扩大运动会。此次运动会是整个延安时期所举办的规模最大的一次运动会，参赛人数达到了 1 388 人，比赛项目多达 20 余项，还有多项表演项目。正式比赛一共举行了 5 天，比赛项目有径赛（50 m、100 m、800 m、1 500 m、10 000 m、400 m 接力），田赛（跳高、跳远、铁球、掷手榴弹、垒球掷远），球类（篮球、排球），射击，爬山，超越障碍，游泳等；表演项目更是十分丰富，有团体操、舞蹈、武术、刺枪、摔跤、单双杠、举重、垫上木马、骑术、跳水、潜水、水中救人、水中寻物、水球、骑兵武装渡河、步兵武装渡河、足球、网球、棒球等。参赛的运动员来自各行各业，是一次真正的“人民”运动会。

第四节 新民主主义革命时期中国共产党领导的红色体育的伟大历史意义

中国共产党所领导的红色体育为近代中国体育事业的发展和繁荣做出了杰出贡献，具有十分伟大深远的历史意义。

一是锻炼了身体，提高了战斗力。通过体育运动锻炼身体以提高战斗力是革命时期体育最首要、最直接的目的和意义。党的各位领导人多次明确指出体育要为战斗服务、体育要为革命服务，《新华日报》在第 1 届体育节所发出的号召正是“把武装身体和武装头脑看得同等重要”。此时所开展的各种运动项目，也直接间接与军事相关，甚至妇女儿童都要进行军事体育的训练。

二是坚定贯彻和执行人民体育的思想。“全心全意为人民服务”是中国共产党的根本宗旨，这一宗旨也鲜明地体现在中国共产党领导下的红色体育中。近代中国体育无论从认知（对体育价值的高度认可）还是实践（如具体项目），都主要是从西方引入的。西风东渐之时，几乎所有反专制的先进分子都主张重视体育、增强体质、强种救国。但是，北洋政府、国民政府领导下的体育却没有摆脱“上层体育”“锦标主义”的影响，始终是少数精英人群的玩具。而中国共产党多位领导人都不断强调“体育为人民”，在红色体育的实践中也始终以人民为主体，使得红色体育拥有最广泛的群众基础。

三是展现了中国人民不屈不挠的抗争精神。从晚清开始，近代中国外交基本处于弱势，亡国灭种的危机也始终伴随近代中国。要改变近代中国以“东亚病夫”为标记的国际形象，有两个最有效的途径——在战场上的英勇杀敌和在体育场上的奋力拼搏。无论在苏区还是在边区和解放区，中国共产党领导下的红色体育以昂扬的斗志、奋发的精神展现着中国人民不屈不挠的抗争精神，极大激励着中国民众革命胜利的信心和勇气。

四是倡导了积极健康的娱乐活动，为群众带来现代化的生活方式。新民主主义革命时期，中国共产党领导的地区一般都不在大城市，而是在较为落后闭塞的农村。在中国共产党到来之前，这些地方往往迷信横行、思想封闭，社会风气也比较狭隘。中国共产党倡导和组织健康积极的娱乐生活，将体育运动作为一种全新的生活方式带到了这些地区。通过体育活动，当地人民的眼界打开了，业余生活丰富了，封闭迷信的社会风气也得到了改善。

第五章 传统体育运动的继承与发展

导读

民族、民间体育作为一类文化现象，其历史轨迹反映了人类历史文明和传统文化的传承脉络。它的起源及演进，既与人类生产生活、自然环境有关，又与社会环境有关。中国传统体育文化的现代意义体现在造福人类、传承和谐道德观与丰富世界体育文化体系。本章节主要介绍民族、民间体育的起源、演进和发展，少数民族传统体育文化结构和内容，中华传统武术项目的兴起和发展，并论述中国传统体育文化发展和演变对国家的稳定和民族的团结具有重要的现实意义和深远的历史意义。

第一节 民族、民间体育的兴起

人类社会的各种文化是由简单到复杂的发展过程，各文化虽然不一定处在同一时代，但都遵循着同样的程序，必须经过一定的发展阶段。英国人类学家泰勒认为人类的文化史就是人类的技术经济、精神生活自我运动的发展史，同时代的不同社会可以处于不同的进化阶段，每个阶段的文化，既是过去阶段的产物，又对未来阶段产生一定作用。民族、民间传统体育也随着历史的发展而持续发展着。

一、民族、民间体育的起源

（一）生产生活

1. 生产工具

在远古时期“人民少而禽兽众”，人类如何能战胜凶禽恶兽而求得生存呢？人类凭借两个有利条件：一是合群，二是人类在长期的实践中逐渐学会了制造和使用工具。

原始人为了捕获快速奔跑的和善于飞翔的禽兽，在实践中制出了一种速度快、准确性高的弓箭。越人生活在“西则迫江，东则薄海”的海域地区，他们制作了独木舟，距今已有3 000～7 000年的历史。《越绝书》记载：“越人水行而山处，以船为车，以楫为马，往若飘风，去则难从。”因此，划龙舟竞渡孕育于百越民族“陆事寡水事众”的生存环境及由此必然形成的“习水便舟”的丰厚民族文化。唐代诗人杜甫游湘江时写了一首《岁宴行》，其中就有“莫徭射雁鸣桑弓”，说明南北朝时期部分湖南瑶族用弓弩狩猎的情况，进而被利用到战争中，逐渐发展到娱乐式比赛，直到用于锻炼身体。还有蒙古族的狩猎活动——打布鲁（图5-1），现已成为各地区那达慕大会的比赛项目。

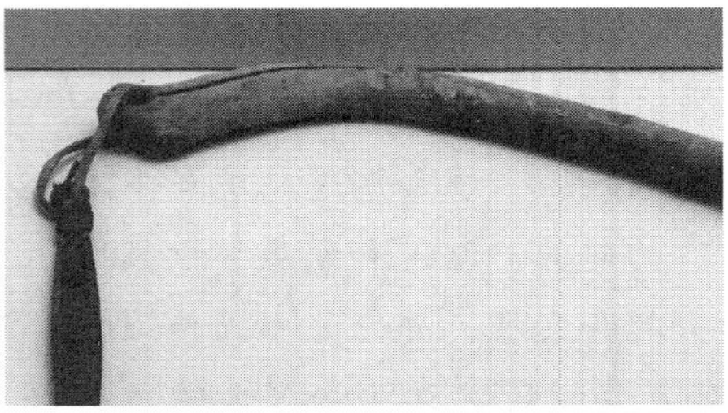

图5-1　内蒙古博物馆藏达茂旗所出土的11世纪布鲁

2. 生产劳动

毛泽东《实践论》指出：“人类社会的生产活动，是一步又一步地由低级向高级发展。”社会生产力的发展、生活水平的提高，对生产技术提出了更高的要求。起初，人们把锋利的石片或骨片嵌在木棒上用来猎杀野兽，它既延长了人类手臂的长度，又能发挥更大的威力。在追捕猎物时把石块或木枪投掷出去，可以刺到几米外甚至几十米外的目标，这就演化出原始的投石球、掷枪的技术。

满族的“采珍珠”，现名为“珍珠球”，是满族古老的生产活动之一。远在清太祖努尔哈赤时代，居住在东北白山黑水地区的满族先民，在采珠之余，欢庆收获之际，模仿采珍珠劳动中的一些动作情景而产生了此活动。

壮族传统体育活动“打扁担”，《隆山县志》里讲道：“惟打春堂之日，相传久矣；今犹未衰。”打扁担据传是壮族农民们在农业劳动闲暇休息之余的一种娱乐放松活动，也是收割时表达的丰收喜悦、祈求来年风调雨顺的活动。

3. 地理环境决定的生活方式

马克思说：“不同的公社在各自的自然环境中，找到不同的生产资料和不同的生活资料。因此，他们的生产方式、生活方式和产品也就各不相同[①]。”京族是中国唯一的海洋民族，他们居住的地方四面为海，海洋作业曾经是京族人最重要的生存手段，因此他们发明了“拉大网”“高脚罾”等作业方法，现在这些项目被流传下来，京族人的传统体育、民间娱乐和文化习俗处处体现海洋活动的踪迹。草原牧区一般都骑马放牧，蒙古族、维吾尔族、哈萨克族等游牧民开展的是赛马、马术、姑娘追等传统体育项目。

（二）军事战争

人类的史前期，生活资料匮乏、血亲复仇、权力争夺等引发了各种原始社会战争。为了获得战争胜利，各氏族部落采取各种手段对士兵进行训练，以提高军事体能和军事技能。

我国古籍《拾遗记》记载：“太昊……造干戈以饰武。”记述了传说中的伏羲氏制造兵器，并对其部落的人进行训练。司马迁在他的《史记》中也说：“轩辕之时，神农氏世衰，诸侯相侵伐，暴虐百姓，而神农氏弗能征，于是轩辕乃习武用干戈。”这段话的意思是说，由于神农氏力量的衰落，不能再当部落联盟的首领，而由轩辕氏取代，轩辕为了对付经常出现的部落战争，就组织他的部落成员操练干戈。

据《述异记》记载：“轩辕之初立也，有蚩尤氏，兄弟七十二人，铜头铁额，食铁石，轩辕诛之于涿鹿之野。蚩尤能作云雾。涿鹿今在冀州。有蚩尤神，俗云：‘人身牛蹄，四目六手。’今冀州人掘地得髑髅如铜铁者，即蚩尤之骨也。今有蚩尤齿，长二寸，坚不可碎。秦汉间说蚩尤氏耳鬓如剑戟，头有角，与轩辕斗，以角抵人，人不能向。今翼州有乐名‘蚩尤戏’，其两两三三，头戴牛角以相抵。汉造角抵戏，盖其遗制也。”可以看出，角抵，即后来发展的角力、摔跤、相扑等体育传统项目在蚩尤时期就有出现。还有古代传说“蚩尤作五兵”，五兵指戈、酋矛、夷矛、戟、殳；这些兵器对后来的传统武术有很大的影响。《清史稿》载：“弓马之利，以定天下。”可以看出高超的弓马技艺，才能提高军队的战斗力，夺取天下。现在这些骑射手段和方法变成了传统体育项目。跳马、跳骆驼是由古代满族与敌兵近战，飞身跃上敌骑擒拿敌人的一种军事技巧演变而来的，最初是清朝八旗士兵提高体能和作战技巧的军事练习，后来演变成我们的传统体育活动。每当春节及秋收后，满族人民都要举行跳马、跳骆驼的比赛。

（三）医疗体育的渊源

原始人类生活简陋，食物不能事前准备，饥饱无常，又不卫生，患营养和消化不良等疾病的人很多，另外狩猎和战争也给原始人类带来了不少创伤。因此，原始人类在与疾病和创伤作斗争中逐渐积累了一些经验，导引术就是古代人用来祛病、健身、延年益寿的一种保健养生的方式。《吕氏春秋·古乐篇》记载：“昔陶唐氏之始，阴多，滞伏而湛积，水

---

① 注释：古希腊的民主政治。

道壅塞，不行其原，民气郁阏而滞著，筋骨瑟缩不达，故作为舞以宣导之。”《路史》也载有：“阴康氏之时……人既郁于内，腠理滞著而多重膇。得所以利其关节者，乃制为之舞。教人引舞以利道之，是谓大舞。”这两段记载都是说帝尧时代，洪水泛滥成灾，气候闷热潮湿，让人心情郁闷，在那恶劣的环境里，许多人得了腿肿病，于是有人创造了一种舞蹈，教人跳舞以活动关节、疏导郁瘀、消除肿胀。这种以疏瘀、消肿，增进健康的“大舞”，就是医疗体育的渊源。

我们的祖先很早就注意到养生的问题，早在战国时期成书的我国第一部医学上的经典著作《黄帝内经》中就有许多关于养生的见解：“上古之人，其知道者，法于阴阳，和于术数，食饮有节，起居有常，不妄劳作，故能形与神俱而尽终其天年，度百岁乃去。”这里所说的“道”，便是指“养生”之道。据史书记载，我国商代已经出现了“养生”（以后分别叫“养形”“养心”“养气”等），著述很多，其内容是介绍运动和卫生保健的方法，对养生术、导引术、气功和医疗体育的发展都有重要意义。

（四）文娱与民族风俗、宗教祭祀

每个民族都有自己的风俗。民族风俗是一种不可侵犯的文化，处于环境和文明之外，不屈服于其他任何压力，它与少数民族传统体育融合，在漫长的人类社会发展长河中具有顽强的传承，是历史的佐证。

1. 节日庆典

自古以来，各民族的民间传统节日就不是单一的民俗事项。在其充满情绪、妙趣横生、浪漫神秘甚至离奇的表象背后，隐藏着极为丰富而复杂的内涵。每年七八月牲畜肥壮的季节举行的“那达慕”大会，是蒙古族人民一年一度的盛大节日，“那达慕”蒙古语为娱乐和游戏的意思，也是正当草原上水草丰美、牛羊肥壮的季节祭祀敖包时举行的。“那达慕”一词来源于蒙古族传统的摔跤、赛马、射箭三级技艺。据考证，大约在匈奴时代，摔跤、赛马、射箭就成为北方游牧民族娱乐和习武的手段，这是与北方古代游牧民族崇武善战、精骑善射和从事狩猎游牧分不开的。到辽时，三项技艺在民间广为传播，成为“那达慕”大会的主要内容。成吉思汗时代，随着经济的发展，蒙古族人民文化生活日趋丰富和活跃，在举行大呼拉尔、庆祝成功、祭旗点将、军民联欢和贵族子女婚娶时，均进行“那达慕”大会。“那达慕”大会作为蒙古族整个民族意志和情趣的产物，世代延传，从未间断，形成了历史悠久的传统节日，在蒙古族人民物质文化生活中占有重要地位，是适应蒙古族人民物质文化发展的需要。

2. 婚俗、丧葬

无论是跨地区、跨村寨，还是本村本族举行的体育活动，不少适宜青年男女以交流感情为目的而相识。

每逢春节、三月三、中秋节等传统佳节，举行的歌圩中，壮族青年男女邀集至村边，互相对歌抛绣球，互表敬意，互诉衷情。壮族抛绣球历史悠久，最早出现于 2 000 年前绘制的花山壁画上，现抛绣球仍在广西地区流行。傣族的“丢包”、瑶族的“抛花包”等都是以寻觅爱慕之人为目的的活动，深受各族青年男女的喜爱。

姑娘追是哈萨克族人节庆或集会时经常举行的娱乐活动之一，哈萨克族实行民族外婚制，各民族之间相距甚远，娱乐活动、各种集会所举行的姑娘追，就是各民族部落青年男女相互认识和倾吐爱情的好机会。我国各少数民族有着情趣浓郁、妙趣横生的婚礼礼仪，如叼羊，不仅是哈萨克族青年男子普遍参加的体育活动，也是婚礼上的活动内容。

少数民族在丧葬中的体育活动，形式古朴、庄重肃穆。例如，云南彝族、哈尼族的武术活动主要表现在丧葬活动中。

3. 宗教祭祀

宗教作为一种文化现象，又表现为人对自己创造的价值——神的两重态度，即希望与恐惧交织的两重心理。在原始社会中人们无从理解和控制自然现象，只有把满足人类最基本的生理和安全的需要寄托在神的身上，采取祭祀的方法，用体育活动顶礼膜拜，以祭祀祖先、怀念英雄、驱逐鬼怪，这就显得神圣了。纳西族的东巴跳是原始宗教东巴教文武道场中武道场跳神的舞蹈，东巴跳保留了较完整原始形态，由有益于身心健康的古典练操武功部分的耍刀跳、弓箭跳、磨刀跳等组成，表现出纳西人出征前的操练祈祷和胜利后的祝捷，多在祭祀、婚丧或节日中由东巴师集体演练。

在壮族民间祭祀活动中的“面具舞”是一项祭祀性体育活动。“横人专信鬼巫……召所谓儿童者五六人，携楮造绘画面具……周旋跳舞……”流行在广西扶绥县一带的壮族民间传统体育“行马舞”，是师公酬神、驱邪、赶鬼、祭祀性的一种表演形式。

维吾尔族的“达瓦孜”，亦称“达尔哈齐克西”，在维吾尔族史诗《白头巾女神》中说，早在维吾尔族人民信仰萨满教的时代，举行祭天仪式，旨在祈求风调雨顺、农牧丰收，人们架起绳索弹奏琴弦，在高空的绳索上表演各种惊险动作。

诚然，少数民族传统体育与宗教相互联系、相互影响，是人类社会普遍而悠久的历史现象。而原始宗教则是原始人类的宇宙观，它既是一种社会意识形态，又是一种文化现象，作为早期人类文化的载体对少数民族传统体育的形成和发展都产生过特殊影响。原始宗教观念的影响，决定了宗教与体育相互影响的客观必然性，进而导致祭祀性体育活动的形成。

二、民族、民间传统体育的演进与发展历程

（一）奴隶社会

原始社会的体育是和生产、生活技能相联系，以口传身授的教育形式而存在的，所以说它还处于萌芽时期，而到了奴隶社会，随着社会生产力的发展，社会专业分工趋向细密，教育上，出现“礼乐射御”文武合一的教育学校，如“庠”“校”“序”。体育逐步

形成独立的社会活动，初具了体育运动所必备的形态，较之原始社会有了很大的发展和前进了。

军事上，因战争需要开发了很多武器和技法，如斧、戈、矛、刀、弓箭、战车、骑兵。军队进行习射在西周尤其盛行。《礼记》记载，奴隶主的男孩子生下来，就要在门的左边挂上一张弓，名曰“悬弧”，其用意是表示“射者，男子之事也”。射箭是每一个男子必须具备的本领。

春秋时期的民间体育项目有了射、御、举鼎、投石、超距、拳勇、角力、田猎、赛马、竞渡、牵钩、飞、秋千、棋类、奔跑、跳跃等。

（二）封建社会

秦始皇并天下时，为维护其统治而禁民习武，因此“讲武之礼罢为角抵”。秦时的角抵已是一种以娱乐性为主的表演。角抵戏没有激烈的比赛，而且其中大多是礼乐的内容和柔术杂技。因此，角抵戏在汉代受到了统治者很高的重视，汉武帝时，“角抵奇戏岁增变，甚盛益兴，自此始”。所谓“奇戏”“增变”，就是说汉代角抵戏除了有武术内容，还增加有鱼龙蔓延（即舞龙、舞狮）。这些汉代宫廷表演到唐代传向民间，成为我国民族传统体育中的重要组成部分。

秦始皇销毁兵器，严禁民间操戈习武，限制和阻碍了民间兵器武艺的发展，使秦代体育少了军事的色彩；但促进了角抵等徒手项目的发展，增加了娱乐色彩。秦汉时期的体育项目有角抵、蹴鞠、百戏、武艺、投石、超距、舞龙、舞狮、高跷等。

封建时代的民族传统体育反映的思想文化体现了儒家的伦理道德思想，是以礼乐、政教、伦理治天下的思想文化。封建社会前期，由于汉武帝采纳了董仲舒的建议，“罢黜百家，独尊儒术”，强调讲“仁”讲“义”，实际上就是限制了体育竞赛，不提倡非仁、非义的体育，激烈的比赛非君子所为。先秦“文武合一”的传统已经丢失了。

到封建社会后期，宋明理学成为正统思想，对宋、元、明、清传统体育的发展有很大的影响。朱熹提出，动“要收敛身心”，动者不越一个“敬”字，“动时无有妄动”等温柔中和的体育思想，这种思想实际上是儒家“非礼勿动”思想的进一步发展。大体上看，宋明理学是与体育格格不入的。但从另一个角度说，宋明理学的兴起对这一时期武术理论的发展起到一定的推进作用。例如，宋明理学推重儒家和“太极书”。宋代理学的开创者，唯心主义理学的奠基人——周敦颐，他著有《太极图说》和《通书》。他以儒家经典《周易》《中庸》为主，把世界万物都推源于不可捉摸的精神性的太极。

时至清代，在人民反帝反封建武装斗争的影响下，武术中攻防性动作增多，技击性增强，并形成新的武术流派和涌现出一批闻名于世的武术家。特别是太极拳，又形成了杨氏、吴氏、孙氏等流派。而霍元甲的“迷踪世”、董海川的“八卦掌法”对武术是一种创新。从清同治到光绪初年，民族传统体育在民间十分盛行。据 1922 年《体育与卫生》杂志第 3 卷 3 期记载光绪年间，“当时社会间最盛行者，武术中除了率脚（摔跤）并各种武器外，又有石锁、杠子、石印、铁炮、石礅（分活动杠与不活动杠）、沙袋等。而游戏法，如秋千、毽子、游泳、履冰（即滑冰）……民间多于平时练习各种武术游戏，组织少林、五虎、石头、狮子、杠子、高跷、小车、坛子、龙灯、重幡、盘杆、跟抖、擂鼓等会”。足见，清末民族传统体育内容十分丰富，每遇大的节庆盛会，民间以各社团为组织上街表演，以示庆贺，为节日增添欢乐。在乾隆、道光、光绪年间刻印的各种县志中，大量地记录了各种各样的民族传统体育，为我们研究封建社会末期的民族传统体育提供了十分珍贵的史料。

（三）半殖民地半封建社会

半殖民地半封建时代，由于深受帝国主义武力侵略、经济侵略、文化侵略，民族的自尊心与自信心在逐渐地被削弱。这个时期民族传统体育所反映的思想文化，体现了忧国忧民、探索真理、复兴中华民族的强烈愿望。

由于殖民主义的侵略，民族矛盾成为社会的主要矛盾。全社会上下求生自卫和强种保国的爱国热情如火山爆发。社会提倡尚武精神成为最高呼声。孙中山对“上海精武体育会”大加称赞说：“精武体育会成立既十年，其成绩甚多，识者称为体魄修养术专门研究之学会，盖以振起从来体育之技击术为务，于强种保国有莫大之关系。”反映了一个政治家对当时激烈竞争社会必以武力立足于世界的敏锐洞察力。青年毛泽东看到“国力茶弱，武风不振”，民族之体质日趋轻细，而感到“此甚可忧”。为此，他专门研究体育，并于1917 年在《新青年》上发表了《体育之研究》一文。文章大力宣扬各国的民族体育。他认为德国最盛的原因是“其斗剑之风播于全国”，而日本之强是“有武士道”。从而反思我国民族传统体育衰落的原因，因此提出要学习“仲尼取资于射御”，要提倡中华民族“惟北方之强，任金革死而不厌；燕赵多悲歌慷慨之士”的民族精神。文人更要取师于“颜习斋李刚主文而兼武……学击剑之术于塞北，与勇士角而胜焉”文武兼备的思想。一些思想家和教育界人士极力主张弘扬民族传统体育，并将武术定为“国术”，在学校、机关和兵营中很快推广起来。19 世纪 20～30 年代，为强种保国，不受外强欺负，学术界、思想家、教育家和体育家们都起来共同研究武术，使武术的研究掀起一个高潮。

这一时期，除了武术，其他民族传统体育也有一定的开展。从民国铅印的各地县志中可以看出，民间盛行的民族体育有竞龙舟、舞龙灯、舞狮、风筝、踢毽子、重阳登高、傩舞等。少数民族体育有射箭、赛马、摔跤、秋千、枪花炮、打手毽、竿球、打扁担……但是，民族传统体育并没有得到政府的重视，开展民族传统体育大多是民间自发的。只有少数地区、少部分人参加这类体育活动，普及性不够。到 19 世纪 40 年代，由于受抗日战争的影响，有人提出“战时国民体育”的主张，如曾任中央国术馆体育专科学校代校长的萧忠国，1941 年在《国民体育季刊》创刊号上发表《战时国民体育》一文。文章对什么是“国民体育”作了解释，他认为国民体育实则“全民体育”“国防体育”。萧忠国在文章中列有准备在全民中开展的 13 种体育项目，其中民族传统体育就有国术、民间运动、骑射、劈刺、旅行 5 项。朱德 1942 年在《祝九月运动大会》一文中说：“从华北我们军队与敌人的作战中，使我深深感觉我们在体力上是逊于日本很多的。”因此，他号召全军全社会人士要适时适地地提倡各种体育运动，他也列举了 9 种项目，其中民族传统体育有民间舞蹈、拳术、赛跑、竞马 4 项。从此，民族传统体育在陕甘宁边区得到迅速发展。边区军民通过各种各样的体育锻炼，身体健康水平明显得到提高，在抗日救亡运动中做出积极贡献。

“土洋体育之争”，20 世纪 30 年代著名的“土洋之争”对中国体育的后续发展影响深远。对于中国的当代体育而言，外来体育与本土体育的融合必将是不可阻挡的趋势，在融合的基础上保持不同民族传统体育发展的多样性，加强不同体育形态之间的交流和合作。“土洋体育之争”的本质实际上是以武术为代表的民族传统体育在认识上的启蒙思想运动，在争论的过程中没有完全西化，也没有回归传统，而是走向一条融合发展的道路。

全球化对本土体育的挑战体现在价值观念、社会制度和民族情感等方面。全球化的本质是融合而不是相互排斥，这是历史发展过程中体育多样化的体现。

（四）中华人民共和国成立之后

中华人民共和国成立后，党和政府高度重视发展少数民族传统体育，把发展少数民族传统体育作为帮助少数民族进步，实现各民族团结、繁荣的一项重要内容。

1. 兴起阶段（1949～1957 年）

1949 年 10 月，朱德在中华全国体育总会大会上强调：“要广泛地采用民间原有的许多体育形式。”1953 年 11 月，国家在天津市举行为期 5 天的全国民族形式体育表演及竞赛大会，标志着民族传统体育发展进入新纪元。中央人民政府体育运动委员会党组发布的《关于加强人民体育运动工作的报告》中就指出要着手研究和整理民族形式体育。我国的民族形式体育如武术等，是我国优秀文化遗产的一部分，是几千年来我国发动人民锻炼体魄的良好方式。民族形式体育的项目极为丰富，其中有许多是对强身有益的体育形式，中央拟设专门机构着手研究和整理，以使其被正确地推广和提倡。

1956 年 3 月，刘少奇同志在同国家体委负责人谈话时指出：“要加强研究、改革武术、气功等我国的传统体育项目。研究其科学价值，采用各种办法，传播推广。”1957 年，国家体委连续 3 年举办了全国性武术学习会。

2. 停滞阶段（1958～1976 年）

1958 年，中国掀起了“大跃进”运动。我国出现了“以军训代替体育”“以劳动代替体育”“四红运动”等盲目追求高体能指标的错误思想。1958 年的中国社会笼罩着一片浮躁情绪，体育界也提出要“争取十年左右，在主要项目赶上世界水平”，即在世界锦标赛和奥运会上进入前 6 名或前 3 名。《体育运动十年发展纲要》要求在 10 年内，全国有 2 亿人达到《准备劳动和卫国制度》标准，7 000 万人达到等级运动员标准，1.5 万人成为运动健将。但是当时全国只有健将 196 人，等级运动员 9.5 万人，达到《准备劳动和卫国制度》标准 168 万人。

1960 年，全国出现了严重的经济困难，国家压缩了体育规模，撤销了“不重要”的项目和体育协会，民族传统体育的发展也因此停滞。

1964 年开始了“设计革命运动”。1966～1976 年，“文化大革命”时期，给中国人民带来了巨大的灾难，也极大地摧毁了体育的方方面面。

（五）改革开放之后的 40 多年

1. 恢复阶段与探索（1978～2011 年）

1980 年召开的全国体育工作会议提出了加强体育法规建设的指导方针，这一方针推动了我国体育工作的正常化和法治化，更推动了包括民族传统体育文化在内的民族体育事业的规范化发展。该时期的民族传统体育赛事开始得到恢复和正式推进，并带动了大众民族传统体育的快速发展。

1981 年 9 月召开全国少数民族传统体育工作座谈会，国务院正式批准召开全国少数民族传统体育运动会，每 4 年举行 1 次。同时，国家体委、国家民委将 1953 年的全国民族形式体育表演与竞赛大会追认为第一届全国少数民族传统体育运动会。从此，这项以少数民族传统体育为主的赛事便每 4 年一届地开展起来。1982 年 9 月，国家体委、国家民委举办了第二届全国少数民族传统体育运动会。时任中共中央书记处书记、国务院副总理万里题词：“开展民族传统体育活动，建设社会主义精神文明，开创民族体育的新局面。”

1986～1990 年，国家在全国范围内开展了对民族传统体育的挖掘整理工作。通过 4 年的不断努力，出版了《中华民族传统体育志》。此外，民族传统体育人才培养方面也在不断恢复与调整。在 1993 年 7 月，国家教委颁布了《普通高等学校本科专业目录》，将武术设立为适当控制的专业点。

1995～2011 年，全面改革和推进之路从 1995 年开始，我国民族传统体育工作进入了全面改革和推进阶段，其中最为重要的标志是 1995 年国务院颁布了《全民健身计划纲要》和《中华人民共和国体育法》。《全民健身计划纲要》指出，“积极发展少数民族体育，在民族地区广泛开展以少数民族传统体育项目为主的体育健身活动”，同时要“挖掘和整理我国传统体育医疗、保健、康复等方面的宝贵遗产，发展民族、民间传统体育”。《中华人民共和国体育法》明确指出，“国家鼓励、支持民族、民间传统体育项目的发掘、整理和提高”。这标志着我国民族传统体育保护和传承发展正式得到了系统的法规保障和支持。该时期，全国各地的民族传统体育赛事、社区健身和民族传统体育进校园都得到了长足发展。

2. 蓬勃阶段（2012 年至今）：繁荣与进一步创新之路

体育强国的实现，群众体育更是发挥了至关重要的作用，自 2012 年以来，民族传统体育迎来了蓬勃发展的阶段。

2012 年党的十八大的召开，开创了我国经济和文化发展的新局面，也极大推动了民族传统体育文化的繁荣和进一步创新发展。到目前为止，全国少数民族传统体育运动会已举办了 11 届，项目数量和影响力得到了极大提升：从 1953 年初创时的 395 名运动员，5 个竞赛项目和22个表演项目，到2019年第十一届，来自全国31个省（自治区、直辖市）、新疆生产建设兵团、中国人民解放军及台湾共34个代表团的7 009名运动员，共同角逐17项竞赛项目和194项表演项目。全国少数民族传统体育运动会参赛民族涵盖了我国的56个民族的兄弟姐妹，不仅推进了我国民族传统体育文化的保护和繁荣发展，还极大地促进了我国民族传统体育文化的展示交流和民族团结进步。国家进一步出台了支持民族传统体育文化发展的各类发展规划和政策法规体系，其中一个重要变化就是支持力度和领域都得到强化，不仅在各类发展规划中制定了明确的发展目标和措施，还再次提升了民族传统体育的地位，拓展了民族传统体育的功能。例如，2016年中共中央和国务院印发的《"健康中国2030"规划纲要》指出："大力发展群众喜闻乐见的运动项目，鼓励开发适合不同人群、不同地域特点的特色运动项目，扶持推广太极拳、健身气功等民族民俗民间传统运动项目。"《国务院办公厅关于加快发展健身休闲产业的指导意见》中指出："鼓励地方根据当地自然、人文资源发展特色体育产业，大力推广武术、龙舟、舞龙舞狮等传统体育项目，扶持少数民族传统体育项目发展，鼓励开发适合老年人特点的休闲运动项目。"并积极推进其产业化发展。

综上，我国民族传统体育改革发展40余年的成就：建立系统的民族传统体育文化保护和发展的制度体系；一批民族传统体育项目得到抢救和发展；塑造了一批有影响力的民族传统体育文化赛会品牌等。该时期，民族传统体育文化保护和传承创新均出现了前所未有的繁荣局面。

第二节 少数民族传统体育

一、少数民族传统体育基本概念

（一）民族传统体育

关于"民族传统体育"的概念，迄今没有一个统一的权威的定义。但就字面上来说，民族传统体育作为民族传统体育学的研究对象，在范围上包括世界各国的民族，在内容上除了中华民族传统体育外，还包括中华民族以外的世界上其他民族的传统体育。本部分研究的是中华民族传统体育。

我国许多学者对"中华民族传统体育"进行过研究，在历史上对"传统体育"的探讨有过两次研究的热潮：第一次出现在19世纪30年代的"土洋体育"之争，土体育即以武术为代表的中国传统体育项目；第二次高潮出现在19世纪80年代末的"文化热"中。人们广泛认为，中华民族传统体育是一种资源的古文化遗存和积淀，是相对起源于希腊，发展成熟于西方文化氛围中，并在国际体坛较为流行的现代体育而言的，即包括各民族在本民族居住地区内共同创造、形成、继承、承传的带有浓郁地域色彩和民族性特征的传统体育活动。

（二）少数民族传统体育

少数民族传统体育是相对于中华传统体育而言，指我国除主体民族汉族以外 55 个少数民族的传统体育。但对于少数民族传统体育的概念，学术界中还未形成统一的定论，学者们各有见解。1986 年 9 月在新疆举行的首届少数民族传统体育学术研讨会上对“少数民族传统体育”概念提出了四种观点：第一，少数民族传统体育是各少数民族世代相传、具有民族特色的各种体育活动的总称；第二，少数民族传统体育是在古代体育的基础上延续下来的，主要包括近代体育传入以前我国各民族就已经存在的体育活动；第三，凡是目前在各少数民族地区仍在流传的具有民族特色的体育活动（包括自娱活动）都属于少数民族传统体育范畴；第四，少数民族传统体育是具有民族性、传统性、体育性的活动项目。

随着民族传统体育文化研究的不断发展，人们对少数民族传统体育的概念认识也在新的探索与争论中不断深入和提高。有学者认为：“少数民族传统体育是长期流传于各少数民族中的具有浓郁民族性、地域性特征的以强身健体和娱乐为主要目的的民间体育活动。”这种说法明确了少数民族传统体育的基本属性，说明了其基本特征，对少数民族传统体育进行了客观的界定。还有学者认为：“少数民族传统体育是一种文化现象，是我国各少数民族以民族或一定地域为单位，长期开展并因此而具有一定的历史传统和民族、地方特色的各种体育活动。”这种说法在明确了少数民族传统体育的基本属性的基础上，确定了“文化现象”的文化层次定位。

（三）少数民族传统体育与民间传统体育的区别

民间传统体育是流传在劳动人民中间的体育活动。这一概念是相对贵族体育、宫廷体育而提出的，它与民间工艺、民间文学、民间舞蹈等都属于民族学范畴，因此，它的概念内涵，即在劳动人民中广泛流传的、具有鲜明的民族风格和地方特色的传统体育活动。

那么，民间传统体育与少数民族传统体育是怎样的一种关系呢？ 1982 年《中国大百科全书·体育》中，民间传统体育被列为群众体育词目下，在群众体育词目下，又列有包括骑射、叼羊、摔跤等少数民族传统体育项目，在这里，民间传统体育与少数民族传统体育之间的关系是并列的。这可以商酌，因为少数民族是中华民族的成员，民间传统体育项目中包括了少数民族民间传统体育项目。但 1984 年上海辞书出版社出版的《体育辞典》将少数民族传统体育从属于民间传统体育，这也可以商酌。因为少数民族传统体育并不等于少数民族民间传统体育，前者还包括少数民族贵族体育、军事体育和宫廷体育。例如，满族冰嬉在清代是宫廷的一种礼制。

二、少数民族传统体育文化的结构

文化的三元结构说把文化分为“物质文化、制度文化、精神文化”或“实物文化、行为文化和观念文化”三层面。少数民族传统体育文化同样符合三元结构说。

（一）少数民族传统体育的物质文化

这主要是指少数民族传统体育文化中的物质创造部分，是通过劳动智慧创造出来的物质表象，如弓箭、弩、火药枪、刀、矛、龙舟、中幡、高脚等。在少数民族体育许多工具中，许多自然物质本身不属于文化的范畴，如树木、藤条、河流等自然物质，以及牛、马、羊等动物，但是当它们与民族体育活动结合，就成为少数民族传统体育活动的用具与参与对象了，也就被赋予了文化的内容。一般情况下，这些内容是一种处于文化结构表层的物质和表象，是一种反映人们智慧和才能的载体，是人们思想观念、价值功能和道德标准在这种文化体系中具体的、客观的物质反映。

（二）少数民族传统体育的制度文化

这主要是指人们从事少数民族传统体育活动的各种社会风俗习惯、传统礼仪、社会组织形式、禁忌、民间体育活动规范、民间体育开展形式、民间体育竞赛制度、竞赛规则与奖励办法，以及各民族特定的开展传统体育活动的时间、节日等，如“那达慕”大会、龙舟节、赛马节、射箭节、三月三、火把节等。

另一个层面是指少数民族传统体育活动中的习惯性行为，包括民间体育组织形式、民间体育技能、民间体育技术、民间体育内容，以及从事少数民族传统体育活动的教学、训练方法、练习技能的各种手段与方式等，如我国少数民族的赛马、射箭、摔跤、龙舟、武术、打陀螺等活动的技能和技术。

（三）少数民族传统体育的精神文化

这主要是指少数民族传统体育文化中的精神创造部分，其中包含少数民族的体育习俗、体育价值取向、体育情感、体育精神、体育伦理，以及融会于少数民族传统体育文化中的哲学、宗教、神话、传说、文学、艺术、民谚、史籍等。

在少数民族传统体育文化的结构图中，物质文化处于文化表层，是一种可以看得到、摸得着和感受到的文化实体，是其他文化形式的形式表征。少数民族传统体育精神文化是这一文化体系的核心，是民族精神、道德标准和价格价值规范的范式体现。制度文化处于这一文化体系的中层，是行为规范和体育行为标准的规定。少数民族传统体育的物质、制度、精神三层文化结构并不是一成不变的，这种划分是一个理论上的相对划分，它们之间的关系是一种相互紧密的联系和融合，在一定的条件下是可以相互转换的。

三、少数民族传统体育竞赛项目介绍

（一）抢花炮

抢花炮是流行在侗族、壮族、仫佬族等民族中的一项极具特色的民间传统体育活动，相传为诸葛亮当年南征时所创，在湘、鄂、黔等地区有着雄厚的群众基础，深受这些地区少数民族同胞的欢迎。因为抢花炮比赛类似于大洋彼岸的橄榄球运动，所以抢花炮也被称为“中国式橄榄球”。1986 年第三届全国少数民族传统体育运动会，抢花炮被列为正式比赛项目。

（二）珍珠球

珍珠球由满族先祖采珍珠的劳动演变而来。满族人在狩猎、打鱼、采珍珠之余，在陆地上以绣球代替蛤蚌，互相投掷到鱼篓中，“蛤蚌精”则阻挠采珠人。1991 年第四届全国少数民族传统体育运动会，珍珠球首次作为正式比赛项目亮相。

（三）赛龙舟

赛龙舟是深受各族人民，尤其是南方各少数民族，如贵州苗族、广西壮族、云南傣族和白族，喜爱的传统体育活动。龙舟集诸多划手依靠单片桨叶的划桨作为推进工具，运用肌肉力量向船后划水，推动龙舟前进。1991 年于广西南宁举行的第四届全国少数民族传统体育运动会上，赛龙舟被列为正式比赛项目。

（四）赛马

赛马是很多少数民族喜爱的传统体育项目，在内蒙古、西藏、新疆、青海、甘肃、云南、四川、贵州等地区尤为盛行。不同民族习俗不一，赛马内容和方式也各异。1986 年在第四届全国少数民族传统体育运动会上，赛马被列为正式比赛项目。

（五）摔跤

摔跤是世界上最古老的体育项目之一，早在远古时代就产生了摔跤的雏形——角力，后来称“相扑”，近代才叫“摔跤”。民族式摔跤包括搏克（蒙古族）、且里西（维吾尔族）、格（彝族）、北嘎（藏族）、绊跤（满族、回族）及希日木（朝鲜族）六种。1991 年第四届全国少数民族传统体育运动会，摔跤被列为正式比赛项目。

（六）押加

押加在藏族地区最为流行，因此也叫“藏式拔河”，藏语名为“浪波聂孜”，意为大象的脖子。藏族人民因为受佛教文化影响，将大象视为吉祥之物，崇拜大象的力量。两名比赛者分别趴在场地两端，二人的脖子上套同一根长绸布，分别向相反方向拉爬，动作形如大象。1999 年，在西藏拉萨第六届全国少数民族传统体育运动会分场的比赛上，押加被列为正式比赛项目。

（七）射弩

射弩在我国西南少数民族地区有着悠久的历史，尤其是苗族。弩起源于战国时期的楚国，由木头和竹竿手工制成，当时人们用作狩猎工具。1986 年第三届全国少数民族传统体育运动会上，射弩被列为正式比赛项目。

（八）陀螺

陀螺在我国可追溯到约公元前 5000 年前的新石器时代，1926 年在山西发现了距今 4 000 多年的文物，其中就有陶制小陀螺，因此陀螺又有“中国最早的娱乐项目”之称。1995 年在云南举办的第五届全国少数民族传统体育运动会上，由云南人民政府推荐，陀螺被列为正式比赛项目。

（九）毽球

毽球是由中国古老的民间踢毽子游戏演变而成的。我国踢毽起源于汉代，盛于六朝、隋朝，至今已有 2 000 多年历史。为了继承和发扬民族传统体育的优秀遗产，吸收民族传统体育的精华，国家体委组织力量，运用现代体育科学理论，对踢毽子运动加以整理、规范，正式命名为毽球。1995 年第五届全国少数民族传统体育运动会上，毽球被列为正式比赛项目。

（十）木球

木球起源于宁夏回族，宁夏民间木球游戏又称“打毛球”。相传，“打毛球”是放羊娃在荒滩野地上开展的娱乐活动，用手中的鞭杆木棒争相击打“毛旦球”。“毛旦球”易破损，则有人用木制球，由此产生了“打木球”。1991 年第四届全国少数民族传统体育运动会上，木球被列为正式比赛项目。

（十一）高脚马

高脚马，土家族语又叫“吉么列”，流行于湖南、湖北、贵州、云南、广东等地，原本是土家族、苗族人在地面积水的雨季代步、涉水过浅河的工具，也是京族用来在海边涉水捞鱼的工具。后来人们把踩高脚马发展为高脚竞速，其成为一个民族传统体育项目。1985 年的湖南省首届少数民族传统体育运动会上，高脚马被列入了正式的竞赛项目。1999 年“吉么列”以“高脚马”的名称参加了第六届全国少数民族体育运动会，获得了表演一等奖。

（十二）蹴球

蹴球起源于清代的“踢石球”，是我国古代蹴鞠运动的一种，流行于满族、蒙古族、回族等。蹴球场地为正方形，四角设有开球区，中间有一圆圈用于摆战术球，运动员一招一式尽显智慧。2003 年宁夏召开的第七届全国少数民族传统体育运动会上，蹴球被列为正式比赛项目。

（十三）秋千

少数民族秋千种类繁多，历史悠久。在远古时代，人类的祖先为了谋生，在上树采摘野果或猎取野兽过程中，往往抓住粗壮的野藤，依靠本身的摇荡摆动上树或跨越沟涧，就形成了藤秋千，这是秋千最原始的雏形。秋千运动是一项有益身心健康的传统体育项目，是不可取代的体育文化遗产之一。1986 年第三届全国少数民族传统体育运动会上，秋千被列为正式比赛项目。

（十四）板鞋

板鞋是壮族民间传统体育项目，起源于明代。相传，广西壮族女英雄瓦氏夫人曾经以板鞋作为训练士兵团结协作的“秘密武器”，在战场上大败倭寇。后来，南丹县那地州壮族人民模仿瓦氏夫人练兵方法，开展三人板鞋竞速活动自娱自乐，因袭成俗，流传至今。板鞋项目于 2007 年召开的第八届全国少数民族传统体育运动会上被列为正式比赛项目。

（十五）独竹漂

独竹漂发源于赤水流域，是黔北独特的一项民间技艺，具有悠久的历史渊源。独竹漂者脚踩一根楠竹，漂行水上。1935 年，毛泽东带领红军四渡赤水时沿河的船被国民党炸毁，部队无法渡江，在危急关头红军发动当地的群众，利用“独竹漂”的方式侦察敌情，并以独竹为舟顺利渡过赤水成功突围。“独竹漂”也成为纪念红军“四渡赤水”和“毛泽东畅游长江”的群众性水上体育活动表演项目。第六届全国少数民族传统体育运动会上，独竹漂首次成为民族体育项目，并获得表演一等奖。在 2011 年的第九届全国少数民族传统体育运动会上，独竹漂第一次被列为正式比赛项目。

（十六）民族健身操

民族健身操是彰显和弘扬少数民族传统体育文化精神和内涵的运动方式。民族健身操将民间传统健身活动中带有浓郁民族特色和鲜明地域特点的元素融入其中，通过新颖的编排设计徒手和运用器械，与身体运动巧妙结合，挖掘多元健身文化内涵和精华。创新和丰富少数民族人民群众体育健身活动内容和形式，促进各民族之间的学习与交流。为了进一步推动全民健身并弘扬少数民族文化，第十届全国少数民族传统体育运动会的竞赛项目中新增加了民族健身操，此成为本届运动会的一个新的亮点。

第三节 武术项目的兴起与发展

武术项目的兴起与发展历程就像一个国家的建立和发展一样，经过各时期的演变和完善，终究会随着社会的发展步伐，不断地向人类生活靠近。武术作为体育活动中一个重要组成部分，它有着独特风格和价值取向。不同时代的发展，武术的发展也应顺其发展潮流发扬下去。

一、武术的起源与发展

（一）武术的起源

武术的起源可追溯到古代人类的生产劳动。它的产生，缘于我国远古祖先的生产劳动。在原始社会生产力极为低下的情况下，人类社会主要以狩猎等原始的生产活动为生，并从中学会了徒手或使用木棒、石头等器具击打野兽的方法。这些原始形态击打的方法多是基于本能的、自发的、随意的身体动作，还没有脱离生产技能的范畴，人们还不可能有意识地把搏杀技能作为一种专门练习，但这些击打技能却为武术的形成准备了一定的先决条件。

人类进入旧石器时代晚期，打制石器等生产工具有了较大发展；进入新石器时代，人们已经较广泛地运用弓箭来狩猎了。由于生产、狩猎工具的不断创新，人们在劈、砍、击、刺等技术上初步积累了经验。这时，以创造锋利工具的能动性、使用工具方法的主动性、运用格斗技术的自觉性为标志，武术进入了萌芽时期。但其技能在本质上还是属于生产活动范畴。到了氏族公社时期，部落战争促进了格斗技能的形成和发展。人们把在战争中比较成功的搏击方法加以总结，反复模仿、习练，并传授给下一代。这些技术方法开始成为军事训练的重要内容。正是人与人的搏杀格斗才使得兵器的技艺及战争所需的格斗技能也逐步从生产技术中分离出来，逐渐发展成为内外兼修的武术形式。

在原始社会中武术的发端，与原始宗教、教育、娱乐等活动也密不可分。在人类原始文化形态中，这些活动常常紧密地交织在一起，形成了原始社会多位一体的文化。在这些文化活动中，生产经验、战斗技术的传授与练习是最重要的内容。其中的战斗技术，常常以原始武舞的方式来体现，它融知识、技能、身体训练和习惯的培养等为一体。原始武术在原始社会多位一体文化的混沌母体中萌发生长。

（二）历代武术发展概况

在原始社会的生产、生存活动中，武术逐步形成徒手或持械的格斗技术，从而进一步地演变成近代的体育运动，在世界各个地域的人类活动中都曾出现，如日本的空手道、泰国的泰拳术、巴西的柔术等。但从原始格斗术发展成武舞一体、内外兼修的武术形式，则是由中华民族特有的文化土壤孕育而成的。

1. 商周时期（公元前 17 世纪初～前 256 年）

军事战争是促使武术形式发展的催化剂，军事战争的过程中需要军事训练和演习，在商周时期军事训练主要是“田猎”和“武舞”两种形式。田猎的目的是训练各类武器的使用和驾马技术。武舞则是把身体、技术、战术训练集于一体的综合训练。当时，将舞、武合为一，成为“武舞”。武舞也常被作为一种实战的搏杀技术训练方式，并以集体的武舞演练方式来增加军队的士气。其是古代武术由感性认识向理性认识的升华，由支离破碎向系统化演进的象征，也是武术套路的雏形。

2. 春秋战国时期（公元前 770～前 221 年）

诸侯纷争、战事频繁的时期，各国对军事技术的重视，导致了对武艺与武器的深入研究，使得练兵习武热潮得到了空前的发展。军事战争逐步由以车战为主变为以步骑为主，贴身肉搏和近战更加明显。当时作战的兵器不仅有长矛、戟、短矛、戈等，而且匕首、刀、剑也都开始被用上，当时已初步形成拳术。在象形文字中“拳”字主要是由手掌和手指合成的一个字，在《说文解字》中对其解释道“（拳）手也，从手声，合掌指而为手，故掌指二篆侧手拳二篆之间，卷之为拳”，也就是说手指卷起即为拳。由于篆文是春秋战国时期造成的文字，所以在当时，拳就是一个象形文字。在春秋战国时期的许多文字资料中都出现了“拳勇”。《诗经・小雅・巧言》中直接提到“无拳无勇，职为乱阶”，也就是说拳勇是一种上肢的技击术。所以，春秋战国时期的“拳”就是手掌，拳勇就是指会拳术的武士。在春秋战国早期，拳术还有相搏、角力的含义。战争更是从力量格斗向技巧、技术格斗方向发展，也推动剑和刀等一些短兵器得到广泛使用，使得兵器和武艺都有了较大程度的变化。这对士卒的选择与训练更加严格，促进了军事武艺的发展。同时，具有表演性、竞赛性与娱乐性的竞技较为盛行，以斗剑、角力为代表，武术的功能向多样化发展。随着奴隶制的崩溃，军事武艺逐步流入民间，其技击技巧以个体性为基础，在个体性前提下武术技艺向多样化发展。随着武术的多功能发展及技术日趋完善，从实践中来的武术理论开始形成。武术功能、技艺的多样化，以及武术理论的出现标志着武术体系在这一时期逐步形成。

3. 秦、汉、三国时期（公元前 221～280 年）

公元前 221 年，秦王政统一六国，建立起中国历史上第一个中央集权制的政权。为了巩固政权，秦始皇曾下令收回在民间的各式兵器。在统一中国的历史进程中，秦国建立起一支庞大的、战斗力极强的军队，大将军蒙恬曾经率领40万大军驻扎北陲，防御匈奴。1974年开始发掘的秦始皇兵马俑一号坑，出土了仿秦宿卫军制作的陶制卫士俑和拖战车的陶马6 000多个，并已经探明尚未发掘的二号坑有武士俑、陶马俑4 000个，近万个陶制战士分别组成步、弩、车、骑四个兵种，手持弓、弩或青铜刀、剑、戈、矛、戟，雄赳赳、气昂昂地面向东方，通过秦军武器装备，足以窥见当时秦朝军中的习武状况。虽然秦收天下之兵，在民间实行禁武的方针，秦收兵器的行动看起来是彻底的，秦末农民起义军一开始时手中没有正式的武器，便充分证明了这一点，陈胜、吴广起义，只能是“斩木为兵，揭竿为旗，天下云集响应，赢粮而景从”。但是民间武术并未就此而停止发展的脚步，民间则开始流行角抵、击剑、养生、武术等活动，所以秦朝的禁武不但没有禁止住，反而武术在民间更为广泛地开展起来。

公元前206年，刘邦和他的军队经过多年征战，建立起了汉王朝。汉代军队中最重要的武器是戟。楚汉之争、匈汉之争中，戟都是重要的武器装备，《汉书》中常可见“持戟百万”“长戟百万”等语句，另外，长安城武库遗址发掘中也有大量的铁戟发现，这些都说明戟在军事战争中的重要性。汉代军事中除了戟之外，在汉初，剑是重要的军事武器，继承春秋战国的佩剑习俗，至秦汉时更加盛行。楚汉相争时的鸿门宴上，“项庄拔剑起舞”“项伯亦拔剑起舞”“项王按剑而跽”。在这里值得提出的是这种剑舞绝对不是乱舞，肯定是按照一定的动作编排，有一定的依据，但是也不会像现代的套路一样规范，从这里可以看出这种剑舞应该是现代剑术套路的雏形。

公元220年开始进入了三国时期，这一时期的武术活动在有些方面呈现出艺术化的发展趋向，武术技艺被上升到理论层面，也有了专门的习武著作出现。政治、经济、文化的发展为武术的多样化发展创造了条件。这一时期，有较多武术著作问世，如班固的《汉书·艺文志》兵技巧十三家中，收入了《手搏》六篇、《剑道》三十八篇。还有不少武术项目被吸收到当时兴盛的“百戏”中去，使得武术朝着表演方向发展。

4. 两晋南北朝时期（公元265～589年）

两晋时期，战乱频繁。两晋兵制继承汉魏的方式，仍以“世兵制”为主，即士兵全家变为军籍，以兵为业，世代为兵，这种制度使军事技能包括武艺成为家传，对促进武艺的提高起到一定的作用。另外，世家大族和地方豪强为了自卫或扩大势力，纷纷发展地方武装，建立“坞壁”，农民成为依附豪强的“部曲”，常习武统兵，使武艺在民间推广。此一时期，在作战方式上的变化是骑兵居于主导地位，这是北方民族多用骑兵的直接影响。在南方则步骑兵配合作战，骑兵作战要求更熟练地运用矛等长兵器。魏晋时期，矛肖为最厉害的兵器。由于矛肖的普遍使用，其运用技巧发展较快。《马槊谱》一书问世，表明马槊的历史虽短，但运用槊的技艺积累较多。

在南北朝时期，汉族与鲜卑等民族常开展比赛交流。南北双方的武林高手常到对方的地域去挑战比武。晋武帝时，西域一名武士到中原来，许多人败在他手下。为了战胜这位异族高手，晋武帝下令招募勇士，在激烈的搏斗中，来自南方的勇士痍束不幸牺牲。可见当时比武是以性命相搏的。总的来看，南方汉族弱天北方民族，上述的比武活动，显示了武术促进了各民族间的交流，提高了民族竞争意识。

武术在与文化的交融中逐渐与养生相结合。然而由于玄学盛行，追求炼丹与长生不老成为常态，其造成的消极影响在一定程度上阻碍了武术的发展。

5. 隋唐时期（公元 581～907 年）

长安二年（公元 702 年），武举制开始实行，用考试的办法选拔武勇人才。隋朝上承南北朝，不论是在中国古代社会发展方面，还是在中国统一多民族国家的发展方面，都处在一个承上启下的转折时期。隋朝武术发展主要体现为禁武和选武。一方面，禁止私藏、收藏天下兵器；另一方面，在禁武的同时，统治者根据需要选拔武技人才。故而，唐朝的武举制在隋朝便已有了非正式的武举现象。隋朝的禁武和选武是政府的一种行为，禁武主要是禁民间武事，但是武术的发展是不会因统治阶级的禁令所停止的。唐以前，国家对武艺人才的选拔主要是“以武取士”的做法。在原始社会末期，人类对生产工具和兵器没有严格的区分，弓箭和棍棒等作为生产工具的同时也是战争中的武器。武举制作为科举制的组成部分之一，虽然其发达程度远远不如文举，但在中国历史上的影响意义重大。武举制的创立无疑激发了更多人的习武热情，在一定程度上对唐代尚武任侠之风的盛行产生了积极的影响，大大推进了武术的繁荣发展。

6. 宋元时期（公元 960～1368 年）

两宋时期的武术活动主要包括军事武艺（教格法、军队武艺表演）和以民间结社组织为主体的民间武艺，也有如“英略社”“弓箭社”“相扑社”等练武场所逐渐出现。“社”的形成，为民间武术传授、交流、发展创造了有利条件。宋代城市发达，在一些娱乐性的群众游艺场所，如“瓦舍”“勾栏”中出现了大量以武卖艺为职业的民间艺人。他们的表演不仅有单练还有对练，极大地促进了套子武艺向表演化方向的发展。元代时期军事武艺也得到了发展，《元史·兵志》载：“元起朔方，俗善骑射，因弓马之利取天下。”元朝对加强自己的军事非常重视。《马可·波罗游记》中记载，马可·波罗以亲身经历和感受曾几次记载了 13 世纪后期元朝战争中的情景。当时作战时先是远射，近战时用刀、矛，甚至相扑。从史料中也可看出当时士兵及统治者练武的内容，除有蒙古族擅长的射箭、摔跤项目外，仍保留有单剑、双剑、单刀、双刀等。而在民间武术中，“那达慕”大会成为十分重要的传统盛会。元戏剧中，武术借助于戏剧的舞台表演找到了新的生存方式。

宋元时期，武术体系基本形成，手搏、角抵及套子武艺有了较大发展。尽管存在着纷繁复杂的矛盾，但随着生产力的发展，人民生活水平的提高，作为中华民族文化的一部分，集多种功能于一身的武术在这一时期得到了长足的发展。

7. 明清时期（1368～1911 年）

明清时期是武术大发展时期，元末农民大起义推翻了元朝的统治，朱元璋于 1368 年建立明朝。明朝建立以后，蒙古瓦剌部长期与朝廷处于敌对状态。日本封建诸侯又支持日本西部地方破产的封建主、武士。浪人、商人等到我国中南沿海进行抢、掠、烧、杀的海盗活动，史称“倭寇”。为了抗击倭寇，军事训练被重视起来。唐顺之的《武编》，俞大猷的《正气堂集》，戚继光的《纪效新书》《练兵实记》，何良臣的《阵纪》，郑若曾的《江南经略》等一批武术及军事名著，正是在这种军事训练及战争实践的时代背景当中总结而成的。民族英雄、著名军事家戚继光、俞大猷等人，同时也成了在武术实践、武术理论上颇有建树的武术先行者。明代武术不再仅以刀、枪、棍分门别类，在全国范围内已形成了诸多风格迥异的流派，十八般武艺有了具体的名称内容，以此为特征，标志中国武术体系的形成。

在清代，武术与道教养生、内丹术和导引术进一步结合，并逐步形成武术内功。在此基础上，太极拳、形意拳、八卦掌等一批注重内练的新拳种出现并迅速发展。此后，冷兵器在军事上的地位明显消退，因为武术具有健身、防身、自卫的功效，所以能适应时代的变化，逐步成为中国近代体育的有机组成部分。在此基础上，武术进一步吸收传统文化的养料，丰富锻炼形式，升华技法理论，在不失攻防内涵的前提下，沿着体育方向不断发展。

8. 民国时期（1912～1949 年）

中华民族积弱积贫，社会各界提倡国粹体育的呼声高涨，中国传统的武术为国人重新认识，一些以研究武术和开展武术活动为主旨的新兴社团纷纷建立。1910 年，在上海成立的“精武体育会”就是维持时间最长、影响最大的民间武术团体。1927 年，国民政府在南京成立了中央国术馆，并于 1928 年和 1933 年在南京举办了两次国术考试，进行了拳术、长兵、短兵、散手和摔跤等比赛；此外，还组织过一些规模较大的武术表演活动，如 1929 年的杭州国术游艺大会及 1936 年的中国武术队赴柏林奥运会参加表演等。与此同时，受西方先进体育教育经验的影响，武术进入了各级各类学校的体育课堂；武术的研究也逐步开展，一些武术论著先后出现，如武术史学家唐豪的《少林武当考》《内家拳研究》，徐致一的《太极拳浅说》等，都开始用现代科学的观点来认识、研究武术。武术在民国时期有了极大的演变与发展。

9. 新中国成立后

新中国成立后，武术得到了蓬勃发展。1956 年中国武术协会建立了武术协会、武术队等，形成了空前广泛的群众性武术活动网，为武术的发展开拓了广阔的道路。1985 年，在西安举行了首届国际武术邀请赛，并成立了国际武术联合会筹委会，这是武术发展中历史性的突破。1987 年，在日本横滨举行了第一届亚洲武术锦标赛，标志武术开始成为正式的国际比赛项目。1990 年武术首次被列入第 11 届亚运会竞赛项目。1999 年，国际武联被吸收为国际奥委会的正式国际体育单项联合成员，这是武术发展中的又一历史性突破，意味着在不久的将来，武术即将成为奥运项目，意味着“把武术推向世界”的宏伟目标的进一步实现！

二、中华武术与国外武术项目

（一）中华武术运动形式

我国历史悠久，地域辽阔，伴随着这个特点产生、发展的武术运动可谓根深叶茂，内容丰富而且分类方式很多。例如，传统的分类方法中有，以是否“主搏于人”而分为内家与外家；有按山川、地域分为少林、武当、峨嵋等门派，还有南拳北腿、东枪西棍之说。目前，有人依习武范围与目的将武术分为竞技武术、学校武术、民间传统武术和军事武术等；按武术的运动形式可将其分为功法运动、套路运动、搏斗运动。

1. 功法运动

功法运动是以单个动作为主进行练习，以达到健体或增强某方面体能的运动。功法运动主要为武术套路和攻防格斗服务，但也有只练习功法运动以健身为目的的习练者。例如，专习“浑元桩”可以调心、调身、调息，长时间站“马步桩”可以增强腿力，练习“排打功”可增强人体抗击打能力，练习“打千层纸”可以提高击打能力等。

2. 套路运动

套路运动是指以技击动作为内容，以攻守进退、动静疾徐、刚柔虚实等矛盾运动的变化规律为依据编成的组合及整套练习，可分为单练、对练和集体演练。单练指个体独自进行套路练习的方式。根据练习时是否手持器械，单练又分为拳术和器械两类。拳术指徒手练习的套路运动。拳术的种类很多，有长拳、南拳、太极拳、形意拳、八卦掌、八极拳、通背拳、劈挂拳、翻子拳、地躺拳、象形拳等。器械指手持武术兵器进行练习的套路运动。器械又可分为长器械（如枪、棍、大刀、朴刀等）、短器械（如刀、剑、锏、鞭等）、双器械（如双刀、双剑、峨嵋刺、铁筷子等）、软器械（如九节鞭、三节棍、绳镖、流星锤等）。目前，武术竞赛中主要的器械项目是刀、枪、剑、棍。对练是指在单练基础上，两人或两人以上，在预定条件下进行的假设性攻防练习的套路形式。其中包括徒手对练、器械对练、徒手与器械对练等。集体演练是指多人（竞赛中通常要求 6 人以上）徒手、器械或徒手与器械同时进行演练的套路形式。练习时可变换队形，可用音乐伴奏，要求队形整齐，动作协调一致。

3. 搏斗运动

搏斗运动是两个人在一定条件下按照一定的规则进行斗智、较力、较技的实战攻防格斗。目前，开展较为普遍的有散打和推手，尚未普遍开展的有短兵和长兵。散打又称散手，古称手搏、白打等，由于比赛是以徒手相搏相较的运动形式在擂台上进行，又称“打擂台”。现在的散打是两人按照一定的规则使用踢、打、快摔等方法制胜对方的竞技项目。推手是两人遵照一定的规则，使用掤、捋、挤、按、采、挒、肘、靠等技法，双方粘连黏随，寻机借劲发力将对方推出以此决定胜负的竞技项目。短兵是两人手持一种特制的短器械，遵照一定的规则，以剑法和刀法为主要攻防方法进行比赛的竞技项目。长兵是两人手持一种特指的长器械，遵照一定的规则，以棍法和枪法为主要攻防方法进行比赛的竞技项目。

武术，拥有消除战事、维护和平的实力。中国传统武术伴随着中国历史与文明发展，走过了几千年的风雨历程，成为维系这个民族生存和发展的魂与承载中华儿女基因构成的魄，止戈为武。武，拥有维护自身安全和权益的实力。我们修习武术，是让我们从身到心、由魂到魄得到提升而充满安全感，精壮神足，具有安然自胜的实力。这是我们中华民族历代沉淀而成、安守自定的法宝。

（二）国外武术项目

1. 泰拳

泰拳即泰国拳术，发源于泰国现在已经弘扬于世界的搏击技术，被称为“八臂拳术”“八条腿的运动”，主要运用人体的双拳、双腿、双肘、双膝这四肢八体作为八种武器进行攻击。泰拳的主要招数包括拳法、腿法、肘法和膝法。

拳法：刺拳、左直拳、右直拳、左摆拳、右摆拳、左平勾拳、右平勾拳、左上勾拳、右上勾拳。

腿法：正蹬、侧蹬、前蹬、后蹬、转身后蹬、转身侧蹬、刺蹬、探蹬、阻蹬、反蹬、冲蹬、连环蹬（飞身蹬）、前踢、前弹踢、横踢（回旋踢）、后踢、正踢、侧踢、蹬踢、勾踢、刺踢、横踢、推踢、大象扫鼻（前旋踢）、鳄鱼摆尾（后旋踢）、后摆踢（后旋踢）。

肘法：平扫肘、斜挑肘、左上挑肘、前上挑肘、后上挑肘、右上挑肘、左下砍肘、右下砍肘、左下砸肘、右下砸肘、前反肘、后反肘、转身反肘。

膝法：冲顶膝、横撞膝、直撞膝、侧顶膝、飞身膝撞、腾空膝顶、箍颈膝撞。

泰拳也是一种武术，而且堪称站立式格斗技中的超强级站立式格斗技。一个技术成熟的拳师，能运用自己的四肢八体作为武器于俄顷之间击倒对手。泰拳师胜出比赛的决胜条件是其技艺、气力、智谋及精神力量的总结合，其最高技术的体现为机巧圆通、变化无常的情况下击败对方，足以说明泰拳是一门十分独特、精深和完整的武术体系。

2. 跆拳道

跆拳道起源于朝鲜半岛，早期是朝鲜三国时代的跆跟、花郎道演化而来的，距今已经有 2 000 多年的历史，早期朝鲜民族在农业生产中，为了防御野兽，对抗外来入侵和祭祀舞艺中，逐渐演变成有意识的攻防格斗。它主要分为品势、竞技和特技三种。

品势：跆拳道品势是假设真实格斗，当对方攻击时反击的技法，即先定好对方的攻击，利用适当的技术练习的训练体系。品势按修炼者的实力与级别来分配，一种品势可由 20～30 个技术动作组成。品势讲究的是动作、心理、气势、精神和对实战每招每式更深入的揣摩和意义的升华，它其实与中国的太极八卦融会贯通，最终领悟的是肉体、精神与天地万物相融的最高境界。

竞技：双方练习者按照一定的规则，通过使用各种跆拳道技术以战胜对方为目的的一种竞赛活动。它要求练习者所使用的动作要实用、有效，因为只有这样才能在激烈对抗的比赛中战胜对手。竞技实战对抗中，需要有很好的技能，在练习中务必要提高自身的攻击力、防御力、对抗能力及反应能力。

特技：特技跟实战是有所差别的，较实战比，特技更注重的是观赏和表演性。跆拳道根据级别的不同，每个阶段的特技难度也不同，跆拳道特技的精彩取决于弹跳、柔韧、动作的标准熟练程度。因为那些动作不是偶尔做出来的，也没有任何虚假成分，全部都是真功夫。

2000年悉尼奥运会上，竞技跆拳道成为正式的比赛项目，并建立一套竞赛理论和实践体系。在奥运会项目中男子和女子各设四个级别：男子58公斤以下级、68公斤级、80公斤级、80公斤以上级，女子49公斤以下级、57公斤级、67公斤级、67公斤以上级。

3. 相扑

相扑，是一种以角力为主要形式的徒手格斗之道。日本的相扑文化的历史十分悠久，在公元前就产生于日本的农耕文化中，是民间用来占卜丰歉的祭祀活动，后来随着社会的不断发展，相扑运动不断地成熟和完善，形成了现代相扑之道。在相扑运动比赛前的跺脚仪式的目的是将场地中的恶鬼驱走，同时还起到放松肌肉的作用。场地上还要撒盐以达到净化的目的，因为神道教义认为盐能驱赶鬼魅。相扑比赛在台子上进行。整个台子为正方形，中部为圆圈，其直径为4.55 m。比赛时，两位力士束发梳髻，腰间系一条兜带，近乎赤身裸体上台比赛。比赛中，力士除脚掌外任何部分不得触及台子表面，同时也不得超出圆圈。比赛在一二分钟甚至几秒钟内便能决出胜负。

相扑不只是一项体育运动，还是一种体现日本物质文明和精神文明的文化，这已经是不容置疑的了。历史悠久的日本国技相扑，不只是一项一对一地对抗的格斗术，甚至可以说是始于礼、终于礼的不仅仅追求胜利的体育项目。虽然作为一项竞技体育活动，有其竞争的残酷性的一面，但是贯穿于始终的是力士们及整个相扑界都严格遵守的独特的相扑之礼，从与力士级别相应的各种不同的穿戴打扮到土俵场上的各项摆设仪式，无一不透露着独特的文化气息。相扑作为日本的传统文化遗产让日本人痴迷，成了人们了解日本、了解日本人、了解日本文化的一个窗口。

三、武术发展的再认识

武术从原始的生产、生存活动中，逐步形成徒手或持械的格斗技术，从而演变成近代的体育运动，在世界各个地域的人类活动中都曾出现，如泰拳、跆拳道、相扑等。随着社会发展和改善，武术的发展得到了重新的认识，它在继承传统、吸取精华、发扬光大方针的指导下，武术运动以崭新的面貌服务于人类的文明和健康。

（一）学校武术的形成

武术博大精深，同时也是民族的国粹，在学校中普及武术，对传承和弘扬民族传统文化，增强学生体质，塑造健康人格有着不可估量的影响作用，然而学校这个“载体”被赋予了责任和使命。2014 年，国家体育总局和中华全国体育总会颁布了《武术段位制推广十年计划》。文件要求要进一步加强全国武术之乡段位制推广工作，全面推动武术之乡武术段位制进入学校、进入社区、进入乡镇、进入企业、进入政府、进入军营、进入工作岗位。近年来，各省市相继举办了“武术进校园”培训推进会，如火如荼地开展了多种多样的“武术进校园”活动。

学校武术的开展对学生主要有四点教育作用。①拓宽学生视野，满足体育项目需求：目前，学校体育课程教学内容单一，学生学习缺乏积极性。武术历史悠久，在华夏大地上已经延续了数千年，其门派拳法种类甚多，练习形式丰富多样，可按照不同年龄、性别、体质的要求，设置专门的课程教学。武术具有广泛的适应性，对此，学校开展武术课能够满足学生对新鲜事物的学习兴趣需求，也可按照不同年级的特点，因材施教。②促进学生身心发展：学生是价值观培养、民族精神塑造和体育技能学习的重要主体，对他们开展武术教学，能够为他们学习中华武术、培养武术精神奠定良好的基础，并扩大武术人口基数，推动武术的传承和发展。因此，武术进校园是武术可持续发展的必由之路，也是推进素质教育的可行途径。学校开设武术课程，促进中小学生的健康发展。武术训练对身体的速度、力量、耐力、灵活性、平衡性和其他身体素质有很高的要求。这些也是学生体质和健康的重要指标。所以，练习武术可以促进学生身心素质的发展，对学生成长起到一定的作用。③培养学生的优秀品质：武术运动形式多种多样，开展武术课可以培养学生吃苦耐劳、勤奋、勇敢的良好品质。武术讲究“内外合一，形神兼备”，在学习过程中，学生能够塑造战胜困难、团结一致、敢于进取的奋斗精神，这些品质也是学生承当国家重任、推动祖国繁荣的必需品。④培育民族精神，培养爱国意识：学校开展武术课是以培养学生的民族精神文化内涵为目标，以提高爱国主义精神。武术也是古代军事战争的一种传承的技术；武术有维护社会秩序和公平的作用；武术是维系民族生存和发展的魂。学习武术让我们从身心到灵魂精神得到提升，使我们充满安全感，精力旺盛，由内而外散发自信。学生是新时代的希望，让祖国的花朵传承中华优秀传统文化，让武术蓬勃发展。

（二）竞技武术的发展

竞技武术是指高水平武术竞技，是为了人们最大限度发挥个人运动潜能和争取优异成绩的武术训练竞赛，竞技武术正式出现在 20 世纪 50 年代以后，至今形成了一个完整的体系，大致包括竞赛制度、运动训练体制和技术体系三大部分，以竞技武术为形式的国际武术比赛有世界武术锦标赛及洲际武术锦标比赛，全运会是国内竞技武术的最高形式。中国竞技武术形成了套路和散打两类竞技系统。竞技武术套路是以审美竞技为主，以动作质量、动作难度、演练风格为评价标准。“提倡向高、难、美、新技术方向发展，只在外形上体现攻防含义，并不考虑技术上的实战意义。”由于竞赛的需要，竞技套路有统一的、规范的标准，全国上下的武术竞赛由一个衡量标准评定，客观来说全国的竞技武术套路风格是一样的。竞技散打则以格斗竞技为主，训练时提高动作的击打力度、击打准确性、击打有效性，以增强在竞技实战中技术的有效发挥。

现代武术的传承和发展，需要借助传统武术的内在价值，同时也需要借鉴一些现代体育元素和训练方法。近些年来，在国家体育总局武术管理中心的大力领导下，竞技武术得到了空前的发展，包括武术项目的申奥、举办武术各项竞赛、武术段位制的开展，目的是提升武术在世界的影响力，使武术更好地发展。

（三）国际推广的手段

武术——最具代表性的民族传统体育项目，在新中国成立后，得到了前所未有的发展。为使武术在新的历史条件下造福人类，加强对外联系，传播武术文化，是中国武术研究院的任务之一。如今武术已成为世界人民传承文明、加强友好往来的纽带和桥梁，欧洲、亚洲、非洲和美洲分别成立了武术组织。1990 年北京第 11 届亚洲运动会武术比赛期间，成立了国际武术联合会，目前已有 80 多个成员组织。这些国际组织的诞生，为中国传统武术冲出亚洲、走向世界奠定了坚实的基础。进入 20 世纪 80 年代以后，中国武术代表团出国进行表演访问频繁，还派了不少专家赴国外讲学和担任教练，使武术在世界各地得以广泛传播。1985 年西安成功地举办了国际武术邀请赛，并成立了国际武术联合会筹委会。之后，欧洲、南美洲、非洲、亚洲的武术联合会相继成立。世界武术锦标赛和洲际武术锦标赛也在不同的国家和地区相继举行。1987 年在日本横滨举行了第一届亚洲武术锦标赛，标志着中国武术首先在亚洲得到了发展。从 1990 年北京举行第 11 届亚运会开始，武术被正式列入亚运会比赛项目，迈出了“把武术推向世界”的第一步。1999 年，国际武术联合会被吸收为国际奥委会的正式国际体育单项联合成员，武术进入第 18 届世界中学生运动会，2020 年 1 月 8 日在瑞士洛桑举行的国际奥委会执委会议将武术列入第四届青年奥林匹克运动会正式比赛项目，意味着“把武术推向世界”的宏伟目标进一步实现。

第四节　传统体育的发展和演变

中国传统体育文化是中国传统文化的一个重要组成部分，中国传统体育文化的现代意义体现在造福人类、和谐道德观的传承与丰富世界体育文化体系。中国传统体育文化复兴的中国梦是其寻求“文化自信”的动力所在，想要把握“文化自信”必须与人的生活相结合。任何一种文化的传承和发展均需与社会的时代性紧密相连，特别是党的十九大报告中习近平总书记提出的坚定文化自信、实现中华民族伟大复兴，为中国传统体育文化的发展和传承指明了方向。中华传统体育文化必定会在保留其本质功能与传统的基础上，达成“源于中国而服务于世界”这一伟大愿景下的国际传播。

一、传统体育发展的现代化

中华民族传统体育在几千年的发展历程中，表现出鲜明的地域性，是反映各民族文化的体现。随着社会的不断进步和自然筛选，传统体育由起初的封闭性逐步转向开放性的发展过程中也尝试着走向世界。由起初的自然性向规范性发展，并向大众健身娱乐及市场化发展。中华民族在大杂居、小聚居的人口分布格局下，为了增进民族地区各民族之间的感情交流，体育事业发展作为媒介将发挥不容小觑的作用。少数民族的传统体育项目种类齐全、数量繁多、文化内涵丰富，是少数民族群众健身、娱乐及促进生产的有效措施。随着少数民族认识水平的提高和改革开放后，民族地区的经济得到了大力发展，使得他们对于精神文化活动产生了更高的需求，所谓的“更高”不仅是数量的需求，还指向了质量。这就需要少数民族基层干部和群众去思考，如何将一些少数民族体育项目的“不适应”现象转化成“适应”现象，所谓的“不适应”现象指苗族的爬刀山、蒙古族的摔跤，其具有危险性，这就需要基础组织者在有效的保护措施中合理保护民族地区的传统体育项目。另外，民族传统体育文化是我国非物质文化遗产中沉淀的历史结晶。开发民族传统体育文化有利于提升我国文化软实力，促进民族文化认同。国家和各地区的民族传统体育开发经验各具特色。然而，民族传统体育开发中面临政府主导力不够、法律保护机制不健全、群众保护意识淡薄等现实挑战。

民族民间传统体育作为一种特殊文化，无论是在社会集体意识的强化方面，还是在群体凝聚力的增强方面，都发挥着非常重要的作用。如何发挥各省丰富的传统体育文化是各省机关事业单位必须要思考的问题。就这种情况而言，以下四种方式的添加有助于传统体育向现代化迈进一大步：一是重视传统体育项目的规范性与参与度。完善各省民族民间体育的体制机制、组建有地域特色的体育队伍、加强特色体育项目这几方面提高全国少数民族传统体育运动会的规范性与参与度。这为各省民族民间体育的发展带来了绝佳机遇。各省能够挖掘具有本省特色且具备一定竞技性与推广价值的民族民间传统项目，并向全国少数民族体育运动会推荐。同时，可以扩大运动员的民族覆盖面、健全运动员奖励机制，从而提高运动员的参与度。二是建立和完善各省的传统体育理论研究。只有建立健全完整的民族民间传统体育学科理论体系，才能更好地指导民族民间传统体育的健康发展。加快形成合理的民族民间传统体育科学理论体系，全方位地解释民族民间传统体育的锻炼规律，成为民族民间传统体育现代化的必由之路。三是加快推进当地民族民间传统体育项目的旅游开发。体育作为一个社会文化现象，不仅能带动民族地区生产方式、生活方式、思维方式、价值观念的重大变化，还能带动消费，增加内需，发展经济。四是利用公共文化体育机构对民族民间体育进行展示，应通过博物馆和艺术展览馆的特殊空间，对具有本省地域特色的民族民间体育项目的起源、发展历程进行静态传承宣传，给后人留下物质层面的直观认识。记录民族民间体育的历史变迁与时间纵轴上的延续；动态传承可采用影像资料和民间流动传统体育宣传的方式进行展示和交流。

所以，城镇化社会经济的加速发展，为本省民族民间传统体育的传承与创新提供了新的平台和坚实的经济基础，而民族民间传统体育是各民族生活习俗、民族信仰、民族精神等文化的凝结，对各省民族民间体育的传承性研究，弘扬各省民族传统文化，有着积极的促进作用。

二、传统体育发展的竞技化

中国传统体育发展的竞技化是实现传统体育现代化的基础，传统体育起源于古代，经过历史时代变迁，逐渐成为人们生活方式的必需品，传统体育发展在人民生活方式已经取得新进展，这就意味着其表现有了竞技化的雏形，这里介绍冰蹴球项目和陀螺运动如何在历史发展过程中逐渐竞技化，以及全国少数民族传统体育运动会的发展逐步发展的情况。

“蹋鞠场中浪荡争，一时捷足趁坚冰。铁球多似皮球踢，何不金丸逐九陵。”这是出自清代的《百戏竹枝词》中的描写。而其所描绘的就是一项源于老北京的民族体育冰雪项目——冰蹴球。冰蹴球历史资料显示其至少有 300 多年的历史，这是一项具有浓厚北京历史特色的民族体育冰雪项目。冰蹴球源于“踢盖火”的游戏。所谓“盖火”就是旧时盖在炉口压火的铁器，呈圆形，中间凸，顶端有孔。相传，当年乾隆皇帝的女儿和硕公主出生后，由于手指间有蹼相连，呈现佛手的形状，因此又被称作“佛手公主”。而随着公主的长大，她每每看到其他人玩各种游戏，自己却又无法参与，所以便闷闷不乐起来。乾隆皇帝见状，便命内务府大臣设法寻找一些不需要用手就可以玩的游戏，以便让小公主开心起来。后来，大臣发现人们在冰上“踢盖火”的游戏不仅不需要用手，而且非常有趣，很适合小公主玩。于是在得到乾隆皇帝同意后，宫内的人们便在冬天陪着小公主开始玩“踢盖火”的游戏，也就是从那时起冰蹴球开始流行在宫廷中。随着社会的改变，现在的冰蹴球玩法很简单，其规则与冰壶类似，不过只能用脚踢。在冰面上画出长 12 m、宽 2 m 的比赛场地，两端为双方队伍的发球区，中间圆圈是得分区，场地两边还画有蓝色的发球限制线，发球最远不能越过对面的限制线。比赛时，双方将球发向场地圆心，同时通过撞击和阻挡的方式，来达到让本方球占领圆心的目的。此外，发球出界也会让对方得分。在双方分别发出 5 个球后，距离圆心最近的一方获得分数，另一方不得分。冰蹴球每场设 10 局比赛，以累计得分来决定胜负。它已经成为老北京人生活的一部分。在 2014 年，北京市民族传统体育协会开始对冰蹴球项目进行挖掘、整理。之后得到北京市体育局、北京市民族宗教事务委员会等部门的大力支持，冰蹴球项目开始呈现出迅猛发展的势头。在2016年北京市成功举办了首届冰蹴球挑战赛，随着这个项目的静态和动态的推广，2020年，第五届大众冰雪北京公开赛中，参加冰蹴球的队员达到了300多人，参加本次比赛的人涉及街道、机关事业单位、学校等组织，不仅有社区的大妈大爷，还有高校大学生和小学生，年龄的跨度很大，说明此项目符合普遍规律，而且随着仿真冰的发展，冰蹴球项目更是得到了突破，现在冰蹴球不仅冬天可以玩，夏天同样可以利用仿真冰进行项目的开展。冰蹴球不仅是一项非常有趣的民族体育冰雪项目，而且可以起到强身健体的效果。冰蹴球相比其他体育项目来说，首先，没有身体上的直接接触，这就避免了肢体冲撞的运动伤害的发生；其次，在比赛过程中，参与者既要掌握好蹴球的力量，同时还要有良好的心理素质，而且还要根据场上的情况，及时调整战术。因此，冰蹴球是一项体力与智力并重的项目。此外，冰蹴球需要单脚蹴球，所以也能锻炼身体平衡能力、腿部小肌群力量。

陀螺运动是我国彝族、壮族、佤族等民族喜爱的民族传统体育运动，在云、贵、湘、桂等地区开展较为广泛。因各地区玩法不同，其称谓也颇多，如“打地螺”“抽地牛”“赶老牛”“打陀螺”“抽陀螺”等。陀螺体育运动最初在公元前5 000多年前只是简单地玩耍，在清代宫廷时期才流入民间，从而产生了简单的规则并进行比赛，之后逐渐演变成局部地区的民间游戏，然后通过一些相关社会组织不断地挖掘和发展，确定了文字规则，规范了场地、器材等，并最终在1995年第五届全国少数民族传统体育运动会上成为竞技体育项目。因此，竞技体育项目的形成，存在着一种相互关联又连续演变的、由低级向高级发展的规律：玩耍→游戏→竞技体育。

当然，具有全国最大形式的少数民族传统体育盛会非全国少数民族传统体育运动会莫属，新中国刚刚诞生，就对各民族民间传统体育活动十分重视。1953年11月8日至12日，国家在天津市举行了全国民族形式体育表演及竞赛大会。它由国家民族事务委员会和国家体育运动委员会联合主办、地方承办，每4年举行一届。该项赛事以其民族性、广泛性和业余性等特色，已成为全国较有影响的大型综合性体育运动会之一。举办全国少数民族传统体育运动会是保护和发展少数民族传统文化的重要举措，是促进各民族交往的重要平台，也是党民族优越政策的重要体现。近年来，全国少数民族传统体育运动会沿着继承革新、继往开来的方向迈进，发掘了一大批新项目，并在探索普及与提高结合、群众性与专业化结合、传统体育与现代体育结合、民族性与世界性结合的道路上取得了可喜的进步，逐渐使少数民族传统体育的发展趋势推向高潮。

所以在新时期，中华民族传统体育发展存在的根本问题是民族传统体育文化与现代体育文化的脱节。对中华民族传统体育进行竞技化模式的改造，是指以科学求实的态度，从世界的高度来审视中华民族传统体育，积极参与世界文化的交流，自觉摒弃一些不符合科学原理、缺乏时代感的原始因素，借鉴现代体育竞赛规则、运动技战术、教学训练手段、竞赛组织与管理的基本理论方法，对一些民族传统体育项目进行改造、整合，使之既富于时代性又保持民族特色，实现自身的创新发展，促进国际体育文化的进步。

三、传统体育发展的大众化

所谓传统体育发展的大众化是社会学的重要概念。第一，大众化是一个由少数人到多数人的过程；第二，大众化是自西方工业革命以来在人类社会文化层面发生的重大事件；第三，大众化不仅仅是一个人口流迁或者简单的聚集，而且是人类精神和思想的演进过程；第四，大众化趋向平实，不以人的地位、身份、知识水平、消费等为界限，它具有普适性。无论它有多少字面的解释，大众化的核心含义只有一个，即一个由少数人到多数人的过程。由此，我们认为，传统体育大众化是指传统体育被少数中国人接受与认同到多数人接受与认同的过程。当今全球体育的浪潮滚滚而来，保持各国民族文化的呼声日益高涨，民族传统体育作为一种诉说世世代代各族人民的生活、习俗、智慧和追求的独特身体文化语言，作为中华民族传统文化的重要组成部分，经过几千年的发展，已经发展成为集健身、娱乐、教育、文化、经济等多种功能为一体的体育活动，而这些正是能够满足人们休闲时代的需求。

（一）民族传统体育的休闲价值

在 21 世纪的今天，休闲娱乐在人们的生活中扮演着越来越重要的角色。但在广泛的休闲体育活动中，东方的体育项目较少，而我国民族传统体育是在中国民族文化思想孕育中形成的，承载着中国民族文化之精髓，具有健身、养生、竞技和娱乐等功效，是中国民族文化运用与发展的重要载体之一。当今保持民族文化自尊的呼声日益高涨，世界需要了解中国，因此，要充分把握住此契机，让民族传统体育更好地开花结果。我国传统文化中蕴藏着丰富多彩的休闲体育文化资源，民族传统体育起源于社会自然，追求人与自然关系的和谐，是早期少数民族源于劳动之余娱乐的需要，更会磨炼习练者的意志，使人们在参加劳动的同时，既能抵御外敌，还能调节生活，如广西瑶族和苗族的打泥脚、壮族的打陀螺、哈尼族的“十月年”等。此外，还有像舞龙、舞狮、重阳节登高等，多是在节庆或是在祭祀怀念中的活动形式，也有一定的休闲特征。

（二）民族传统体育的人文精神价值

一方面，民族传统体育作为特殊形式的体育活动，不仅有益于参与者的身体健康，更可以使人的身心得到宣泄，有益于其心理健康。各式各样的民族传统体育项目可以满足不同人的趣味需求，使人们有更饱满的热情参与到活动中。另一方面，民族传统体育中的太极拳等养生类运动，吸收古代哲学思想，追求“道法自然”“天人合一”的和谐观，让人们在锻炼身体的同时也提高修养。而舞龙舞狮运动等广泛存在于民俗、节庆、祭祀等活动之中，折射出强大的凝聚力和向心力，使人体会到心理归属感。特别是传统体育文化走进校园后，它丰富的锻炼内容和方式及传统体育项目的举办，能极大地整合社群，增强学生团结合作的精神，表现出强烈凝聚团结精神的功能和价值。

（三）民族传统体育的强身健心价值

人类在享受现代科技进步的同时也在遭受着“文明病”的折磨，激烈的社会竞争加上来自各行各业的压力使人们身心俱疲，从而经常处于亚健康状态。而如今的体育锻炼项目，大多是练肌肉力量、速度和平衡类的项目，很少能对人进行整体和全面的锻炼与指导，而民族传统体育结合了中国古代哲学、中医学理论，强调人的整体观，崇尚中庸、和谐，在运动形式上传统体育是伴随着人类社会的发展而萌生的，有着丰厚的文化底蕴。传统体育作为民族传统文化的枢纽，是发展与传承民族传统体育文化的重要渠道，是各民族文化的瑰宝，是优秀文化的品牌。深化课程和教学改革，创新教学观念、教学内容、教学方法，引入传统体育元素，将极大丰富体育教学内容，使传统体育文化得到保护、继承、传播，更主要的是着力提高学生学习能力、实践能力和创新能力。很多的传统体育项目是由民间游戏发展而来的，因此，传统体育对人的生理和心理方面都有着不可小觑的影响。神经系统对人体来说具有十分重要的作用，它支配着人的一切活动，经常参加传统体育健身运动能不断刺激人的神经系统，加快反应，预防神经衰弱，提高人体生理功能。经常参加传统体育运动不仅能增强体质，缓解生活、学习和工作中的各种疲劳，降低个体的焦虑和抑郁情绪，使其能积极、乐观地生活，预防和治疗心理疾病，同时使参与者享受健康和运动的快乐。

中国传统体育文化的现代意义体现在造福人类、道德观的传承与丰富世界体育文化体系。传统体育文化针对现代人的体育需求，应当做出以休闲化为切入点的改革，丰富传统体育的内容，改善其发展模式，以促进其大众化的发展，提高人们的精神生活质量。

第六章 中华体育精神

导读

从古至今，所有的行为一旦达到一种广义的传播规模，便会成为一种特定的精神形态，被当地人或外来人所接受，这种由行为过渡到思想的递进模式明显具有必然性。中华体育精神伴随着体育运动的兴起而产生，是深受世界体育精神影响、植根于中国文化、以民族特有精神面貌表现的。本章节主要介绍中华体育精神的历史溯源、基本内涵和价值，论述新时代中华体育精神具有新的特征、内涵，并对弘扬和完善中华体育精神提出发展路径。

第一节 中华体育精神的溯源、内涵与价值

体育运动与体育精神相伴相生，体育运动能培育体育精神，而当人们钦佩某种行为和精神时，为了纪念它，也会将其发展为运动项目。

公元前 490 年，波斯帝国国王派出 10 万名士兵和上千艘战舰攻打希腊。希腊人为了保卫家园，在马拉松镇主动出击，并击溃了敌人。为了让故乡人民尽快知道胜利的喜讯，统帅派一位叫菲迪皮茨的士兵从战场马拉松镇，跑步返回希腊，告诉人们胜利的消息。菲迪皮茨是位有名的“飞毛腿”，为了让故乡的人们更早地知道这个好消息，他不顾自己疲劳的身体，一个劲地快跑，当他跑到雅典时，已上气不接下气，但是他还是激动地喊道：“欢……乐吧，雅典人，我们……胜利了。”说完，就倒在地上晕倒了。为了纪念这一事件，1896 年举行的现代第 1 届奥林匹克运动会，设立了马拉松赛跑这个项目，把当年菲

迪皮茨送信跑的里程——42 km 作为赛跑的距离。

启蒙运动以来，欧洲思想界逐渐形成的一项重要共识，即“健康之精神寓于健康之身体”。这一源于古罗马讽刺诗人尤维纳利斯的思想，经过洛克发扬光大，逐渐成为启蒙时代和近代以来欧洲与美国的基础教育理论。由此，在教育领域，在营养和睡眠之外，身体教育及运动锻炼就提上了议事日程。

现代体育的两大源头，德国的体操运动、英美的户外和球类运动，其本身都包含了丰富的促进人的身心和谐、自由发展的生命哲学。19 世纪，德国体操之父，弗里德里希·路德维希·雅恩在德语地区致力于推广。如今，在全球流行的各种体操器械：双杠、单杠、高低杠、吊环、平衡木等。他以强调体育的“活泼、虔诚、快乐、自由”而闻名。随着学校体育在全球的推广和普及，其所包含的这种生命哲学已经成为各国教育领域的基本理念。

《奥林匹克宪章》的“奥林匹克主义基本理念”指出：“奥林匹克主义是一种生活哲学，它追求身体、意志和精神方面的整体平衡和超越。将运动、文化和教育融合一起，奥林匹克主义，寻求创造一种建立在奋斗之上的乐趣。”体育对精神的积极作用，使其成为教育的有机组成部分，其实质是以促进人的全面发展来增进人的幸福和自由，使学生实现德、智、体全面发展。

作为一种有规则的竞赛活动，体育竞技活动的重要价值就是对于社会规范的示范性和对公民素质的塑造与提升作用。现代国家的一项重要使命是培养爱国、敬业、遵纪、守法的公民。

体育运动重视集体主义原则，强调国家荣誉。努力拼搏，为国争光的精神是体育领域爱国主义教育的重要内容。体育运动中成套的仪式和规范，将爱国主义观念融入体育活动的方方面面，诸如比赛开始演奏参赛方国歌，赛场悬挂参赛方国旗，为冠军升起国旗等。全球最具影响的运动盛会奥运会将这一原理演绎得淋漓尽致。

一、中华体育精神的历史溯源与发展

（一）古代体育精神

1. 儒家的礼乐文化与体育精神

在中国古代，儒家文化的影响范围极为深厚。在近现代阶段，儒家文化中以“义”“德”为重的观点，便成为当前中国体育精神的重要组成部分。儒家文化中强调道德和礼数的重要性，强调“其身正，不令而行；其身不正；虽令不从”的观点。

2. 道家与道教的养生文化和体育精神

在体育精神方面主张以“养生”为宗旨和目的。道家和道教特别强调身体的锻炼与精神状态的联系，但这种精神内核不是儒家式的道德修养，而是讲求与自然之道合二为一的平和境界。道教的这种养生观念必然与中华传统医学相互结合，于是就有了祛病健身、益寿延年的体育项目，从“五禽戏”到“八段锦”，再到“太极拳”，这些至今还广泛应用、普遍实行的体育健身方式，仍然深受大众的欢迎。

3. 中华亚文化与体育精神

阴阳五行学说与体育精神是中国人在思维认知方面做出的独特贡献，从多个方面影响了中国体育的发展。例如，被称为“国术”的武术，五行拳、八卦掌等不同的套路，就是结合了五行相生相克的原理而产生的。中国武术是中华民族最具特色的体育运动之一，它既有肢体动作，又有器械活动；既具有观赏性，又具有竞技性；既具有强身健体的效果，又具有实用性的功能；既展现了体魄的强健，又融合了中华文化的精髓。

（二）近现代体育精神

近代中国在西方列强的侵略下，逐步沦为半殖民地半封建社会。有志之士为了报国图强、挽救沦丧，开始大力提倡“尚武”精神。中华武术作为最受欢迎的体育项目越来越受欢迎与重视，被称为“国术”。涌现出不少著名的武术家，通过英勇的行为、超人的技能，为国为民赢得了荣誉，增强了社会凝聚力，鼓舞了民族精神。同时，西方的体育项目和奥林匹克精神也进入中国大地，与中国传统的体育相结合，促使中国体育事业向新时代发展。

1917 年，新文化运动方兴未艾，青年毛泽东在《新青年》上发表了他的第一篇文章《体育之研究》，文中写道：“近人有言曰：文明其精神，野蛮其体魄。此言是也。欲文明其精神，先自野蛮其体魄。”这一断言可以视为中国现代体育精神开创的标志，发展体育事业不仅仅是为了增强士兵的体质，也不仅仅是为了养生延命，而是整个国家、整个民族走向文明的必由之路。自此以后，中国的体育精神从传统走向现代，被赋予了新的精神内涵。

（三）当代体育精神

我国传统文化深深影响着我国体育精神的构建及传播，体育精神的历史与民族苦难的历程相伴随，并融入了爱国、强国、兴国的精神内涵。20 世纪 70 年代末，我国走上了改革开放、全面参与全球竞争的发展道路。在这一过程中，全球竞技体育竞争特别是奥运会上的表现逐渐被视为国家实力的彰显与民族自信的来源。中华体育精神植入了“爱国奉献、求实遵规、团结拼搏、崇礼尚德、全面发展、健体强国”的内涵。

1959 年第 25 届世乒赛，容国团赢得了新中国体育史上第一个世界冠军，实现了为国家夺取世界冠军的梦想，他的人生格言“人生能有几回搏，此时不搏，更待何时！”随即成为那个时代甚为流行的座右铭，并流传至今。

1960 年 5 月 25 日凌晨，中国登山队从珠穆朗玛峰东北山脊成功登上世界最高峰，完成了人类历史上第一次从北坡登顶珠穆朗玛峰的壮举。在那个艰苦的年代，中国人民正在种种困难的条件下开展伟大的社会主义建设，不畏艰难、艰苦奋斗、勇攀高峰的登山精神正如那个年代的“铁人精神”一样，极大地鼓舞了全国人民的斗志，激励全国人民克服困难、奋勇前进。

1978 年 12 月，党的十一届三中全会宣布中国开始实行对内改革、对外开放的政策。改革开放的浪潮为中国体育事业的发展，创造了更加丰富的机遇和更加宽广的舞台，日趋频繁的交流与碰撞也一次次深刻撞击着我们的民族自尊心和自信心。从中国男排坚韧不拔的强势反击开始，从洛杉矶奥运会许海峰的枪声中，从中国女排五连冠的荣耀里，无数青年被中国体育点燃了“振兴中华”的激情和“走向世界”的梦想。

1979 年 9 月 8 日，陈肖霞荣获世界大学生运动会女子 10 m 跳台跳水金牌。当时，“冲出亚洲，走向世界”的口号响彻全国，这一口号也明确了体育健儿为国争光的根本目标。它不仅成为中国体育界奋力追求的目标，更喊出了改革开放后的中国渴望走向世界舞台中央的梦想与期待。

1981 年 3 月 20 日晚，男排世界杯亚洲区预选赛决赛，中国队在 0 比 2 落后的情况下以 3 比 2 逆转韩国队，赢得代表亚洲参加世界杯赛的资格。赛后，北京大学校园沸腾了，学生们高呼“团结起来，振兴中华”的口号响彻了燕园（即北京大学校园）。很快这一富有“时代力量”的口号迅速传遍大江南北。改革开放初期，拨乱反正，百废待兴，“团结起来，振兴中华”是国人发自肺腑的呼唤。因此，这个口号经《体育报》传播，便在全社会引起强烈共鸣，时至今日，仍是鼓舞全国各行各业和各族人民投身改革开放、追逐梦想、奋力追赶世界步伐的号角。

1984 年 7 月 29 日，在美国洛杉矶举行的第 23 届奥运会上，中国选手许海峰夺得男子手枪 60 发慢射冠军，不仅成为洛杉矶奥运会首金得主，也成为中国首位奥运冠军，实现了中国奥运金牌零的突破。在一个需要榜样的时代，许海峰的出现恰逢其时。与此同时，在洛杉矶奥运会上，中国女排在决赛中以 3 比 0 击败东道主美国队，实现世界大赛三连冠。之后又蝉联了 1985 年女排世界杯和 1986 年女排世锦赛冠军，实现世界三大赛的五连冠。中国女排几代人用感人至深的拼搏事迹和骄人成绩，深刻阐释了“女排精神”顽强拼搏、团结奋斗、永不服输、永不放弃的精神内涵和时代意义，在体育界和社会上引起强烈反响。女排是中国体育人的缩影，“女排精神”成为中国体育最耀眼的旗帜，也成为改革开放浪潮中激励人们奋勇前进的重要精神力量源泉。现在，“女排精神”历久弥新，薪火相传，生生不息，在新时代焕发着新的光彩、新的活力，吸引着众多青年人继续画出巨大同心圆，汇聚起自强不息、奋发图强的磅礴力量。

二、中华体育精神的基本内涵

（一）为国争光的爱国精神

中华体育精神是中华民族精神的重要组成部分，是爱国主义最具活力的载体和最鲜明的表现。无论近代中国希望通过体育“强国强种”梦想洗刷“东亚病夫”耻辱，还是“锻炼身体，抵抗外辱”的号召；无论从刘长春形单影只远渡重洋代表中国队参加1932年的洛杉矶奥运会，还是到中国人在自己的土地上成功举办北京奥运会，都是中国人民梦想不断外化为具体的实践过程，成为国家认同感的强化。体育精神有着深厚的民族历史情结，沉淀为国民的集体记忆而具有强化国家认同的意识属性。

体育是物质和精神层面的结合体，是一个国家强盛的重要标志之一。当今国际体育竞技包含了爱国主义的厚重价值，与中华民族的伟大复兴和爱国主义使命紧密联系在一起。体育强国梦是实现中国梦的有力支撑，是中国人民顽强拼搏的光荣传统的体现，也是为国争光的崇高荣誉感和责任感的具体寄托。

（二）艰苦奋斗的奉献精神

奉献精神不仅是中国共产党先进性的体现，也是社会主义制度本质的要求，更是落实为人民服务的一条途径。

艰苦奋斗的奉献精神是中华民族的传统。中华民族向来以特别能吃苦耐劳和勤俭持家、讲究节俭著称于世。艰苦奋斗也是我们党的一大优良传统。中国共产党人作为中华民族最优秀的儿女，合乎逻辑地继承了我们民族的优良传统。发扬艰苦奋斗的奉献精神要把坚定理想信念，作为人生的根本大事来抓，要以习近平新时代中国特色社会主义思想武装头脑，指导实践，努力为实现自己的理想不懈奋斗。

（三）精益求精的敬业精神

2013年8月，习近平会见全国体育先进单位和先进个人代表时强调：“体育是社会发展和人类进步的重要标志，是综合国力和社会文明程度的重要体现。体育在提高人民身体素质和健康水平、促进人的全面发展，丰富人民精神文化生活、推动经济社会发展，激励全国各族人民弘扬追求卓越、突破自我的精神方面，都有着不可替代的重要作用。”在中国全面迈进现代化的进程中，“体育强国梦”是中国梦的重要组成部分，是一代又一代中国体育人为之奋斗的理想。建设体育强国这个伟大的实践需要伟大的精神引领和支撑。追求卓越、精益求精的敬业精神，又可称为“工匠精神”，是实现习近平总书记提出的实现中华民族伟大复兴中国梦的重要途径，也是实现“体育强国梦”的必由之路。

（四）平等规范的竞争精神

平等规范的竞争中，“平等”是前提，“竞争”是核心。运动竞赛的规则既保证了每位参与者都要遵守相同的游戏规则，也保证了每位运动者都站在同一起跑线上的平等权利。一般而言，体育竞争具有平等竞争、自由竞争、规范竞争的特点。高度程序化、规范化、制度化、法治化的体育竞赛决定了中国的体育竞争在正常情况下是标准规范、井然有序的公平竞争。体育精神是个人本位的，所以，体育精神中的平等竞争是个人本位的公平竞争。中华体育精神是整体本位的，所以，中华体育精神的平等竞争是以整体本位为主的平等竞争。从现象层面来看，以往中国运动员能否出国参赛，在考量个人技术水平的同时，还需要研究对手情况，从整体和大局的角度出发进行综合判断，从而组建出能够赢得比赛的最佳阵容。

（五）勇攀高峰的创新精神

创新是人类所特有的实践活动与实践形式，并且构成了人类的存在方式。人类永远不会满足于已经获取的所有成就，总是会在对这些成就予以肯定的基础上进行扬弃，从而创造出一系列新的思想、理论及实践成果，进而体现并确证自身的意识性、能动性和超越性。因而，创新也成为一个民族兴旺发达的标志，是民族进步的不竭源泉和永恒动力。中华体育精神内在包含正与时俱进、知难而进、突破上限、不断前进的精神实质，无数次的竞技技术革新、无数次的实践超越都使中华体育事业始终保持旺盛的生机活力，不断开拓创新发展的崭新局面。

（六）信任宽容的团队精神

一个民族一个国家的强大，离不开一种能够凝聚民众的强大的精神支柱和精神力量。运动实践已证明，一个运动队特别是集体项目的运动队，要想充分发挥集体所有成员的作用，增强竞争力，就必须形成一股能凝聚所有成员的精神力量。中华体育精神集爱国主义、集体主义思想于一体，高度强调团队规范意识、积极塑造共同的目标感、形成了高度的凝聚力和协同性。中华体育健儿之间在思想情感上相互理解、相互信任，在行动上相互协调、相互支持，拥有团结一致、相互鼓励、奋勇争先的精神气质。

（七）科学辩证的求实精神

我国体育事业取得巨大的成绩与中国体育工作者科学求实、开拓创新的精神分不开。科学求实是一种崇尚科学、求实奋进、开拓创新的工作精神。中国乒乓球长盛不衰的根本原因就是实事求是、掌握核心技术、坚持科学训练，不断创新。此外，中国排球、跳水、体操、皮划艇等项目，始终遵循科学求实的精神，理性判断、准确定位，坚持在技战术和训练方法上不断创新，使我国在这些项目上保持了长期优势。

（八）超越自我的乐观精神

体育运动的真谛在于超越，超越对手，超越自我。任何一个冠军的成长都不是一帆风顺的，都会遇到各种各样的挫折和困难，在竞争中拼搏进取、在困境中寻求突破，坚定地为更高标准的目标奋进。在千锤百炼的过程中，在千变万化的竞争场域中，体育运动塑造了运动者宽广的境界、博大的胸怀和不屈的精神。中国传统文化蕴含的中华体育精神既有“谈笑间，樯橹灰飞烟灭”的气势，也有“当今之世，舍我其谁”的自信、更有“排除万难，去争取胜利”的乐观。

三、中华体育精神的价值

中华体育精神是中华民族精神和体育精神共同作用的结晶，它是中国体育的灵魂和精髓，中华体育精神的主要价值如下。

（一）中华体育精神强化中华民族历史认同、民族认同和国家认同

中国体育健儿在一系列重要国际比赛中取得了优异成绩，不仅为国争得了荣誉，而且展现出中华民族的新的精神风貌，在振奋民族精神，提高国家和民族凝聚力、向心力方面发挥了重要作用。

中华体育精神能冲击和修正国内外的狭隘民族主义思潮，有益于中国开放的现代民族主义建设，增强民族凝聚力与自豪感，强化中华民族的历史认同和国家认同，不断给予我们“踏平坎坷成大道”的信心和勇气。

（二）中华体育精神为国家建设提供精神动力

体育所承载的奋斗之情、拼搏之志、进取之心，以及它所代表的强健体魄、昂扬精神、坚定信念，对于国家发展和民族复兴意义重大，体育强国梦与中国梦始终紧密相连。

弘扬中华体育精神，建设世界体育强国，是中国梦的重要内容。而实现这样伟大的战略梦想，需要我们每个人的参与。中华体育精神倡导超越自我、追求成功的价值追求，对实现中国梦具有重要的精神动力。新时代更需要大力发扬中华体育精神，树立“健康第一”的思想观念和“终身体育”的长远目标，将中华体育精神和弘扬优秀传统文化结合起来，以胜不骄、败不馁的思想气度和求真务实的工作作风持续推动中国梦这一伟大目标的实现。

（三）中华体育精神为治国理政提供智力支持

中华体育精神能为国家强盛直接提供明显有效的智力支持。具体表现：中华体育精神直接有助于我国社会的稳定；能全面提供建设和谐社会的文化资源；能为我国市场经济的健康发展提供先进的理念等。与此同时，中华体育精神可以优化中华民族的综合素质并展现中华民族的活力和能力。它不仅能增强中华民族抵抗疾病、适应环境的身体素质，还能提高国民抵御风险、承受挫折的心理素质，提升国民迎接挑战、灵活应变的社会素质。

中华体育精神向世界宣告了中华民族是有活力的民族，向世界证明了中华民族有“自强不息”的能力与“厚德载物”的能力。丰富多彩的中国体育交流活动在促进“平等、互鉴、对话、包容”文明观树立的同时，也传播了中华体育价值观。中国体育与世界体育的互动以自身独特的方式架起了沟通的桥梁，做出了独特的贡献。

（四）中华体育精神是中华民族宝贵的精神财富

体育承载着国家强盛、民族振兴的梦想。体育强则中国强，国运兴则体育兴。体育精神给国家发展带来了凝心聚气的强大精神力量。中华体育精神是几代中国体育人的精神凝练和结晶，是我们从体育大国迈向体育强国的灵魂基石，不仅是体育界的宝贵精神财富，也成为社会主义先进文化和时代精神的重要内容。

新时代的中国体育人正在以更加自信的表达，传递体育精神，传播中国声音，激扬文化自信，凝聚中国力量。中华体育精神，不仅激励了一代代体育人干事创业、奋勇争先，而且为社会主义现代化建设增添了强大的精神动力。

第二节 新时代中华体育精神的特征、内涵和路径

中华体育精神是指中国人在体育实践活动中形成的，以爱国奉献、团结协作、公平竞争、拼搏自强、快乐健康为主要价值标准的意识、思维活动和一般心理状态。该定义若简化，就是“爱国奉献、团结协作；赶超求变、公平竞争；拼搏自强、快乐健康”。新中国成立 70 年来，我国体育界始终坚定着拼搏奋进、突破自我、不言放弃、积极向上的精神追求，承担着凝聚民心、鼓舞士气、振奋精神的民族重任。新时代孕育出新精神，伟大精神才能引领伟大时代。中国体育界既是改革开放的参与者、推动者，也是受益者，许多运动员众志成城、勇于拼搏，始终走在改革开放前沿，成为新时代弄潮儿和精神楷模。

一、中华体育精神的特征

中华体育精神具有四个特征：一是自然性，即发展民族体育；二是竞技性，即提升竞技体育；三是社会性，即坚持人民体育；四是人文性，即倡导文明体育。

（一）自然性——发展民族体育

我们处在一个自然与文化启示的时代，任何事物的发展若不与自然和文化相连，便失去了生命和根基。体育与生俱来的特性，不仅具有生物学的特点，也具有社会学的基础，体育的起源是与人类的自身发展和生产实践紧密联系的。

1. 民族体育的内涵

相对于现代世界体育的主流，民族体育是一种亚体育文化。例如，中国 55 个少数民族都有自己传统的体育活动形式。这些活动大多与民族经济活动（如蒙古族的“那达慕”大会、侗族的三月三）、宗教活动（如伊斯兰教各民族开斋节时的体育活动）、民俗活动

（朝鲜族春节的秋千、踏板）和青年男女爱情婚姻（如哈萨克族的叼羊）等有关，受到本民族的热爱。

中国十分重视少数民族体育的发展，多次举办民族运动会，这些活动已成为象征民族大团结的盛会。有许多少数民族体育项目经过整理加工已成为各民族广泛开展的活动。而中国传统的民族体育项目，如武术，尤其是太极拳，则是融合了包括汉族在内的整个中华民族特有的体育形式和特点，在不断地发掘、整理中走向世界，越来越成为世界各国人民健身、防卫和体育竞赛的有益活动。

2. 民族体育的特点

由于受一定的自然环境、社会历史发展进程及本民族自身各种因素的影响，民族体育形成了民族性、传统性、地域性和时代性这些最基本的特点，造就了多元化和多层次的传统体育形式。

民族体育，内容丰富，形式多样，且多在民族节日和民俗活动中开展，与生产、生活和军事活动等有密切的联系，既有竞技性较强的体育形式，又包含娱乐性、趣味性和健身性较浓的体育内容，有着广泛的群众性和普及性。

3. 民族体育的发展

民族体育是在实践中自然生成的体育，其所蕴涵的中华体育精神，是中华民族奋斗进取的不竭动力。大力发展民族体育，是民族文化的行为书写，也是中华体育精神不断传承的基础。

作为人类体育文化的重要组成部分，民族体育从其本身的特点上体现出民族文化的横向继承关系，可以说是一种民族教育的手段。它本身具有较普遍的竞技、娱乐和健身功能，因此，经过不断完善和规范化，民族体育活动中的优秀项目可以推广到更广阔的区域，为更多的民族所接受，并在未来的发展中，能够走出本民族的特定区域，推向世界。

（二）竞技性——提升竞技体育

竞技性是社会赋予体育的“物化”特性，“是人类获得非自身所具有的目标物质利益的特性之一”，是人类对自身崇拜的一种表现形式。在竞技活动中所体现得更像是人与人之间社会关系范畴内的竞争，现代体育的竞技性更表现为社会经济、文化、科技之间的竞争，是体育“物化”在实践领域的典型代表。

我国早期施行的是举国体制，围绕竞技体育着力突破是新中国成立以来我们国家体育工作的主要内容。拼搏进取、永不言败、竞争超越的体育精神也为国家各项事业的开展，提供了精神支撑，这是极具时代背景的一个特征，效果显著。

1. 竞技体育的内涵

竞技体育是为了战胜对手并取得优异的运动成绩，最大限度地挖掘和提升个人或集体在体格、体能、心理及运动能力等方面的潜力，从而开展科学、系统的训练和竞赛。竞技体育是以不断提高运动员竞技能力并在比赛中创造优异运动成绩为基本特征的体育活动。

竞技体育由运动员培养（含训练）和运动竞赛两个系统组成。

2. 竞技体育的特征

（1）竞争性：是竞技体育的基本特征。激烈的竞争性是体育竞赛区别于其他体育活动的主要特征之一，竞赛参与者竞技能力的提高和运用是完成体育竞赛这一过程的核心因素。激烈的竞争是竞技体育区别于学校体育和大众体育的本质特征。竞技体育也因竞争性具有排他性。

（2）规范性：现代竞技运动为保障运动员发挥技战术，制订了大量规则以维护比赛的正常进行。同时运动员的技战术训练建立在规范要求的基础之上。在比赛时按照《竞赛规则》和《竞赛规程》的规定，以最优的比赛环境保障运动员创造最好成绩，并以最严格的方式记录和确定比赛胜负。

（3）公平性：竞技运动不偏袒任何参赛者，对比赛项目、时间、地点、场地器材、运动员参赛资格都进行了明确规定，并要求比赛相关主体遵守共同的行为规范。

（4）公开性：使体育具有更强的传播能力和更大的影响力，促进了运动技战术的交流和竞争与赛事公平的推进。从近代竞技运动到现代奥运会的体育竞赛，不同时期和不同类型的体育竞赛都具有公开的竞争形式。

（5）功利性：竞技体育具有明确的功利目的，伴随胜利会有多种形式的收益。而且，比赛结果产生于对抗之中，经过社会承认，结果产生直接而迅速，不容置辩。

（6）不确定性：体育竞赛的结果带有很大的不确定性，既取决于运动员的技术、战术、心理等因素，也受到天时地利人和等因素的影响。竞技体育在竞赛中的不确定性，也正是其魅力所在的地方。

（7）娱乐性：竞技体育随着发展竞争日趋激烈，却并未失去娱乐特征，对参与者来说胜利或仅仅是参与都可以获得心理满足，对观赏者来说可以获得轻松、自由和美感。

3. 竞技体育的发展

2017 年 8 月，习近平总书记在天津会见全国群众体育先进单位和先进个人代表等时指出："加快建设体育强国，就要弘扬中华体育精神，弘扬体育道德风尚，坚定自信，奋力拼搏，提高竞技体育综合实力，更好发挥举国体制作用，把竞技体育搞得更好、更快、更高、更强，提高为国争光能力，让体育为社会提供强大正能量。"

2019 年女排世界杯，中国女排以十连胜的战绩提前一轮夺冠，又在最后一场比赛中零封战胜阿根廷队，以全胜成绩"升国旗，奏国歌"，"霸气"捧杯，为中国体育大涨志气，为中华民族大展神威。不仅如此，中国女排勇夺 2015 年世界杯冠军、2016 年奥运会冠军、2017 年大冠军杯冠军和 2019 年世界杯冠军，始终位列世界顶尖行列。

2019 年 10 月初，在国际排联发布的最新一期世界排名中，中国女排时隔近 1 年，以总分 320 分升至榜首，重回世界第一。2019 年 10 月 1 日，刚刚载誉归来的中国女排队员、教练员代表登上花车，在新中国成立 70 周年国庆庆典上压轴出场。在欢呼、赞誉、鲜花和冠军背后，女排姑娘们数十年团结拼搏的身影早已成为几代国人共同的成长记忆，她们所缔造的“女排精神”更是早已超出了体育范畴，成为激励国家前行、民族奋进的重要精神力量源泉。

竞技体育追求优异成绩而激发人类潜能，是形成中华体育精神的重要载体。在训练中运动员需要对某一个动作练习上千遍以将动作形成肌肉记忆，这个过程也是建立、形成运动员良好品质的过程。在比赛中，常常因运动员追求成绩而展现出超人的意志品质和运动行为，不仅仅是技术的精湛，更是运动员内在精神的支撑与表达。

（三）社会性——坚持人民体育

进入21世纪，我国更重视体育强国和健康中国的建设，高度强调以人民为中心的体育。体育及其精神的社会性成为关注重点，我国“以人为本”“为人民服务”的思想贯穿在体育工作中。

在坚持发展人民体育，倡导健康生活方式，使人民身体素质得到普遍提高的政策引导下，经常参加体育锻炼的人数逐年攀升，各社会主体组织的体育活动层出不穷。

坚持发展人民体育、群众体育，提高群众参加体育活动的积极性，发展群众性的娱乐体育活动，扩大体育人口，不仅可以提高人的身体素质和精神素质，还可以丰富人民群众的闲暇生活，调节社会感情。

体育运动是丰富人们精神文明的重要组成部分，体育运动进入千家万户让人们的生活方式变得健康、科学，参与体育锻炼不仅愉悦身心，而且提高人体的生命质量、缓解工作压力，是家庭和睦的促进剂。体育运动让人们生活时间得到充实、生活方式变得科学合理，这些内在精神需求与体育精神的内在表达息息相关。人们通过愉快、自由地享受体育生活可以发展人们的身体智力和认知能力，可以轻松愉快地与人、社会和大自然产生沟通与交流，是人们拥有健全的人格，体验人生的幸福完美，追求人性自由、人性解放的直接途径。

（四）人文性——倡导文明体育

体育人文性强调的是社会个体的融入，是体育知识、体育文化对社会个体的熏陶和浸染，社会个体被体育知识和体育文化所感化，从而促使社会个体发展。

体育人文性在不同时代内涵不同，但其核心内容不会改变，都是人的本质和人性的体现，它表现在竞技体育活动中尊重个人的尊严和价值，以人的全面发展为目标，在竞技体育活动中倡导追求真善美的崇高精神，鼓励个体健全地自我实现。

我们可以通过学校体育、家庭体育、社区体育等途径进行体育环境价值观、体育环境经济观、体育环境道德观等理论引导，以此促进体育人文环境意识的确立；通过提高全民体育素质，建设富有体育文化底蕴的体育环境，加强体育硬环境建设的同时提高文化软环境的构建，以新时代标准制订体育人文环境发展方案。

身心愉悦并获得高层次的精神享受，这既是人文社会发展的成果，也是体育及体育运动所追求的目标之一。不管是个体的超越，还是延伸到社会层面的担当，人都可以经由体育来完成“自我建构”的过程。在体育的自我建构中，试图在充满文化性的身体范畴里，促使现实存在中有缺陷的人朝着理想状态转变，从而迈向一种极致美好的生命境界。

体育是社会文明的产物，又推动着社会文明的发展。发展文明体育，通过中华体育精神的价值引领，用实体性的体育为表象工具，在整个社会营造良好社会风尚，形成契合时代精神的道德规范和行为准则，进而推动社会文明的进步。

和谐社会是一个体现公平、公正的社会，而体育在发展过程中所形成的精神及内涵正是公平、公正社会的一个缩影。公平竞争是体育竞赛的基本理念，体育运动所建立的公平、公正的观念，是规范文化中不可缺少的部分，体育竞赛所执行的规范和规则是人类理性的约定和公正追求的缩影。体育运动集物质力量和精神力量于一身。运动员在比赛中表现的崇高精神、顽强意志、良好作风和高尚品德，对全社会精神和道德风貌起到激励和鼓舞作用。

二、新时代中华体育精神的内涵

（一）坚持人民体育

参与体育健身运动，从封建社会权贵们才拥有的特权变成现在的人人普遍享有的基本权利，这是社会进步的体现，也是新中国成立以来党和国家为体育植入的内涵。坚持人民体育就是牢固树立以人民为中心的体育发展理念，使人民群众成为体育发展的根本推动者和最大受益者，做到体育为了人民，体育依靠人民，体育造福人民。

（二）落实健康体育

落实健康体育就是要始终把促进人民群众的健康放在体育发展的重要地位，使促进健康生活和保持身心健康成为体育运动的重要使命。

（三）传播快乐体育

传播快乐体育就是要倡导、传播体育活动的娱乐价值和游戏本质，让运动者充分感受和体验体育本身所带来的快乐，从而更加亲近运动本身、更加享受运动过程。

（四）倡导文明体育

倡导文明体育就是要努力克服功利目的对体育文明的侵蚀，努力维护公平竞争、尊重对手、服从规则等现代体育伦理和规范，不断提升全社会的体育文明。

（五）提升竞技体育水平

提升竞技体育就是要用新的科技成果、价值理念等手段和方式，对竞技体育进行改造和提升，使竞技体育成为我国参与全球体育竞争和不断提升我国体育发展水平的重要动力。

（六）弘扬爱国体育

弘扬爱国体育就是要坚持和弘扬我国体育文化的爱国主义传统，使体育活动成为新时代爱国主义动员的重要力量。

（七）复兴民族体育

复兴民族体育是新时代中华体育精神的新内涵。当代中国将体育视为“五大幸福产业”之一，复兴民族体育就是在加强民族特色体育运动项目的保护和传承的同时，通过有计划地改造和提升，推动我国优秀传统体育项目走向世界，使其成为人类共享的世界性的体育运动项目。

三、弘扬与完善中华体育精神的路径

（一）以理念创新引领新时代我国体育文化建设

理念创新是新时期我国体育文化建设的重要前提，体育精神是体育文化的重要组成部分，新时代的体育发展需要通过提升、改造、构建、保留等方式来进行体育精神价值的提炼与解读。

（二）切实落实国家相关文件和战略规划

党的十八大以来，我国政府部门制定和颁布了《国务院关于加快发展体育产业促进体育消费的若干意见》（2014）、《全民健身计划（2016—2020 年）》（2016）、《中国足球中长期发展规划（2016—2050 年）》（2016）、《“健康中国 2030”规划纲要》（2017）等一系列促进我国体育繁荣发展的文件，这些文件立足时代，放眼未来，体现了党和政府对我国体育发展规律的深刻认识，包含了丰富的新时代体育文化的内涵。切实落实这些文件精神，对于推进体育文明的传播、推动体育精神文化的大众化认同、促进全民体育素养的深化具有重要的意义。

（三）以重点突破方式推进我国体育文化时代内涵的实现

以市场化与职业化改革推进竞技体育发展；以竞技体育引领学校体育、社会体育协调发展；以体育治理社会化改革倒逼管理体制的改革；以新的理念引领公共体育服务创新发展；以科学精神再造民族体育文化自信。

中华体育精神，不仅是体育界的优良传统，也是全社会宝贵的精神财富。改革开放以来，中国体育创造总结并不断继承发扬“中华体育精神”，不仅激励鼓舞一代又一代的运动员取得了辉煌的运动成绩，实现了个人的人生价值，而且为社会主义现代化建设的伟大实践增添了精神动力，成为社会主义先进文化和时代精神的重要内容。

时光流转，今天的中国迎来从站起来、富起来到强起来的飞跃，加快推进体育强国建设的宏图徐徐铺展。从追赶者到领跑者，在一种更加从容、自信的大国气质里，中华体育精神历经岁月却愈发鲜活，其蕴含的独特价值绽放出耀眼的光彩。当体育发展融入民族复兴的进程，我们从未像今天这样接近梦想的彼岸。面对时代打开的全新场景，将这笔宝贵财富传承并发扬光大，比以往任何时候都迫切。

第七章 现代奥林匹克运动

导读

现代奥林匹克运动基于欧洲文艺复兴意识形态转变、工业革命背景、资产阶级教育改革、体育的国际化及考古的发现，开启了古代奥运会复兴的尝试，奥林匹克运动诞生。本章节内容主要包括现代奥林匹克运动复兴的动因、诞生、发展和未来，现代奥林匹克运动文化中的思想体系、组织体系和社会价值，并论述了现代奥林匹克运动在中国各历史发展阶段的发展态势。

第一节 现代奥林匹克运动的复兴

一、现代奥运会复兴的动因

（一）意识形态背景

古希腊奥运会公元 394 年时被禁止，沉睡了 1 000 多年之后，于 19 世纪末期得到了恢复和发展。14～18 世纪的时间里，欧洲相继发生了文艺复兴、宗教改革和思想启蒙运动，这是思想文化领域里新兴的资产阶级革命，其目的是以资产阶级新文化取代封建主义旧文化。三大思想文化运动通过宣扬古希腊身心和谐发展的教育思想，赞美古希腊的人文精神与理想，不仅为近代体育的形成扫清了思想障碍，也引起了人们对古希腊体育和奥运会的关注。

18 世纪初，英、法、德等国的一些学者、专家，相继去奥林匹亚访问勘察，除发现大量史料外，还发掘了不少和古奥运会有关的珍贵文物和史料，引起了人们对古奥运会浓厚的兴趣。1893 年，奥林匹克之父顾拜旦致函各国体育组织，邀请他们参加在巴黎举行的国际体育大会。同年 6 月 16 日，12 国的代表在巴黎举行了恢复奥运会的大会。会议决议每 4 年举行一次全球范围的奥运会。1894 年 6 月 24 日是现代奥运史上值得铭记的一天，刚刚创立的国际奥委会将首届现代国际奥运会的主办权授予了希腊雅典。由于自然灾害破坏掩埋了奥林匹亚圣地，古奥运会被人们忘却了 13 个多世纪，直到 1896 年现代奥运会才得以出现。也就在这样的局面下，有人想到了重新恢复象征过和平和友谊的奥运会。

（二）工业革命

资产阶级在民主和产业革命后，随着政治、经济地位的稳固，也逐步产生了新的文化需要。18 世纪 60 年代从英国发起的技术革命，是技术发展史上的一次巨大革命，对社会和体育的属性产生了重要的影响。蒸汽机的发明极大地推动了工业化进程，也给当时的英国带来了巨大的财富。

人类进入到 19 世纪，工业革命进展迅速，蒸汽机的使用和各种机器的发明，不仅引起生产技术的根本变革，而且也使社会思想和生活方式发生了变化。此外，自然科学的发展，特别是医学、生理学等有关人体科学的发展，使人们对身体活动有了新的认识。欧洲出现了一个需要体育并创造出新的体育手段的时代，出现了欧洲大陆的体操和英国的户外活动及竞技运动体系等。

（三）资产阶级改革教育

资产阶级教育家认为，教育是“人类得救”的重要手段，因此要极其重视对青年一代的教育，并提出自己的教育理想和看法。这种教育旨在培养身心发展，能文能武，具有健康的身体、丰富的知识和能力，以及具有开拓、进取、务实精神的社会活动家。

17 世纪资产阶级改革后，英国著名的教育家洛克（1632～1704 年）提出了“绅士教育”的主张。洛克吸收了古希腊教育的基本经验，认为“绅士教育”应包括德育、智育和体育三个部门，对于体育给予了充分的重视和肯定，说道：“为了我们的事业，健康对于我们是不可或缺的。”对于一个民族来说，“野兽般的体魄”才能在未来的斗争中立足根本。为了培养强健的体魄、竞技精神和实战本领，洛克要求绅士教育开展了骑马、击剑、游泳、舞蹈等活动，特别强调开展竞技运动，在“绅士教育”推动下，当时的竞技体育有了较快的发展。18 世纪法国著名启蒙教育家、哲学家雅克·卢梭提出“自然教育论”以培养身心两健的人，他在《爱弥儿》一书中写道如何将儿童培养成自食其力、身体强壮并能独立思考的人。在卢梭的思想教育中，对古希腊的教育制度及古奥运会的教育价值都作了充分的肯定。

18 世纪末，欧洲博爱主义教育家在教育改革中以古希腊体育传统为基础，吸取了骑士教育和民间游戏，奠定了现代学校体育制度的基础，在博爱学校的教育实践中形成了“德绍五项竞技”，就是按照奥运会传统及近代体育项目编制而成的，博爱主义教育家也充分肯定了竞技运动会和古代奥运会的价值。1793 年博爱主义教育家古茨穆茨在他的著作中就论及了奥运会。1804 年他甚至有恢复奥运会的想法。

（四）体育国际化

当现代体育在欧洲兴起时，欧洲大陆各种矛盾交错。各国笼罩着浓厚的民族主义和国家情绪，各国都很注重体育的军事效能，继承了古雅典城邦的军国民传统体育思想，以及结合古希腊的人本主义体育思想，强调体育要与军事训练相结合。因此，体操体系比较盛行。而英国则由于自身文化传统及“绅士体育”的影响，还包括海外贸易的需要，流行着竞争激烈、变化复杂的户外游戏和竞技运动。

19 世纪后半期，自由资本主义向垄断资本主义过渡发展。随着世界市场的形成，民族的壁垒逐渐被打破，社会的生产和消费国际化的进程大大加快。过去那种地方的和民族的自给自足和闭关自守状态，被各民族各方面的互相往来与各方面的互相依赖所代替了，物质生产如此，精神生产也是如此。

在此历史背景下，体育超越了国界。在欧洲，兴起了西方现代体育，并通过涌向殖民主义者向世界传播和推广。从此，西方现代体育及其他不同类型身体活动在世界上得到了交融和发展，并出现了国际的体育交流和体育比赛，如 1851 年伦敦的第 1 届世界围棋锦标赛、1859 年澳大利亚的国际游泳锦标赛等。1881 年，第一个国际单项体育组织——国际体操联合会成立。国际单项体育组织的出现使各运动项目在国际范围内有了统一的领导核心。1892 年，另外两个组织国际赛艇联合会和滑冰联盟也先后成立。这些国际体育组织的产生，使体育竞赛从此摆脱了地方传统，开始实现国际性。

（五）考古发掘

1776 年以前，英国、法国和德国的考古学家们试图探索古奥林匹亚遗址的想法被土耳其人所阻挡，原因在于土耳其人认为奥林匹亚是土耳其帝国的一部分。1776 年，英国学者理查德·钱德勒被允许后对古希腊进行了科学考察，他发现了宙斯神庙的遗址，引发了许多考古学家的兴趣。此后，有大批德国、法国、英国的考古学家、史学家们对奥林匹亚遗址进行系统、大规模的勘查、发掘。德国科学家恩斯特·库尔提乌斯等在 1876～1881 年取得了大量有关古奥运会的珍贵文物和史料。在 1875～1881 年期间，酷丘斯考古学家在奥林匹亚遗址处发现了 50 个建筑物、130 座塑像。1887 年，柏林展览了从奥林匹亚发掘出的大量文物，进一步激发了人们对古奥运会的好奇之心。

（六）复兴奥运会的尝试

17～19 世纪，世界各地恢复奥运会的尝试比比皆是，各地对于复兴奥运会的呼声愈来愈高。希腊一名名为扎帕斯的人向希腊国王提议复兴奥运会，希腊国王听取并采纳了他的意见，1958 年发布了《奥林匹克令》，掀起了复兴奥运会的热潮。1859 年第 1 届泛希腊奥运会在雅典举行，但由于组织松散不正规，比赛秩序混乱，运动员竞技水平不高，这届奥运会影响不大。1870 年和 1875 年又先后举办了第 2、3 届泛希腊奥运会，效果平平。尽管这几届奥运会并没有达到理想效果，但在一定程度上促进了希腊体育运动的进一步发展。几年后希腊政府按照扎帕斯的意愿在雅典修建了体育场。希腊人对于奥运会的多次尝试，引起了人们的极大热情。尽管这些尝试大多数都是失败的，但它们在古代与现代奥运之间建立了桥梁，为顾拜旦创立新的现代奥运奠定了基础。

二、现代奥林匹克运动的诞生

（一）顾拜旦的贡献

在创办奥林匹克运动的过程中，出现了众多先驱者，其中法国教育家皮埃尔·德·顾拜旦男爵（图 7-1）的贡献最为突出。反对君主制的 1890 年的希腊之旅，使顾拜旦对复兴奥运会产生了很大的兴趣。他想，古奥运会可以体现每个城邦的共同性和和平理想，那为什么不能用现代形式复兴奥运会呢？顾拜旦第一次提出举办类似古奥运会的比赛，它不是简单地继承，而是把过去只限于希腊人参加的运动会扩大到世界范围去。尽管顾拜旦的主张遭到一些反对，但在他不懈努力下，1893 年顾拜旦又到美国访问，希望得到美国体育界人士的支持。1894 年 6 月 16 日终于有 20 个国家派代表在法国巴黎大学召开了第 1 届“重建国际奥林匹克运动会国际会议”。会议作出决定，将于 1896 年在希腊首都雅典举行第 1 届现代奥运会，并任命当时已经 59 岁的希腊诗人泽麦特里乌斯·维凯拉斯担任国际奥委会第一任主席，顾拜旦任秘书长。从那时起，每年的 6 月 23 日就被定为国际奥林匹克日。希腊人对这次大会表现了极大的热情，出席开幕式的观众达 8 万人，这一数字直到 1932 年洛杉矶奥运会才被突破。从此，奥运会成为世界性体育盛会。

图 7-1　现代奥林匹克运动会之父——皮埃尔·德·顾拜旦男爵

1896 年 4 月 5 日，第 1 届现代奥运会在希腊雅典举行，雅典奥运会后，顾拜旦当选了第二任国际奥委会主席。

（二）国际奥林匹克委员会的成立

1894 年国际体育运动代表大会在巴黎索邦神学院盛大开幕，由顾拜旦主持开幕式。

大会分为两个阶段，第一阶段探讨了关于职业运动员与业余运动员的问题，第二阶段通过了《复兴奥林匹克运动会》的决议，该决议为国际奥委会的成立打下坚实的基础。1894年6月23日正式确立了国际奥委会的地位，主席由奥运会举办国的国际奥委会委员轮流担任。国际奥委会的成立成为现代奥运的标志。

三、现代奥林匹克运动的发展

自国际奥委会成立以来，奥林匹克运动已经度过了一个多世纪的历程。这期间无论是其本身的性质还是它所在的社会环境都发生了变化。奥运会按照其发展的特征分为以下四个阶段：奥林匹克模式的初步探索时期（1894～1914年）、初步形成时期（两次世界大战之间）、发展与失衡时期（第二次世界大战后至1980年）、模式的改革与创新时期（1980年后）。

（一）奥林匹克模式的初步探索

1. 背景简介

1984年国际奥委会成立后的2年时间，首届现代奥运会成功举办，但这并不代表着奥林匹克运动已经发展成熟了，还要看它是否能经得住时间的考验、会不会重蹈历史的覆辙、能否持续发展、发展趋势将如何，这几个问题是奥林匹克运动创始人们最先要考虑的问题。这一阶段的主要任务就是努力使奥运会在社会上的承认度提升，站住脚跟得以生存。但当时的发展环境使得想要达到这一目标难度太大，从外环境来看，奥运会产生和发展之时，高涨的民族主义和外来文化正处于碰撞的高峰时期，整个世界环境极度敏感而叛逆，奥林匹克运动发展遭遇阻碍，寸步难行；从内环境来看，奥林匹克运动的三大支柱，除了国际奥委会之外，另外两大支柱（国家或地区奥委会和国际单项体育联合会）未发展成形，奥林匹克运动尚未能够站稳脚跟。正是在这种困难的环境下，奥林匹克运动开始探索其他发展路线。

2. 模式的探索

奥林匹克运动最具有代表性的表现形式为奥运会，而这一阶段的中心任务就是发展奥运会。奥运会是由许多元素共同构成的，主要可分为表层、中层和深层三个部分。表层内容包括外部的物质设施和活动内容等，中层内容包括组织结构和规章制度等，深层内容包括意识文化形态和价值观念等。

表层模式的探索主要是关于设置何种运动项目的问题。在奥运会举办的初期，运动项目的稳定性很差，时常更换。初期时人们对于运动项目的认识并不完全，也并不清楚到底什么样的场馆适合竞技比赛的需求。同时奥运会的资金短缺对于模式探索也有一定的阻碍作用。

对于中层模式的初期探索来说，它区别于现代奥运会之处在于缺乏严密的组织结构及严谨的规章制度，具有非常大的随意性，主办城市可以按照自己的意愿随意改变，导致奥林匹克运动的发展难以稳定下来。

在深层模式中的价值观念和意识形态方面，这一阶段进行了积极的探索，推动着奥林匹克运动有了里程碑式的进步。

3. 问题的发现

初步发展阶段奥运会各方面都不成熟，国际奥委会的地位也不稳固，人们对于奥运会的理解还处于模糊阶段，存在的问题主要有以下几种：对奥林匹克运动的宗旨理解不透彻；不能将现代奥运会与古奥运会进行区分；认为奥运会仅仅是炫技，不能看到奥运精神层面的意识形态。

（二）初步形成

在两次世界大战之前近 20 年的探索中，奥林匹克运动的组织者们已经初步具有了制定系统规则的意识，但由于战争的爆发阻碍了前进的脚步。世界大战结束后，立即确定了中心任务为完善奥运会制度。和前一阶段一样，该时期也分为表层内容、中层内容及深层内容。

这一时期取得的最大进步在于奥运会的竞赛项目有了明确的规定，各项目也制定了一定的准则，形成了有秩序的运动比赛项目，日趋标准化。同时，将女子田径项目纳入奥运会，这一项举措成为当时十分重要的改革，大大提升了奥运会的参与度及号召力。另一重大进步就是冬季奥运会（冬奥会）的出现，冬奥会的出现使得夏季奥运会因场地限制不能完全展现的运动项目得以出现在公众视野中，使奥林匹克运动项目更加丰富和多元化。

设施方面已经开始随着奥运会的发展进程逐渐规范化，自 1923 年国际奥委会决定参赛者的住宿问题由奥运会组委会决定后，运动员的接待问题开始放上议程。而现代科学技术与奥运会的结合也开始慢慢步入正轨。关于财政方面，许多经济问题也随着奥运会影响力的扩大，得到了良好的解决办法。

（三）发展与失衡

两次世界大战后，尽管危机和冲突仍然存在，但整体的主旋律还是建立在和平的基础之上的。此时的国际环境比较稳定，奥林匹克运动在较好的氛围中持续发展。主要表现在规模的不断扩大、项目剧增和运动技术水平的不断提高。

二战后，奥运会进入快速扩张阶段，1948 年伦敦奥运会有来自 59 个国家的 4 062 名运动员参加 136 个项目的比赛。2008 年北京奥运会，参赛国家或地区达 204 个，参赛运动员达 11 468 人，比赛小项 302 个，创历届之最。

在奥运会规模扩大的同时，竞技运动的水平快速提高，出现了体操运动员科马内奇，田径运动员摩西、比蒙，游泳神童菲尔普斯等一批超级明星。1960 年埃塞俄比亚的阿贝贝赤足获得马拉松比赛冠军，标志着发展中国家开始在奥运体坛显示力量。

1964年东京奥运会、1988年汉城奥运会、2008年北京奥运会的举办，表明奥运会举办地也不再局限于欧洲和美洲。

但发展带来机遇的同时也给奥林匹克运动带来新的挑战。

在这一时期，体育运动在世界范围内的影响力空前提升，导致了奥运会项目的迅速膨胀，其发展速度变得极快，随之衍生了亚运会、残疾人运动会等比赛。由于奥林匹克艺术活动的兴起，比赛场馆不再是过去简单的小场馆了，取而代之的是更加艺术化的大型场馆。奥运设施与现代化技术的结合运用越来越紧密，催生了许多新兴产业。

这一时期的思想意识形态也产生了不同的观点，主要争论的分歧在于参赛运动员的身份问题。尽管19世纪末形成的“业余主义”一直是奥林匹克运动的基础思想之一，但到了该阶段开始动摇，如何解决奥林匹克运动的业余性和高水平运动员职业化之间的矛盾成了亟待解决的问题。

1. 政治格局对奥运会的影响：抵制、恐怖

奥林匹克运动的迅速发展也引发了一系列新的问题，1952年赫尔辛基奥运会以来，政治对奥运会的影响步入一个新的阶段。两大阵营的对峙与冲突、种族主义与反种族主义的斗争、各种意识形态的对立等，都对奥运会产生了深刻的影响。与此同时，恐怖主义分子出于政治目的，开始将奥运会作为自己的攻击目标。出于政治原因而对奥运会实行的抵制连续不断，规模越来越大。

2. 商业化与职业化的冲击：兴奋剂、运动员的性别问题、经济危机

20世纪60年代中期以来，奥运会作为一种文化商品的趋势已露端倪，国际奥委会的“业余”禁条屡被触动，奥运会呈现出与经济相结合的强劲势头，奥运会比赛中欺骗行为有所抬头。首先，违禁药品的滥用日益严重，1960年罗马奥运会出现奥运史上第一例运动员因服用兴奋剂而丧生的事故，兴奋剂问题开始引起人们的注意。其次，在女子项目的比赛中出现了有男性特征的运动员，运动员的性别问题也成为人们关注的对象。

随着奥运会的膨胀，举办奥运会所需要的人、财、物等各种资源的投入急剧增加，而旧有的筹资方式远不能满足举办奥运会的需要，再加上举办奥运会对当地居民生活环境产生影响，一些居民反对在自己的城市举办奥运会，如美国的丹佛市就因此而不得不将已经得到的1972年冬季奥运会举办权交回，由国际奥委会另选城市。1976年蒙特利尔因举办奥运会而债台高筑。奥运会出现了经济危机。

3. 奥林匹克运动组织内部的矛盾：“委员自选”和“逆向代表”导致奥林匹克运动的三大支柱之间的合作关系出现危险的裂缝

“委员自选”和“逆向代表”是国际奥委会最重要的组织原则。顾拜旦1908年时说，国际奥委会从成立开始，即受到“攻击、陷害和阻碍”，其原因就是这两项原则激怒了“已习惯于选举”的公众。在这种情况下奥林匹克运动之所以能够存在并发展，不仅因为奥林匹克主义代表了各国人民的共同理想，还因为国际奥委会通过“委员自选”及“逆向

代表”等在组织上对政治、经济势力的影响进行控制和制约保持了自身的独立性，否则奥林匹克主义随同由各国奥委会或各个国际单项体育联合会的代表组成的最高委员会一起，将在几年内死亡。

但是，时过境迁，组织原则的历史必然性和合理性并不能消除已经出现的矛盾。例如，由于历史原因，国际奥委会确实存在委员地域分布不平衡的情况，欧美所占的比重大于亚、非国家。这不利于在世界范围内传播奥林匹克主义，开展奥林匹克运动，国际奥委会已经注意到了这一点。1981～1992 年国际奥委会新增选的 55 名委员当中，36 名来自亚洲、非洲、拉丁美洲及欧洲不发达国家，占新增选总数的 65%。同时，影响越来越大的国际单项体育组织也抱怨奥委会听不到自己的声音。为了集聚各自的力量，各国际单项体育联合会于 1967 年成立了国际单项体育联合会总会，各个国家的国家奥委会也于 1979 年成立了国家奥委会协会。

奥林匹克运动三大支柱的合作关系出现了危险的裂痕，它们共议大事、互相沟通的奥林匹克代表大会也已自 1930 年起处于休眠状态。此外，尽管二战后大批新获独立的第三世界国家加入奥林匹克运动，但在布伦戴奇任国际奥委会主席的 20 年间仅增加了 6 名国际奥委会委员，发展中国家的呼声受到忽视。于是，自 20 世纪 60 年代后期以来，国际奥委会内外交困，风雨飘摇，其全部资产到 1972 年只剩下区区 200 万美元。奥林匹克运动积蓄已久的各种矛盾发展到了非解决不可的程度。旧的模式已无能为力，而新的模式、新的运行机制尚未建立起来。

（四）模式的改革与创新

进入 1980 年以来，奥林匹克运动步入了改革与创新阶段，这一阶段的主要任务是要将奥林匹克运动的模式由古板封闭的模式转为多元的开放模式，目的是适应现代社会需求。奥林匹克运动在经历了积极发展的一段时期后，陷入了封闭的自我运行模式，尤其是将其独立于政治之外这一观点，使得奥林匹克运动变得不切实际，与现实生活脱节。不与现实接轨导致的最终结果就是被社会淘汰，为了解决这一问题，归根到底就是要打破固有的保守模式，慎重坚定地进行改革和创新，引入市场运营机制，与政府和其他组织进行合作，使奥林匹克运动焕发新的健康生机。

1972 年，爱尔兰人基拉宁接替布伦戴奇，出任国际奥委会第六任主席。1980 年西班牙人萨马兰奇接替基拉宁，出任国际奥委会第七任主席，拉开了改革的序幕。奥林匹克精神从理想主义转向现实主义，是这种转变最核心的内容。这种现实主义的态度并没有泯灭奥林匹克精神，而是使之更能适应社会发展的现实需要。随着奥林匹克运动在反对种族隔离、反对国际恐怖活动的斗争和促进体育平等与国际合作等方面的积极表现，奥林匹克精神更加深入人心。

观念上的转变带来了奥林匹克运动从组织到实践的重大改革。这些改革可以概括为三个开放：向政治开放、向国际体育界开放和向市场开放。

1. 向政治开放：加强与各国家奥委会的联系，提高了国际奥委会的地位

萨马兰奇承认了战后国际政治和社会发展的现实，不但恢复了中华人民共和国奥委会的合法席位，还加强了与有关国际组织和各国政府的联系与合作。

进一步扩大了奥林匹克运动向国际政治开放的程度：让国际奥委会向妇女开放，向种族歧视和种族隔离制度宣战，加强与联合国教科文组织和卫生组织等的对话与合作，向各国政界显要授勋。国际奥委会与各国政要不再隔膜、对立，萨马兰奇在全世界都受到了国家元首般的欢迎。

对萨马兰奇来说，对政治开放不是目的而是手段，目的是扩大奥林匹克运动的影响，提高奥林匹克运动的地位，从而促进奥林匹克运动的发展。

2. 向国际体育界开放：加强与各国际单项体育组织的联系

对于随战后世界体育发展而出现的各国际单项体育组织和发展中国家要求在国际奥委会内拥有更多发言权的潮流，布伦戴奇选择了漠视和对抗，萨马兰奇却聪明地选择了对话和合作。他采用逐步向职业运动员开放、成立夏季奥运会项目委员会和冬季奥运会项目委员会的方式，缓和了与各国际单项运动组织的关系；又力排众议，将影响最大的国际足联和国际田联的领导人阿维兰热与内比奥罗增补为国际奥委会委员。通过成立各国奥委会总会、大洲奥委会组织和运动员委员会等组织，密切了国际奥委会与各国奥委会和运动员的联系。

20 世纪 90 年代，为了适应奥林匹克大家庭空前壮大和世界体育空前发展的现实，国际奥委会又进行了力度更大的改革：国际奥委会不再固守逆向代表制的委员产生原则，而是通过增补部分国际单项运动组织领导人和部分运动员代表为国际奥委会委员的方式，加大了国际奥委会的代表性，也使国际奥委会的贵族化色彩开始有所淡化。至此，一度剑拔弩张的国际奥委会、国际单项运动组织、国家奥委会之间的紧张关系，代之以和谐与合作。尽管在利益分配等问题上，国际奥委会与国际田联、国际足联等还有矛盾，但对抗已不复存在。

3. 向市场开放：奥运会运作模式的市场化、职业运动员的参赛等

1976 年，蒙特利尔亏空超过 10 亿美元，这种情况下，1984 年的奥运会只有洛杉矶一个城市参加了申办活动。市议会通过了一项不准动用公共基金筹办奥运会的市宪章修正案。走投无路的洛杉矶只好向国际奥委会申请。萨马兰奇为了奥运会这项盛会能够生存下去，决心走商业化的改革之路。

萨马兰奇决定以拍卖的方式出售电视转播权。1984 年，他签署了上任后的第一份转播合同，卡尔加里冬奥会将转播权出售给了美国广播公司（american broadcasting company, ABC），价格超过原来的 3 倍，整整增加了 2.175 亿美元。此后，吸引商业赞助、将全世界有实力的企业吸引进奥林匹克运动的全球赞助商计划（the olympic program, TOP）计划使奥运会成为全世界最热闹、最赚钱的体育盛会。

洛杉矶奥运会盈利 2.25 亿美元，悉尼奥运会超过 14 亿美元，雅典奥运会超过 16 亿美元……奥运会从此活过来了。

（五）奥林匹克面临的新挑战

1. 腐败问题：2000 年美国盐湖城冬奥会申办过程中出现的受贿丑闻

1998 年底，媒体上爆出了美国盐湖城申办 2002 年冬奥会向国际奥委会委员行贿的丑闻，在国际上引起轩然大波。国际奥委会形象受到严重玷污。来自美国和欧洲联盟的一些政府纷纷表示，国际奥委会已经没有道德上的资格来领导全世界的体育运动。有人还主张奥运会改由联合国教科文组织来领导，或者由运动员自己选出来的机构来领导。

2. 国际奥委会自身的问题：委员任期过长、委员的产生办法不符合时代的潮流和国际奥委会内部没有一个监督机构

这些深层次的原因最终造成了盐湖城申办冬季奥运会过程中的丑闻。国际奥委会内部的斗争使得这场危机更加复杂。世界体育界和国际奥委会中历来都有拉丁集团和以英美为主的盎格鲁-撒克逊集团的斗争。过去世界体育领导权主要掌握在后者手里。20 世纪 80 年代以后，主要的国际体育组织大多改由拉丁集团掌握。与此同时，国际奥委会内部欧美集团对亚非集团发言权的逐步增长尤具戒心。丑闻开始时就有人把矛头指向亚非籍委员身上。内外矛盾的结合使得这场斗争更加复杂激烈。

1999 年 3 月 17 和 18 日，在国际奥委会第 108 次特别会议上作出了 4 项重要决定：第一，处理违纪委员。开除 6 名委员；对 9 名委员分别给予最严重警告、严重警告和警告处分。这样，连同会前已主动辞职的 4 名委员，共处理了 19 名委员。第二，改变 2006 年冬奥会申办城市选择办法。成立挑选团，该团由四方面组成：国际奥委会的委员 8 人，冬季项目国际单项组织代表 1 人，各国奥委会代表 1 人，运动员代表 3 人，共 16 人。挑选团成员都在投票确定冬奥会地点的当天选出。挑选团从 6 个申办城市中选出 2 个最后决赛的城市。接着由全体委员会议以不记名投票方式在 2 个城市中选出一个，整个过程全封闭。第三，成立道德委员会，负责制定有关行为准则，出现问题由这个专门委员会向执委会提出处分建议。委员会由 7～8 人组成，其中有 3 名国际奥委会委员，1 名运动员代表、社会人士 3～4 名。第四，成立改革委员会，由 20～24 名成员组成，一半是委员，另一半是了解体育的社会知名人士，其任务是对国际奥委会的改革进行讨论并提出方案。

尽管这场危机已经顺利地度过了，但暴力和恐怖活动、兴奋剂、经济利益等造成的道德危机，仍是威胁奥林匹克运动以至当代国际体坛的三个毒瘤。

如何应对它们给奥林匹克运动和当代体育带来的挑战，带领奥林匹克运动继续发展，是萨马兰奇的继任者、新任国际奥委会主席罗格的艰巨任务。

国际奥委会的改革如下：

第一，关于国际奥委会的行政管理，将贯彻民主和公开的原则，并加强内外沟通。

第二，改革国际奥委会委员的产生方式，进一步强调其代表性，委员有任期规定，2～3 个奥运会周期。

第三，改革奥运会举办地点选定办法。

第四，建立更加严格的监督机制和财务审计制度。

罗格在其体育宣言中提出：“更干净、更人性、更团结。”

四、现代奥林匹克运动的未来

在经历了大动荡时代过后，奥林匹克正在一点一点地发展。然而要维持稳步发展的最好方法就是要清楚问题的所在，只有解决了主要矛盾才能更好地扫清发展路途上的障碍。

（一）面临的挑战

现代奥林匹克面临的挑战是来自多方面的，主要包括经济、政治、道德这几方面。

1. 来自经济方面的问题

来自经济方面的挑战主要是来源于商业运作和运动员职业化。一方面，20 世纪后期，奥运商业化已经成为一种十分普遍的趋势，市场经济与奥运会互为对方创造机遇，但与此同时，商业化也成为一把双刃剑，一旦使用不当就会使奥林匹克运动失去其本身意义，沦为机械的商业化的奴仆。奥林匹克精神为此想要进行创新，引入市场机制，对未来的发展具有开拓性的意义。但想要协调好各方面机制的运行，仍是一个不小的挑战。另一方面，将奥运会的赛场向职业运动员开放已经成为一个必然的趋势，可以借此提升奥林匹克竞赛的整体竞技水平。然而自现代体育诞生之时，业余与职业的争议就一直存在。争论的中心问题在于当职业运动员争夺某项单项运动项目冠军时，易引起体育市场秩序混乱，产生与国际组织在经济上的冲突。

2. 来自政治方面的挑战

不同的历史背景下政治因素对奥林匹克发展的干预是不同的。在经历过 20 世纪 70 年代的一场规模最大的政治抵制运动之后，再次出现这种大规模抵制的可能性大大减少。由于世界正在向多极化的局势发展，来自民族主义高涨情绪的挑战正在卷土重来。不仅如此，“9・11”事件后，恐怖主义对于奥运会安全的挑战仍未停歇，安全变成了各方都关注的主要问题。

3. 来自道德方面的挑战

道德对于奥林匹克运动的发展具有束缚作用，兴奋剂的蠢蠢欲动和体育组织管理者的职业道德的坚守都为规范道德约束增加了不少难度。萨马兰奇曾对兴奋剂下过著名的“死亡定义”：“服用兴奋剂就是走向死亡。”这句话不单单是指生理上的死亡，也指精神和理智上的死亡。奥林匹克运动在反兴奋剂的路途中从未停歇，而事实表明，事例的发生也从未间断，这为奥林匹克运动蒙上了一层不光彩的阴影。

体育赛事组织管理者与体育执法者的职业道德操守是否腐坏也同等重要。奥林匹克运动的精神强调公正、公平，这深深对应着组织管理者与执法者的身份行为。一棵大树的腐败是从根部从内向外开始的，倘若一个组织人员的道德操守不能牢牢坚持住，那么奥林匹克运动的反腐败斗争将在曲折中缓慢前进。

（二）采取措施及发展前景

奥林匹克运动已经在漫长的改革过程中发生了巨大的变化，然而发展并不可能止步于此。随着新旧模式的更替，伴随着新机遇产生的是新的挑战。在面对这些挑战时，国家奥委会采取了一些有效的措施，具有针对性的应对，主要概括为以下几点。

第一，在引进市场运行机制的同时对其加以控制。为了遏制过度商业化，国际奥委会颁布了具有针对性的方针：不允许场地广告；控制赞助商的数量；进行“干净”地转播。

第二，对职业运动员进行控制。

第三，与兴奋剂坚持斗争到底。值得庆幸的是，世界反兴奋剂组织已经逐步规范完善起来，并得到了大部分国家和国际联合会的支持，并由此提供经费支持。

第四，保持自身独立性，不过多与政治等接触，避免沦为政治工具。

现代奥运会经过改革，已经由当初的以一个地区为中心的体育活动赛事转变成为侧重全球化的体育赛事活动，改革还在继续，组织者们对于现代奥林匹克运动的期望从未停止，人们拭目以待一个更加美好、更加理想的现代奥运。

第二节　现代奥林匹克运动文化

一、奥林匹克运动的思想体系

奥林匹克主义的目的在于使体育运动为人类的和谐发展服务，从而促进人的身心健康发展、推动建立一个关心尊重人类尊严的社会。奥林匹克运动在经历了数百年的发展过程中，仍然保持着蓬勃发展的繁荣态势，其主要原因在于漫长演变过程中形成了以奥林匹克主义为核心的奥林匹克思想体系，为奥林匹克运动的发展提供了坚实的科学基础，成为奥林匹克运动的“活的指南”。对奥林匹克思想了解越深入，对奥林匹克运动的认识就会随之更清晰。

（一）奥林匹克主义的概念

“奥林匹克主义”一词最先是由“奥林匹克之父”顾拜旦先生提出的，尽管他在不同场合对其有着不同的解释，但这并不妨碍他对奥林匹克主义的阐述。概念是指人们在对事物认识的过程中，由感性认识上升为理性认识，将具体事物抽象化地反映。因此，要准确地掌握某一事物的概念就需要对事物有全方位的了解和把握。然而在顾拜旦的时代，奥林匹克运动的发展还处在尚未成熟阶段，各方面的特征才刚刚显露，因此有很多不同的解释。

《奥林匹克宪章》中对奥林匹克主义进行了概括："奥林匹克主义是增强体质、意志和精神并使之全面均衡发展的一种生活哲学。奥林匹克主义谋求体育运动与文化和教育相融合，创造一种以奋斗为乐、发挥良好榜样的教育作用并尊重基本公德原则为基础的生活方式。"这个定义明确指出：奥林匹克主义的中心思想是人的和谐发展；是将身、心、精神等各方面品质结合起来，并提高人生境界的一种人生哲学。奥林匹克主义主张体育与教育并行，在奋斗中体验生活的乐趣，发挥榜样的力量。

（二）奥林匹克主义的主要内容

（1）中心思想是人的和谐发展：人们对于奥林匹克主义的解读虽然各不相同，但其带给人们的中心思想是共通的，即奥林匹克运动给人的全面发展带来的促进作用。奥林匹克主义与文化教育从来都是密不可分的，奥运会也并不仅是对名誉、奖金及比赛结果的追求，而是要通过增强体质、培养意志品质使人得以全面发展；通过身体锻炼使身体素质得以提升；通过体育与教育融合使道德文化素质上升。英国人认为"足球是一项培养会踢球的全面发展的人的运动"，与此同时英国人认为"篮球的本质是通过这项运动培养全面发展的人"。在以人为本的当代社会，竞技体育已经不单单是过去单一的夺标运动了，而是注入了"人性化"的灵魂，也就是说在注重技术发展的同时也要注重人格的培养。只注重身体和智力的培育，忽视人格教育所造成的事故在当代社会不计其数。因此，教育作为培养人的工具，必须具有富有奥林匹克主义的超前眼光，站在全人类发展的高度，为社会培养更多更优质的全面发展的人。

（2）体育运动是提高人生境界的一种哲学：要使得人全面发展得以实现，就必须要借助具体的工具，奥林匹克主义正是奥林匹克运动得以发展的具体途径。《奥林匹克宪章》中明确提出："奥林匹克主义是将身、心和精神方面的各种品质均衡地结合起来，并使之得到提高的一种人生哲学。"奥林匹克主义将体育运动与文化和教育融为一体，使人们身体与心灵、精神与品质得到完美和谐，使人类的潜能与美德得到充分开发，它是迄今为止人类最优良、最完善的生活哲学。

（3）奥林匹克主义主张体育、教育并行：教育是奥林匹克主义的核心内容，顾拜旦创立奥运会的目的在于创设一种新的教育方式去教育青年，以新的视角促进人的身心和谐发展。现代人生活中最重要的就是教育，顾拜旦就是从这一角度出发，目的在于将竞技体育与教育融合发展。奥林匹克教育的思想不同于工业社会时期，它通过平等的、具有奥林匹克精神的体育活动来教育青年人，进而促进一个美好、和谐社会的构建。

（4）奥林匹克主义要发挥榜样的力量：一个优秀的运动员的培养过程必须要经过艰苦的磨砺才能取得成就，这也是奥林匹克精神所赠予运动员的"礼物"。在运动员成长的过程中，必须具备面对失败的勇气、不畏挫折的顽强精神、敢于挑战的拼搏精神、戒骄戒躁的谦虚谨慎等优秀品质。当运动员出现在奥运会这种世界瞩目的赛场上时，运动员是具有一定的公众影响力的，其一言一行都会在群众之间造成深刻的影响，因此发挥榜样的力量、带领公众树立正确的价值观、传播积极影响是至关重要的。

（三）奥林匹克运动的宗旨

根据《奥林匹克宪章》可知，奥林匹克运动的宗旨是“通过开展没有任何形式的歧视并按照奥林匹克精神——以互相理解、友谊、团结和公平对待精神的体育活动来教育青年，从而为建立一个和平而更美好的世界做出贡献。”可精练概括为和平、友谊、进步。奥林匹克宗旨的基本含义包括以下方面。

首先，奥林匹克运动的目标是促进人类社会向着真善美的方向发展。其次，奥林匹克运动希望通过富有人文精神的体育运动来实现自己的宗旨，在各国青年之间建立起友谊的桥梁。它作为一种改造社会的力量，推进世界各国人民实现和平交往。

（四）奥林匹克精神

国际奥委会在《奥林匹克宪章》中“奥林匹克主义的原则”条款中有这样一段话“每一个人都应享有从事体育运动的可能性，而不受任何形式的歧视，并体现相互理解、友谊、团结和公平竞争的奥林匹克精神”，其也称现代奥林匹克精神。奥林匹克精神的内涵十分多元，如“更高、更快、更强”的拼搏思想；“重要的是参与而不是取胜”的参与精神；“人的和谐发展”和“维护人的尊严”的精神等。“团结、友谊、和平、进步”是奥林匹克精神的重要内容。奥林匹克精神最突出的体现在奥运会的竞赛活动中。

1. 奥林匹克精神的时代背景

顾拜旦自青少年时期就潜心不同的教育体系和古代历史及奥运会的研究，他的主张有复兴古奥运会、学习古希腊的教育方法、使用体育竞赛的方法来教育青年。即便他主张复兴古奥运会，但其核心思想并不古板。在他的主张中，极力强调运动会的国际性、运动形式的多样性、人民之间的友好合作等，将使世界和平得以巩固、参赛种族歧视得以消除。这便是现代奥林匹克精神的诞生初始。

在资产阶级打通世界壁垒之前，各个国家和地区都处于相对封闭、闭关锁国的自给自足状态，直到资产阶级的到来才开始改变。马克思、恩格斯在《共产党宣言》中深刻感悟：“资产阶级，由于开拓了世界市场，使一切国家的生产和消费都变成世界性的了……”现代奥运会作为一种国际性的运动，集中了来自世界各地的运动员、工作人员、裁判们，他们的肤色不同、种族不同、语言和生活方式都有着各色的差异，甚至国与国之间、各民族之间也常常会因为经济、文化、政治等方面的冲突而扩大文化差异的鸿沟。一方面，各国家被裹挟在资本主义不断向前发展的洪流中共同前进；另一方面，他们又保持着各自独有文化的延续。现代奥运会正是处于这种背景下产生的，4 年一度的奥运会是来自世界各地文化的一次盛大聚会。那么，面对各式文化差异，如何协调它们和谐共处，如何使人们在接受本身文化的同时尊重其他文化，如何促进文化间的交流与融合，成了现代奥林匹克运动不得不面对的问题。这便体现出奥林匹克精神的必要性，“相互理解、友谊、团结、公平比赛”很好地诠释了这些问题。奥林匹克精神强调对待文化差异时应互相理解，即便不能接受也应尊重他人文化；各民族、种族之间形成良好的友谊互动，相互团结，为现代奥林匹克运动创造了和谐的精神氛围；对待比赛秉持公平公正原则，坚决杜绝个人化偏见，以世界公民的博大胸怀包容、尊重、求同存异、共同推进现代奥林匹克运动的进步。

2. 奥林匹克精神的主要内容

（1）团结友谊的奥林匹克精神：在竞技赛场上，许多运动员都是切实践行奥林匹克精神的运动典范。例如，1996 年美国亚特兰大奥运会上，尽管希腊和土耳其的关系局势紧张，但希腊运动员列奥尼迪斯和土耳其运动员苏莱马诺吕在举重冠军角逐中结下了深厚的友谊。又如，在 2012 年伦敦奥运会的赛场上，匈牙利运动员巴吉・巴拉扎斯搀扶着摔倒的刘翔走出赛场。上述几位的高尚品德，是对团结友谊的奥林匹克精神最好的诠释。

（2）公平比赛的奥林匹克精神：在奥林匹克精神中最重要的精神就是“公平比赛”，它以其他几项为基础，有着十分丰富的精神内涵。“公平比赛”的精神从申办即开始体现，充斥着筹备和举办过程的每一方面。在申办时，无论大国小国、资本主义国家还是社会主义国家、发达国家或是发展中国家都必须一视同仁，都具有申办奥运会的权利。在举办过程中，必须一律平等，公平对待，反对种族歧视、性别歧视、国别歧视等行为。观众即便拥有爱国之情也应尊重对手，不可在竞技场上公然侮辱对手；裁判应公正制裁，严禁贿赂和黑哨现象出现；运动员要遵守比赛规则，尊重对手和自身。

（3）顽强拼搏的奥林匹克精神：《奥林匹克宪章》第 1 章第 14 条规定：“奥林匹克格言‘更高、更快、更强’，是国际奥委会对于一切属于奥林匹克运动的人们的号召，鼓励他们本着奥林匹克精神前进。”这句话充分地表达了奥林匹克精神带给人们的深刻含义：永不止步、永不满足、敢于挑战、自我突破、一直进取的积极拼搏精神。它激励着人们在奋斗中不断前行，不断向更高的新目标勇进，也推动着现代奥林匹克运动的进步。

（五）奥林匹克的格言

现代奥林匹克精神是以古典人文主义和科学主义为其理论思想基础构建的。古典人文主义起源于文艺复兴时期，这一思想将人们从上帝的世界中解救出来，重新确定了人的世俗地位。它的中心思想在于肯定人的价值，不仅人的身体要从旧俗中解放，人的思想也应当从宗教的禁锢中解放出来，个人意志应得到尊重。随着社会现代化及科学技术的逐渐成熟，人们利用科学技术的成果成功地验证了许多未知的现象，对未知领域进行了探索，实现了许多从前看来遥不可及的奇迹，更加强化了“人定胜天”的信念。

1.“更高、更快、更强”

作为奥林匹克最为著名的格言，“更高、更快、更强”正是诞生在上列解放与探索的思想当中，并且在科学技术不断创新的帮助下得以巩固，也随着世界多元化的加深不断扩大影响力。这句话最初的提出者是顾拜旦的好友，巴黎阿奎埃尔修道院院长亨利・马丁・迪东。1981 年他在巴黎创立了一所体育学校，“更高、更快、更强”作为该学校校训，其后经顾拜旦提议并于1913年得到国际奥委会的正式批准将这条格言写入《奥林匹克宪章》，并于1920年在第6次奥林匹克代表大会上正式成为奥林匹克标志的一部分。“更高、更快、更强”这一格言虽然只有短短六个字，却反映了人们对于现实永不满足、不停进步的拼搏精神，在赛场上无畏对手、挑战自己、勇攀高峰，在生活中迎难而上、永不放弃。它不仅运用于竞技赛场上的运动员们，也对人们的日常生活起了很好的激励。

2.“重在参与”

除了“更高、更快、更强”这一广为流传的话，在奥林匹克的赛场上还有一句话也广为人知，那就是“重要的是参加，而不是取胜”。这是顾拜旦1908年于第4届伦敦奥运会的讲话上提出的一段话：“在奥林匹克运动会上，取胜不像参加那样重要。”随后他对这段话作了更精髓的总结：“生活中重要的不是凯旋而是奋斗，其精髓不是为了获胜而是使人类变得更勇敢、更健壮、更谨慎和更落落大方。这是我们国际奥委会的指导思想。”

有人认为“重在参与”与“更高、更快、更强”相悖，但其实并不是。参与者在参与赛事过程中培养了自身高尚的品质、态度的真诚及对理想的追求，其意义远远超过了取得的名次和奖牌。作为竞技运动员在备赛的过程中他的身体得到了锻炼，意志也得以磨砺，品德得以提升，即便是最后没有取得很好的成绩，但在此过程中积累下的都为其今后的爆发打下了坚实的基础。在参与的过程中，运动员们不断地超越自己和超越他人，才能在更快、更高、更强之中寻找自我，实现自我。所以“参与”意识正是世界各国和各地区绝大多数运动员参加奥林匹克运动所需要树立的正确价值观。观众在观赏赛事的过程中也欣赏到了力与美的较量、竞技水平的高超，目的在于享受这一过程。“重要的是参加，而不是取胜”正是说明了这一点，人们无论出于何种身份，在奥林匹克运动中的收获大部分皆来自“参与”的过程。一个比赛中只存在一个冠军，来自各个国家的运动员们即便明知自身夺冠希望渺茫，但在赛场上仍尽全力去拼搏，赛场下也为其他选手真诚地加油鼓气、欢呼祝贺。他们不是甘心沦为陪衬，不是为金牌选手甘做分母，而是在这个参与的过程中，他们已经不断地超越了自己，实现了自身的价值。

二、奥林匹克运动的组织体系

奥林匹克思想体系之所以能够得以贯彻实施，其根本离不开奥林匹克各组织的协助与配合。奥林匹克运动是一个具有完备结构、齐全功能的组织体系，它的主体内容包括国际奥委会、国际单项体育联合会和各个国家地区的奥委会三部分。奥林匹克运动在这三者的相互协调配合、相互作用下发展得愈加蓬勃。

（一）国际奥委会

1.国际奥委会的性质与功能

国际奥委会是具有国际性的、非政府、非营利的组织，它是奥林匹克运动的最高权力机构，在《奥林匹克宪章》的领导下管理奥林匹克运动以维持正确运行轨迹。

2. 国际奥委会的组织结构

国际奥委会主要包括四个部分，分别为全体委员会议、执行委员会、总部及专门委员会。各部分的功能虽然不尽相同，但都相互辅助、协调作用，构成了国际奥委会。

（1）国际奥委会全体委员会议：又称全会，是国际奥委会的最高权力机构，主要权力如下：对所有重大问题持有决策权；有权选举主席和各级委员；对申报奥运会主办城市具有遴选权；有权处理奥林匹克宪章或法律的相关事宜等。

（2）国际奥委会执行委员会：国际奥委会执行委员会又称执委会，是全会的下级部门，是由全会授权的，履行国际奥委会职责的常设部门。其权力包括维护《奥林匹克宪章》；承担国际奥委会行政管理的最终职责；批准国际奥委会的内部组织，以及一切与组织相关的内部规章；管理财政部门，准备年度报告；推选候选人名单上报全会；制定全会的议程；决定部门高层人员的职位调动；保管国际档案；以合适的标准制定一切必要规章来确保《奥林匹克宪章》处于正确实施轨迹及奥运会的举办（4～5 年举办一次）。

（3）国际奥委会总部：是处理奥林匹克运动日常事务的行政管理机构。总部的工作由总干事完成，负责处理协调国际关系及奥运会协调工作等。

（4）国际奥委会专门委员会：是针对国际奥委会主席工作需要的问题而成立的，主要对专门问题进行研究，向执行委员会提出建设性意见的机构。它的特点是变动性很强，表现在完成使命后就撤销。

3. 国际奥委会成员

（1）国际奥委会主席：采取"轮流制"，这一规定是由顾拜旦制定的，即奥运会举办国的委员担任主席。任期为 8 年，只可连任一届。主席的主要工作就是作为法人代表，主持国际奥委会的全部活动。

（2）国际奥委会委员：国际奥委会委员候选人由国际奥委会委员、国际奥委会运动员委员、奥运会项目国际单项体育联合会、国家奥委会等个人或组织提名，被提名的 7 人组成提名委员会，并将接受资格审查。提名委员会候选人必备条件为必须有运动员经历或者有从事体育事业相关经历，严格遵守奥林匹克道德规范约束并坚决谨记奥林匹克誓言。候选人将以书面的形式报告，最后由全会秘密投票选出新一届的国际奥委会委员。《奥林匹克宪章》中明确规定了国际奥委会委员应尽的义务包括：遵循《奥林匹克宪章》和《道德准则》及国际奥委会其他规则；全体会议保证出席；参与国际委员会下达的工作任务。

（二）与奥运会有关的国际单项体育联合会

国际单项体育联合会是管辖世界范围内的单项或者多项运动，并且接纳管辖这些项目的国家和地区级别团体的非官方组织的具有国际性的团体。国际单项体育联合会从字面上看，它具有管理单项运动项目的独立权利，但仍然是在严格遵循《奥林匹克宪章》的基础之上。

根据《奥林匹克宪章》规定，国际单项体育联合会在奥林匹克运动中的主要任务是制定并管理该单项运动项目的规则并且负责推广及正常运行；制定其在奥运会中的竞赛规则 / 参赛标准；参与该项目的技术指导。

（三）国家奥林匹克委员会

国家奥林匹克委员会（简称国家奥委会），是经过《奥林匹克宪章》承认后建立的，负责一个国家或地区奥林匹克运动开展的组织。《奥林匹克宪章》中对于国家奥委会的任务 / 作用 / 组成部分等作了明确详细的规定。国家奥委会是奥林匹克运动在一个国家或地区得以开展的唯一合法者，是奥林匹克运动的基本单位。其具体职能包括维护和发展奥林匹克运动在各自地区的态势；保证《奥林匹克宪章》在各地区的严格遵守；促进运动项目技术水平提升；树立良好的体育道德风尚。

国家奥委会的构成必须包含以下三点规定：第一，如果该国有国际奥委会成员，那么这些委员就首先成为国际奥委会的成员，并拥有投票权。第二，必须包括管辖奥运会项目的国际单项体育联合会所属的所有全国单项体育协会或者由他们指派的代表。第三，包括参加过奥运会的在役或退役运动员。

（四）国际奥委会、国际单项体育联合会、国家奥委会三者之间关系

奥运会三大支柱的关系是在国际奥委会领导下三者的相互协调、配合的关系。如果将奥林匹克运动比作个体来看，那么国家奥委会就是核心部分，作为坚实基础的存在；国际单项体育联合会即四肢，协调配合运作；国际奥委会就是充当大脑作用，进行指挥。即使三大支柱有共同点，但当不同点起冲突时，所带来的还是会对奥林匹克运动造成损害。因此就需要《奥林匹克宪章》发挥作用，使三者保持在合适又高效运作位置结构。例如，权力高度集中在国际奥委会；保持资源共享；保证必要人员的重复。

三、奥林匹克运动的社会价值

（一）奥林匹克运动的政治价值

步入阶级社会以来，各阶级、各种族及各民族之间的冲突和战争给人类社会带来了大大小小的冲击，甚至是灾难，但同时也成为推动社会前进发展的动力。奥林匹克运动作为阶级性的社会运动，与政治存在着千丝万缕的联系。奥运史专家艾伦·哥特曼教授指出：“无论如何，政治这一术语在其广泛意义上一直是奥林匹克的一部分。”政治对于奥林匹克运动产生的影响和作用无处不在，脱离政治的奥林匹克运动是不现实的。现代奥林匹克运动具有其自身特点的政治价值。

1. 维护和平，抵制战争，促进国际交流

奥林匹克运动的宗旨为引导人们为建立和平美好的世界而努力，这一宗旨充分地体现

出全世界人民对和平的美好向往。世界历史在演变的过程中，充斥着国与国、民族之间、种族之间的战争，对人们的生活及心灵造成了不可磨灭的伤害。自现代奥运会创立之后，国际奥委会期望以这项运动来化解仇恨，使民族得以坦诚相见，携手让世界充满爱。

回顾历史，奥林匹克运动几度成为化解国家问题的关键工具。例如，当时的南、北朝鲜在共同组队参加奥运会的问题上展开探讨，给双方提供了一个直接对话的平台。奥林匹克运动正是通过此种方式弘扬奥林匹克精神、维护世界和平、加强各国人民之间交流了解。

2. 反对种族歧视，促进平等对待

《奥林匹克宪章》中规定："以种族、宗教、政治、性别或其他理由对某个国家或个人的歧视都与奥林匹克运动成员的身份不相容。"不同于古代奥林匹克运动仅局限于血统的要求，现代奥运会在创立之初就设定"邀请所有文明民族参加"，这也是奥林匹克精神所强调的内容。

3. 推进爱国主义与国际主义相统一

爱国主义与国际主义是两个较不容易区分的概念，"国际主义"一词，如顾拜旦所说，这是各民族的互相尊重和崇高的欢乐之情的体现。在奥运会中将这种情感体现得淋漓尽致，如在赛场的颁奖典礼时，当其他国家的国旗冉冉升起时，无论来自哪个国家的运动员都真诚地为获奖选手感到高兴，国与国之间依靠着奥林匹克运动这一载体消除隔阂，世界渐渐成为一个多元融合的主体。

（二）奥林匹克运动的经济价值

由于奥运会是多维度的世界级盛会，因此在举办过程中需要调动社会中的各维度部门协调配合，尤其是旅游、通信、体育用品等部门的发展。办好一个成功的奥运会有助于提高国际形象，给外界以综合国力强盛之感。自 20 世纪 80 年代中期开始，奥林匹克运动对社会的经济功能影响如下。

1. 奥运会对相关产业发展的促进

国际奥林匹克运动已经成为世界上影响力最广的文化之一，因此举办一场奥运会将给这个城市带来巨大的利益收入。除了带来直接的经济收入外，还创造了大量的就业机会，间接促进了经济功能的提升。在筹备奥运会的过程之中，各相关行业都需要耗费大量的人力资源来投入建设，因此劳动力的需求就增加，为举办城市创造了大量的就业机会，大大降低了失业率。与此同时，与奥运会相关产业的产业链也随之延长，并随之向其他领域和经济领域扩散。

2. 奥运会对举办城市更新的促进

奥运会举办城市的更新主要通过以下几个方面体现出来：第一，城市改造的步伐加快。借着筹备奥运会的契机，很多城市都会进行城市更新，如翻新体育场馆、扩建马路、修整路面、设立新的环境治理体系等。第二，通过奥运村促进社区发展。第三，促进市政基础设施更新。

（三）奥林匹克运动与文化

奥林匹克运动与文化，尤其是与精神文化的结合，成为奥林匹克精神的立足点之一。各种文化形式在奥林匹克体系中起着不同的作用，奥林匹克运动与现代文化产生了各方面的联系。这种联系不仅有利于民族的交流融合与团结，对其他文化的发展及奥林匹克运动的不断进步有着不可磨灭的影响。

体育运动是一种文化现象，是人类在进行自我完善、自我发展的重要物质形式，如在体育运动中，人们常使用的体育用品器材、运动装备等，都是人们智慧的结晶。体育运动也是一种精神文化，它的功能不仅在有形的物质形态上展现，也在人的精神形态上有所呈现。奥林匹克将体育运动作为基本活动内容，因此它也是以体育运动为基本内容的一种社会文化现象。文化在奥林匹克运动中的作用具有以下几点。

1. 助力奥林匹克运动目标的实现

奥林匹克主义的中心思想是促进人的全面发展。但是在中世纪阶段，产生了一种畸形状态与中心思想完全相悖，人的物质生产和精神生产不能同步。早在创始奥林匹克运动之初，顾拜旦就提出要将奥林匹克运动看作多维度的产物，他坚决反对将奥林匹克运动看作单方面的物质文化。

2. 提升竞技运动的精神层次

进入资本主义工业社会后的西方国家，物质财富得到迅速发展，与此同时精神文化却处于相对不发达的状态，出现了明显的物质发达精神匮乏的现象。奥林匹克运动创始人顾拜旦针对这一现象作出思考，认为没有约束、秩序混乱的竞技会给比赛的公正性带来严重危害，使竞技运动无法成为实现崇高目标的工具。要解决这一问题的途径就是提高竞技运动的文化价值，将奥林匹克运动与精神文化相结合起来，发挥文化对社会的调节作用，净化人的心灵，使人们在奥林匹克运动中受到精神文化熏陶。

3. 促使奥林匹克运动更加综合化、理想化

奥林匹克运动不是一项枯燥的体育运动，他是以体育运动为基本活动内容，杂糅了多种文化的艺术表现形式，表现出了鲜明的综合性。它也是一项富有浓重的理想化色彩的运动，显示着人们对未来的美好憧憬。

奥林匹克运动的这些特点不但大大增加了其自身的内涵，也对人的社会生活产生了影响，对人的精神世界起直接作用。奥林匹克运动之所以能有这样深刻的影响，离不开各种各样文化形式对它的作用，来自各方面的文化形式从不同的角度构造了奥林匹克运动的方方面面。

（四）奥林匹克运动的环境价值

步入 20 世纪后期，环境问题越来越受到人们的重视。1992 年联合国在里约热内卢召开“环境与发展大会”后，社会各领域纷纷表决心将要在各自的领域里为保护环境贡献自

己的一份力。1996年《奥林匹克宪章》中新增了关于环境保护的条例："要确保在对环境问题负责的情况下举办奥运会，鼓励奥林匹克运动显示出对环境问题的责任感，并在行动中反映出这种责任感，教育与奥林匹克运动有关的所有人士认识到可持续发展的重要性。"为了严格遵循《奥林匹克宪章》的规定，贯彻奥林匹克精神，自此这一新的使命就落到了当代体育和奥林匹克运动的肩上。

存在于体育运动中的环境问题的主要来源来自几个方面。第一，来自体育场馆建设。为了适应现代奥运会的需要，许多的奥运项目场馆已经由自然环境转为对人工环境的需要。为了将竞技比赛的比赛条件控制在相似范围内，需要尽可能地排除不确定的自然因素。此外，一些冰雪项目场馆的修建在能源消耗、环境污染、场馆空置方面问题比较严重。

尽管环境问题产生了很多负面影响，但是奥林匹克运动的特殊优势也在环境保护中发挥着作用，主要表现在奥林匹克运动与环保目标一致，即致力于促进人类社会的持久发展。奥林匹克运动易于唤起人们的公众环保意识。奥林匹克运动中环境问题处理的示范性与迁移性，即在奥运会中处理环境问题所得的经验具有普适性，可以应用至其他方面。奥运明星具有榜样作用，通过奥运明星的示范和宣传，可以带动群众积极性。

（五）奥林匹克运动的科技价值

奥林匹克运动的飞速发展的重要因素之一离不开科学技术的进步，科技的发展程度在一定程度上也决定了社会活动的进程。而奥林匹克运动也不仅仅是被动地接受科学技术的益处，它的需求也为科学技术的前进提供了一定的动力和挑战，二者相互成就，相互促进。

奥林匹克运动与科学碰撞产生的价值有以下几点。

1. 奥林匹克运动为科学技术的发展提供了环境

体育运动作为一项重要的实践活动，为综合科技提供了一个独特的实验场。许多科学假说、体育理论都是在竞技赛场这个特殊实验场上才能得以验证。例如，对于体育场馆中现代科技的应用，只有通过高水平运动员在激烈的比赛中得出直接感受，科技工作者才能够获得最准确的改进建议来判定场馆设施是否符合竞技比赛的需要。同时它也承担着展示和交流科技成果的博览会的任务。在这个全世界瞩目的赛场上，所应用的最新的科技成果及科技知识将会以最快速度被传播出去。

2. 奥林匹克运动的需求对现代科技提出了挑战

奥林匹克运动对现代科技的挑战主要存在于：对训练科技的挑战；对材料科技的挑战；对管理科技的挑战；对建筑科技的挑战；对通信科技的挑战。

现代科学在经过全面而高速的发展过后，也成为奥林匹克运动前进发展的动力。例如，1936年的柏林奥运会上，数万人通过闭路电视观看了奥运会的实况转播，扩大了人们参与奥运会的途径。现代科技不仅从媒介方面对奥林匹克运动做出了巨大贡献，在运动服装、场馆设施、运动员技术诊断、损伤康复、运动训练、奥运会举办城市的环境保护等多方面都产生了深刻的影响，促使着奥林匹克运动不断前进发展。

第三节 中国与现代奥林匹克运动

一、建立关系（1896～1949 年）

（一）奥林匹克运动的传入与初识

相传，1895 年 8 月，在近代奥运会诞生之际，希腊王储亲笔签署了由公使转交、邀请包含中国在内的各国体育组织参加第 1 届奥运会的信函。由于清政府未作答复，故是否收到过邀请函还有待考证。迄今有据可查的、中国最早有关奥林匹克运动的信息是 1904 年，第 3 届奥运会在美国圣路易城举行后，中国的许多报纸都刊载了有关“万国运动会”（即奥运会）的简短报道，使中国人初识了奥林匹克运动。1907 年，即在 1908 年第 4 届伦敦奥运会前夕，中国的一些基督教青年会和教会学校人士开始在社会上宣传奥林匹克运动。1907 年的 10 月 24 日，著名的教育家、体育家、南开中学校长张伯苓先生在天津基督教青年会第 5 届学校联合运动会的颁奖仪式上发表演讲，对中国奥林匹克运动提出了希望，他说：“……此运动会的成功，使我对吾国选手在不久的将来参加奥林匹克运动会充满了希望，去年雅典奥运会期间，虽然许多欧洲选手技术水平很差，得奖希望渺茫，但他们仍然派许多选手参加。照此看来，我国应该立即成立一支奥林匹克运动会代表队，目前最需要的是加紧训练，指导运动员的技术水准……”1908 年，天津育年会刊物《天津青年》发表了一篇名为《竞技运动》的文章，介绍了第 4 届奥运会的情况，提出了中国应早日参加奥运会，并争取在中国举办奥运会的建议。同年的 10 月底，天津学校联合运动会的颁奖仪式上放映了奥运会的幻灯片，使目睹了奥运会盛况的中国人惊喜不已。

1910 年 8 月，上海基督教青年会发起 9 月在南京召开一次“全国运动大会”，许多中国报纸都刊登了上海基督教青年会的《通告书》，《通告书》简述了中外体育运动的差距和中国体育的进步，指出：“中国何时能参加万国运动会，又何时使万国运动会举行中土？兹值南洋赛会之时机，爰邀集全国体育家，订期 9 月 15 日，齐聚金陵，开第一次中国运动大会。”在《通告书》的鼓舞下，该年 10 月，“全国学校区分队第一次体育同盟会”在南京举行，竞赛项目有田径、足球、网球、篮球。辛亥革命后，正式称这次运动会为“第一次全国运动会”。这次运动会的召开具有划时代的意义，是中国第一次以奥运会模式和内容为榜样举行的运动会，是第一次跨省、区举行的具有全国比赛意义的运动会；它以空前的规模在中国传播了奥林匹克理想，使中国体育从此与奥林匹克运动接轨。

（二）与国际奥运会的联系

1912年，中国、日本、菲律宾三国体育界人士共同发起组织了远东奥林匹克委员会，决定每两年举行一次“远东运动会”。当1915年5月第2届远东运动会在上海举行的前夕，主办大会的上海基督教青年会接到了国际奥委会的电报，表示“承认远东运动会为其东方之支部，将来于万国运动会总干事部（即国际奥委会），中国得派代表参与会议，下次万国运动会时，中国亦得派运动家前往预赛”。从此，中国与国际奥运会发生了联系。由于第一次世界大战的爆发，中国参与奥运会的愿望当时未能实践，但以举办全运会、参加远东运动会和奥运会为中心的竞赛制度在中国逐步确立。

在全国性奥林匹克组织出现以前，中国早期的近代体育竞赛主要是由基督教青年会发起与组织的。基督教青年会还参与了中国参加远东运动会的组织工作，并通过修建体育场所、举办体育培训班、选派人才赴美留学等，为中国早期的奥林匹克运动的开展做出了积极贡献。

五四运动以后，全国收回教育权、收回体育权的呼声日盛一日。1924年8月，中华体育协进会在上海正式成立。该会第一届代表大会推选张伯苓为名誉会长、王正廷为名誉主董事、沈嗣良为名誉主任干事，董事会15名成员全部是中国人。中华体育协进会不但接管了先前由基督教青年会外籍人士把持的各种体育活动，还组织开展了更多的各种分区比赛、单项比赛、体育训练班等，并且在全国各地陆续建立了体协的分会组织。1927年后，体育协会陆续进入了国际田径、游泳、足球、篮球、网球、拳击、举重和体操等8个国际单项体育联合会。1931年，国际奥委会正式承认中华全国体育协进会为其团体会员。从此，中国与国际奥委会有了更密切的联系，并参与了国际奥委会组织的一些重大比赛活动。至1947年，中国有3人先后被遴选为国际奥委会委员，他们是王正廷、孔祥熙与董守义。其中董守义为河北蠡县人，毕业于美国春田学院体育系，先后在国立北平师范大学、国立北平大学、西北联合大学、浙江大学等校任体育系教授，并任华北体育联合会理事、中华全国体育协进会总干事、教育部体育委员会常委等职，1947年当选为国际奥委会委员。董守义在十分艰难的情况下，积极开展工作，为中国奥林匹克运动的发展做出了重要贡献。

中华人民共和国成立后，董守义积极为新中国奥林匹克运动的发展和在国际奥委会恢复我国合法席位而努力，历任中国篮球协会主席、中华全国体育总会第四届委员会副主席、中国体育运动技术委员会主任、国家体委运动司副司长等职。

（三）参加奥运会

1928年，中国获准可派代表团参加在荷兰阿姆斯特丹举行的第9届奥运会，但由于准备不足等，只派宋如海1人作为观察员出席而未参加比赛。

1932年，第10届奥运会在美国洛杉矶举行。中国原准备派足球和田径选手参加。但因九一八事变和政府对参加奥运会不感兴趣，于该年初明确表示不派运动员参加。后因日本阴谋使其傀儡伪满洲国挤入奥运会，引起了国内人士和海外华侨的愤怒，纷纷要求当局和中华全国体育协进会派人参加奥运会，粉碎日寇阴谋。在中华全国体育协进会董事、东北大学体育科主任郝更生的努力下，张学良将军慷慨解囊，给中华全国体育协进会以热心资助。1932 年 7 月，由宋君复为教练、沈嗣良任领队，只有刘长春 1 名运动员组成的中国第一个奥运代表团参加了第 10 届奥运会。虽然刘长春在所参加的 100 m 和 200 m 跑预赛中即被淘汰（400 m 跑因旅途疲倦而弃权），但由此拉开了中国参加奥运会的历史序幕，向世界宣告了中国是奥运大家庭成员和奥林匹克运动在中国的存在。

第 11 届奥运会于 1936 年在德国柏林举行，国民政府于 1935 年即令中华全国体育协进会选拔和训练运动员，又在 1936 年组成了代表团：政府代表郝更生、沈嗣良、陈时，总领队马约翰，田径、篮球、足球、游泳、举重、拳击、竞走、自行车比赛和武术表演的运动员共 69 人，同时还有一个赴欧体育考察团随同前往考察。在比赛中，除符保卢撑杆跳高进入复赛外，其他各项在初赛中即被淘汰，但武术表演引起各国体育界人士的极大兴趣。因当局未拨给足够的经费，只好靠向华侨募集捐款和球队沿途比赛门票收入解决有关费用。

1948 年，在中华全国体育协进会的努力下，中国派出了 53 人的代表团（其中运动员 33 人），参加了在伦敦举行的第 14 届奥运会。总领队王正廷、总干事董守义、总教练马约翰（后未去），参加项目有田径、足球、篮球、游泳、自行车等。中国代表团在经费严重不足的情况下出行，一路上靠义赛化缘等方法筹集盘缠，参赛中成绩不佳，各项均未能进入决赛。赛后全团因经费困难不能按时回国，有些人甚至流落他乡。

中国早期的奥林匹克运动由于得不到政府的重视和支持，只靠一些民间体育社团自发地去组织推广，缺乏大众基础，发展缓慢，运动技术在较长时间内处于较低水平。这实质上是由中国当时的政治、经济、文化教育等方面落后所致。

二、中断关系（1949～1979 年）

（一）新中国积极参与奥林匹克运动的态度与行动

1949 年 10 月下旬，中华人民共和国成立伊始就在北京召开了全国体育工作者代表大会，在中华全国体育协进会的基础上，改组建立了中华全国体育总会（简称全国体总）。1952 年全国体总在北京召开了第二届代表大会，各地也陆续建立了全国体总的地方分会。全国体总是对外代表中国的国家奥委会。

全国体总成立后，陆续改组和建立了田径、羽毛球、篮球、排球、足球、体操、举重、自行车、射击、网球、乒乓球、马术、摔跤、冰球和滑冰等一批全国性单项体育协会，又先后成立了火车头、银鹰、前卫、水利电力、煤炭和邮电等一批行业性体育运动协会。这些全国性体育协会都是全国体总的团体会员。它们在各自的范围内组织和推动体育的发展，促进运动技术水平的不断提高，负责举办全国性单项和行业运动会；对外作为该领域内唯一的全国性协会，代表中国参加各有关国际体育组织的各种活动，是中国开展奥林匹克运动的基础，各级政府和有关部门对它们的工作给予了积极的支持。

1951 年 3 月，全国体总筹委会从外交部获悉：芬兰政府期望我国能够参加将在赫尔辛基举行的第 15 届奥运会。1952 年 2 月 4 日，周恩来总理亲自签发了全国体总致国际奥委会的电报，报名参加和出席国际奥委会会议。然而，当时国际奥委会中的一些人却违背《奥林匹克宪章》的规定，拒绝承认全国体总是原中华全国体育协进会的合法继承者，声称全国体总只能以新会员资格重新申请加入奥运会，而在此之前拒绝邀请中国运动员参加。为此，中国奥委会致电国际奥委会，申明我国正义立场和要求，赢得了世界舆论和国际奥委会中正义之士及芬兰朋友的广泛支持。1952 年 7 月 17 日，国际奥委会终于作出了邀请中国运动员参赛的决定。但遗憾的是，它同时也邀请了台湾的体育组织参加，并对中国席位问题予以“保留”。经过多方面努力，以荣高棠为团长的中国代表团一行 40 人终于在奥运会开幕后赶到赫尔辛基，此时，足球、篮球赛程均已过半，仅吴传玉 1 人参加了 100 m 仰泳项赛。由于时差和晕机的影响，成绩发挥不佳，位列小组第五名而被淘汰。但是，正如周总理在代表团行前所指出的那样：“把五星红旗插到奥运会就是胜利。”国际奥委会委员、全国体总副主席董守义在国际奥委会执委会上介绍了中国奥委会改组的情况。

（二）中国与国际奥委会的交往被迫中断

第 15 届奥运会后，几次国际奥委会的会议，都对中国代表权问题进行了激烈的辩论。1954 年 5 月，在雅典举行的国际奥委会第四十九次会议终于通过决议，承认全国体总为中国奥委会。但是，国际奥委会主席布伦戴奇却将中国台湾的体育组织以“中华民国”的名义列入被奥委会承认的国家奥委会名单中，大搞“两个中国”的阴谋。在国际奥委会一系列有关会议上，董守义、荣高棠等人一再明确提议，台湾体育组织只是中国的一个地方体育组织，无权代表中国，希望国际奥委会不要制造“两个中国”，但布伦戴奇仍然顽固坚持错误立场。1956 年以后，陆续有一些国际单项体育组织在台湾方面默认的情况下，用“中华民国”的名义接纳了台湾的体育组织，允许他们占据我国的合法地位。

为了维护中国领土和主权的统一与完整，全国体总和有关单项体育运动协会，在 1958 年 8 月 19 日毅然宣布断绝了与国际奥委会的关系，同时也中断了与有关 9 个国际单项体育联合会的联系，国际奥委会委员董守义也声明拒绝与布伦戴奇合作。

（三）中国在奥林匹克运动中逐渐崛起

1958 年以后，中国和国际奥委会中的许多委员促使中国重返奥委会的努力从未停止过。1971 年 10 月，联合国大会以压倒多数票恢复了我国在联合国的合法席位，为我国重返国际奥委会奠定了基础。1972 年 12 月，在意大利奥委会主席的斡旋下，中国体总代表团领导和当时新任的国际奥委会第六任主席基拉宁先生在全非运动会期间见了面。基拉宁明确表示：没有中华人民共和国参加，奥运会就不能称为真正的奥运会。1979 年 11 月，国际奥委会全体委员以通信表决方式投票，结果以 62 票同意、17 票反对、8 票弃权通过决议，规定中华人民共和国奥委会的名称为“中国奥林匹克委员会”，会址北京；设在台北的奥委会的名称是“中国台北奥林匹克委员会”，其新的会旗、会歌和会徽均须经国际奥委会执委会批准。各国际体育组织也都循此解决了我国的合法席位，同时允许台湾作为我国的一个地方性组织在国际体育组织中有其地位。这是邓小平同志提出的“一国两制”的伟大构想在国际体坛的成功运用，后来被称作“奥运模式”。从 1980 年开始，海峡两岸的运动员也逐步恢复了中断 30 年之久的体育交往，共同参加奥运会和其他国际比赛。

中国参与国际奥林匹克运动，给奥林匹克运动注入了活力，也促进了中国奥林匹克运动的发展：1979 年全国体育工作会议明确提出了“为使我国进入世界体育强国行列而奋斗”的口号。

三、关系正常化（1979～1992 年）

1979 年中国正式进入国际奥林匹克委员会的合法席位，并根据邓小平先生“一国两制”的伟大构想实现了海峡两岸的正常体育事务往来，是新中国与国际奥委会关系正常化的重要历史节点，开启了中国奥运史的新纪元。

（一）新中国扬帆普莱西德湖，遥望莫斯科

在名古屋会议中恢复国际奥委会合法席位的次年，即 1980 年 2 月，新中国即迎来了第一次奥运之旅——美国普莱西德湖冬奥会。首次出征，中国组成了 56 人的代表团出席大会，其中男女运动员 28 名，工作人员及教练 8 人。代表团由中国奥委会副主席李梦华任团长、中国奥委会副秘书长何振梁任副团长。运动员们参加了速度滑冰、花样滑冰、滑雪、现代冬季两项等 18 个单项的比赛。由于中国首次参加，与世界先进水平有较大差距，无人进入前 6 名。仅从竞技成绩而言，还称不上留下“印记”，但意义非凡，五星红旗终于飘扬在了奥运会的赛场上。

同年 7 月，第 22 届夏季奥运会将在苏联首都莫斯科举办，这是奥运会第一次作客社会主义国家，也是新中国在国际奥委会恢复合法席位后迎来的第 1 届夏季奥运会，但迫于当时世界军事、政治时局，我国最终还是放弃参加莫斯科奥运会。奥运会在莫斯科遇到了最严重的危机，在莫斯科全力以赴筹备奥运会期间，苏联军队却在 1979 年圣诞节前夕出兵入侵阿富汗，此举立即遭到世界舆论的谴责。世界另一端的美国则担心此事将影响波斯湾油源的供应，开始寻求制裁苏联的方式。美国总统卡特发表声明：苏联若不在 2 月 20 日前从阿富汗撤军，美国将抵制莫斯科奥运会。直到 1980 年 5 月 24 日，苏联仍未从阿富汗撤军，美国奥委会为配合政府的抵制态度，投票决定放弃参加莫斯科奥运会。抵制奥运

会的行为也得到了其他国家的支持，日本、联邦德国、加拿大等国奥委会，纷纷支持和响应美国的抵制行动，拒绝参加莫斯科奥运会。中国奥委会也发表声明，不参加莫斯科奥运会。国际奥委会已承认的 147 个国家和地区奥委会，参赛的仅 80 个。

（二）中国再见洛杉矶

半个世纪过去了，洛杉矶再次成为第 23 届夏季奥运会的主办地。而此时的中国，刚刚恢复了在国际奥委会中的合法席位。显然这里将成为中国重返国际体坛后第一次全面亮相的大舞台，中国将从这里走向世界，世界也将从这里认识中国，认识中国体育！

1984 年 7 月 14 日、19 日，参加第 23 届夏季奥运会的中国体育代表团先后离开北京，飞向大洋彼岸。这一次，中国派出了 225 名运动员、50 名教练，参加篮球、排球、手球（女）、田径、体操、游泳等 16 个项目的比赛。另外，还派出了一个由老体育工作者和体育界知名人士组成的参观团，一个记者团和一个艺术表演团。

从零到十五的跨越，洛杉矶成了中国人大展身手的舞台。第一次全面出征奥运会的中国体育代表团，在这次历时半个月，有 140 个国家参加的盛会中，共夺得金牌 15 枚，银牌 8 枚，铜牌 9 枚。金牌数仅次于美国、罗马尼亚、西德等，位居第 4。五星红旗一次次升起，《义勇军进行曲》一遍遍奏响。中国，是第 23 届奥运会当仁不让的明星。

（三）中国兵团失意汉城

1988 年在汉城举行的第 24 届奥运会上，中国派出了由 445 人组成的代表团，其中运动员 300 名，他们参加除曲棍球、马术两个项目以外的 21 个大项的比赛。此外，由各国际单项体育组织指定的 30 名中国代表担任了裁判、技术代表等职务。中国台北由 140 人组成的代表团也参加了本届奥运会，其中运动员 90 名，参加 12 个项目的比赛和 3 个项目的表演赛。但是，汉城不是洛杉矶。本届奥运会上，中国只获得 5 枚金牌、11 枚银牌、12 枚铜牌，不仅远远落后于苏、德、美等体育大国，甚至不及同处亚洲的韩国。

洛杉矶奥运会虽然创造了参赛国和参赛人数的奥林匹克之最，但由于苏联及东欧各国的抵制，在竞赛水平上大打折扣。而中国运动员未有收获的举重、射击等项目恰恰是东欧选手的强项，本届奥运会金牌易手的事实便是明证。居金牌第一和第二的苏联和民主德国分别夺得 55 枚和 37 枚金牌，上届霸主美国获 35 枚金牌居第三。本届奥运会中国虽然丢失了一些金牌，与国人期望值略有偏差，但仍打破了 3 项奥运会游泳纪录，创造了 7 项亚洲纪录，充分显示出中国仍具有相当的实力和水平。

（四）中国军团辉煌再现巴塞罗那

1992 年 7 月 25 日至 8 月 9 日，第 25 届奥运会在西班牙的巴塞罗那举行。

在此次奥运会上，中国健儿共获得金牌 16 枚、银牌 22 枚、铜牌 16 枚。3 人 2 次创 2 项平 1 项世界纪录，7 人 9 次创 7 项奥运会纪录。在参加第 25 届奥运会 170 个体育代表团中，中国列第 4 位，这是中国体育从未有过的辉煌，这次全面历史性的超越，将载入中华体育史上光辉的一页。

四、申办奥运会（1993～2001 年）

（一）北京申办 2000 年奥运会

在中国举办奥运会，是中国人长期的企盼和梦想。由于社会历史条件的种种限制，在 20 世纪 90 年代前，中国尚未向国际奥委会正式提出过申办奥运会的请求。20 世纪 70 年代开始，我国的政治、经济得到飞速发展，人民生活水平不断提高，体育事业取得巨大的成就，竞技体育开始了“冲出亚洲，走向世界”的进程，1973 年，我国恢复了在亚洲体育联合会的合法席位。1974 年，我国参加了在德黑兰举行的第 7 届亚运会，获团体总分和金牌总数第三。1978 年在曼谷举行的第 8 届亚运会上，中国体育代表团的金牌总数第二。1982 年，中国体育代表团在新德里举行的第 9 届亚运会上获金牌总数第一，结束了日本称雄亚洲体坛 31 年的历史，实现了中国竞技体育的历史性突破和重大转折。此后，中国在第 10 届、第 11 届、第 12 届亚运会上，一直保持金牌总数领先的优势，标志着中国已经成为雄居亚洲的体育强国。尤其是 1990 年，北京举办第 11 届亚运会的成功，大大提高了我国在国际上的地位和在国际奥林匹克运动中的影响。中国已经具备了申办 2000 年奥运会的条件和能力。

1990 年 3 月，邓小平同志在视察亚运会体育中心时，对陪同人员提出了“办完亚运就要办奥运”的设想和指示。在 1990 年 9 月 22 日第 8 届亚运会开幕式上，中国国家主席杨尚昆又在会见国际奥运会主席萨马兰奇先生时正式表达了申办的愿望。萨马兰奇在第二天的记者招待会上做出了积极的反应，认为中国已经具备了申办奥运会的条件。

1991 年 2 月 22 日，北京市市长代表北京市向中国奥委会递交了承办 2000 年奥运会的正式申请书；1991 年 2 月 26 日，中国奥委会全体会议一致同意推荐北京市申办第 27 届奥运会；1991 年 2 月 28 日，国务院总理李鹏批准了北京市和国家体委、外交部、财政部关于北京申办 2000 年奥运会的联合请示；1991 年 3 月 9 日，中国政府宣布支持北京申办 2000 年奥运会；1991 年 3 月 18 日，2000 年北京奥运会申办委员会正式成立；1991 年 12 月 4 日，北京奥运会申办委员会代表在瑞士洛桑向国际奥委会主席萨马兰奇递交了正式申请报告。

从 1991 年 2 月到 1993 年 9 月 23 日，北京申办 2000 年奥运会的活动按预定计划有条不紊地进行。包括港澳台同胞在内的全国人民、海外侨胞支持申办的热情一浪高过一浪，为申办做贡献就成为亿万中国民众的共识和行动。

由于奥林匹克运动是当今世界上规模最大、影响最广、层次最高的国际性体育盛会，并且随着它的发展，它在世界人民心中的地位越来越高。所以，世界上许多城市都希望争得举办奥运会的荣耀。到第26届为止，已有26个国家和地区的49个城市参加了123次申办奥运会的活动，平均每届有4.7个城市参加竞争。

1993年9月23日，国际奥委会在蒙特卡洛举行的第一百零一次会议上举行无记名投票，结果北京仅以两票之差落选，悉尼获得了第27届奥运会的举办权。然而，在整个申办过程中，中国向全世界展示了40多年来，特别是改革开放以来的巨大进步与成就；展现了中国人的形象，中国人的风采，大大提高了中国在整个世界的影响力和声誉。申办活动产生巨大的凝聚力和光荣感，极大地振奋了中华民族的精神。与悉尼仅两票之差，说明了中国申办奥运会在世界范围内获得理解、信任和支持，同时也增强了中国人争取举办奥运会的决心和信心。

（二）北京成功申办2008年奥运会

1999年1月6日，中国奥委会批准北京申办2008年奥运会，1999年9月6日，北京奥运会申办委员会（简称北京奥申委）再次成立，并于2000年2月1日正式开通了奥运会申办网站。中国人将以“新北京、新奥运”的口号，再次参与申办奥运会的角逐。

为胜利完成这一使命，北京市政府于1999年3月成立申办2008年奥运会研究小组。4月，中国代表赴瑞士洛桑向国际奥委会正式递交北京承办2008年奥运会申请。6月，国务院办公厅向国家体育总局和北京市政府正式下发《关于成立2008年奥运会申办委员会有关问题的复函》，同意成立申办委员会和申办工作领导小组。9月，由76人组成的北京2008年奥申委成立，北京市委书记刘淇任主席，国家体育总局局长伍绍祖任执行主席，并在人民大会堂举行挂牌仪式。北京申奥工作正式启动。按照中央指示和要求，北京奥申委坚持“开放申办”方针，在成立大会暨挂牌仪式上宣布向社会公开征集申办口号。此后，相继举办申办口号、会徽图案征集工作座谈会等，并成立相关课题组。2000年2月，在广泛征集评议的基础上，北京奥申委第二次全体会议表决通过“新北京、新奥运”申办口号，会徽为艺术化的、以五种颜色飘带象征奥运五环的“中国结”，并开通北京2008年奥运会申办网站，向社会公布。从3万多条口号和2 000多件会徽作品中遴选确定的“新北京、新奥运”申办口号和“中国结”会徽，一经公布，便得到国际社会的普遍认可。其中，“新北京、新奥运”申办口号简洁明快，蕴含了北京2008年奥运会的基本构想，既突出北京特点和市民愿望，又弘扬奥林匹克精神，具有很强的凝聚力和感染力。

此次申办，国际奥委会在申办程序等方面进行了改革，如国际奥委会不再对2008年奥运会申办城市进行实地考察等。这样，各城市的《申办报告》就作为窗口性材料，成为国际奥委会委员们最后投票时的重要参考。为上交一份满意的答卷，北京举全市之力、集各方之智编撰《申办报告》，调动数百名北京、中央和国外的专家对报告进行反复推敲和不断完善，在规定时间内高水平、高质量地完成任务，得到国际奥委会官员的好评。编撰过程中，直接参加起草人员达260多人，有关工作人员达数千人。申办期间，充分做好国际奥委会对北京开展的评估考察工作，让评估团比较全面、细致地了解到北京举办奥运会的实际条件与能力。迎接调查任务的圆满完成为申奥成功奠定坚实基础，评估团在对北京的评估报告中指出："北京 2008 年奥运会将给中国、给体育留下独特的遗产。"

2001 年 5 月，国际奥委会公布五个申办候选城市的考察报告，认为北京、巴黎和多伦多能够出色举办 2008 年奥运会。2001 年 7 月，国际奥委会举行第 112 次全体会议，北京以过半数的优势胜出，赢得奥运会主办权。一位奥运会的统计专家感慨地说："获胜者与第二名的差距达到 34 票，这同样是奥运会史上的一个世界纪录。"

五、举办奥运会（2001～2022 年）

对于奥运会，映入人民眼帘和留在人们心中的，往往是十多天内充分呈现的绚丽富华的开幕式、奋力拼搏的运动健儿、朗朗上口的主题口号、龙纹玉璧的奖牌，而对于一个城市、国家成功举办一届奥运会则要通过数年精心的准备与辛勤的付出，方才为世界奉献一届惊艳的礼物。从路漫漫的申奥之旅，到精心筹办、顺利举办与奥运遗产的继承，是对一个城市、国家综合实力的充分考验与展现。

（一）精心筹备，蓄势待发

以时间为轴，以标志性事件为节点，奥运筹备工作正常有序进行。

1. 成立第 29 届奥运会组织委员会

2001 年 12 月 13 日，第 29 届奥运会组织委员会（简称北京奥组委）成立大会在北京举行，标志着 2008 年北京奥运会筹备工作正式启动。大会确定了北京奥组委的执行机构为执委会，并公布了执委会主席、副主席、执行主席、执行副主席、执委委员。同时，确定了北京奥组委筹办工作的主要任务：构建奥运会赛时运行的体制、机制和工作基础；建立奥运会物质技术和服务保障的供给网络；推动"迎奥运、讲文明、树新风"活动，进一步普及奥林匹克宣传教育，营造积极的国内外舆论氛围；全面提高筹办队伍综合素质，锻造思想强、作风硬、专业化、国际化的骨干队伍。

2. 公布实施《北京奥运行动规划》

北京市人民政府、第 29 届奥运会组委会于 2002 年 7 月正式发布了《北京奥运行动规划》，这是未来 7 年北京市筹办奥运会的指导性文件，带有战略性、方向性和目标性，包括总体战略构想、奥运比赛场馆及相关设施建设、生态环境和城市基础设施建设、社会环境建设、战略保障措施等五个部分。

3. 发布第 29 届奥运会会徽"中国印 · 舞动的北京"

2003 年 8 月 3 日，在庄严肃穆的祈年殿的见证下，在世界目光的瞩目下，百年奥林匹克运动史上又一个激动人心的时刻到来了，2008 年北京奥运会会徽"中国印 · 舞动的北京"的神秘面纱揭晓。会徽"中国印 · 舞动的北京"将中国特色、北京特点和奥林匹克运动元素巧妙结合。她以印章作为主体表现形式，将中国传统的印章和书法等艺术形式与体育运动特征结合起来，经过艺术手法夸张变形，巧妙地幻化成一个向前奔跑、舞动着迎接胜利的运动人形。会徽传达和代表了三层信息和含义：一是以中国传统文化符号——印章（肖形印），作为标志主体图案的表现形式，选用中国传统喜庆颜色红色，作为主体图案基准颜色，寓意北京将实现“举办历史上最出色的一届奥运会”的庄严承诺。二是北京张开双臂欢迎世界各地的朋友，传递出中国进一步改革开放，13 亿中国人民为世界和平、友谊、进步事业做出积极贡献的理念和精神。三是弘扬坚持“以人为本”、以运动员为中心的奥运理念，“更快、更高、更强”的奥林匹克精神。

会徽字体部分采用了中国书法艺术，特别是汉代竹简文字的笔意和风格，将这一字体的笔画和韵味有机地融入“Beijing2008”字体之中，自然、简洁、流畅，与会徽图形和奥运五环浑然一体。字体符合市场开发目的，与标志主体图案风格相协调，避免了未来在整体标志注册与标准字体注册中因使用现成字体而可能出现的仿冒侵权法律纠纷。

4. 国家体育场与游泳中心开工奠基

2003 年 12 月 24 日上午 9 时 15 分，国家体育场建设工程开工仪式隆重举行。这是奥运场馆中第一个开工的工程，这标志着北京 2008 年奥运会场馆建设工程的全面启动，同时也象征着中华民族为“百年奥运，中华圆梦”的历史画卷又写下了庄严而光辉的记录。之后，国家游泳中心也随之开工。

作为国家和北京奥运会标志性的体育建筑，国家体育场是 2008 年奥运会的主会场，位于北京奥林匹克公园内，能容纳观众 10 万人，其中临时座位 2 万个，2006 年底竣工。2008 年奥运会期间，它将承担开幕式、闭幕式、田径比赛、男子足球决赛等重大活动和重要赛事。奥运会后它将成为体育比赛赛场和多种非竞赛活动场所，成为市民参与体育和其他文娱活动的大型专业场所。

国家游泳中心是 2008 年奥运场馆中唯一一个由华人华侨自愿捐资修建的比赛场馆，来自港澳台同胞及世界上 20 多个国家的华人华侨代表出席了开工仪式。港澳台代表霍震霆和海外华人代表黄志源在仪式上发言，表达了全球所有中国人的爱国情感和参与祖国建设的热情。按照体育设施向社会化、产业化发展的指导思想，国家游泳中心将建成具有国际先进水平的集游泳、运动、健身、休闲为一体的中心，成为奥林匹克运动留给北京的宝贵遗产和北京城市建设的新景观。

5. 奥运会正式进入北京周期

2004 年 8 月 29 日，时任北京市市长王岐山在雅典奥运会闭幕式上从时任国际奥委会主席罗格手中接过奥运会会旗。王岐山说：“我这次是按照国际奥委会的规定来接旗的，接旗仪式标志着奥运会正式进入到北京周期。在雅典奥运会上，中国体育健儿的出色表现，给我们接旗增加了力量，增添了信心。北京获得 2008 年奥运会的举办权很不容易，实现了中华民族的梦想。我作为下一届奥运会举办国、举办城市的代表来接旗，感到肩上的担子沉甸甸的。”

6.“同一个世界，同一个梦想”主题口号发布

2005 年 6 月 26 日，北京 2008 年奥运会主题口号发布仪式在北京工人体育馆举行，发布了“同一个世界，同一个梦想”（one world one dream）的主题口号。主题口号集中体现了奥林匹克精神的实质和普遍价值观——团结、友谊、进步、和谐、参与和梦想，表达了全世界在奥林匹克精神的感召下，追求人类美好未来的共同愿望。尽管人类肤色不同、语言不同、种族不同，但我们共同分享奥林匹克的魅力与欢乐，共同追求着人类和平的理想，我们同属一个世界，我们拥有同样的希望和梦想。

精练的口号，凝聚了人类追求美好未来的共同愿望。“同一个世界，同一个梦想”深刻反映了北京奥运会的核心理念，体现了作为“绿色奥运、科技奥运、人文奥运”三大理念的核心和灵魂的人文奥运所蕴含的和谐的价值观。建设和谐社会、实现和谐发展是我们的梦想和追求。“天人合一”“和为贵”是中国人民自古以来对人与自然，人与人和谐关系的理想与追求。

7. 北京奥运会吉祥物公布

2005 年 11 月 11 日，恰逢距离北京奥运会开幕 1 000 天之际，北京奥运会吉祥物——福娃，正式发布问世。“福娃”是五个拟人化的娃娃，他们的原型和头饰蕴含着与海洋、森林、火、大地和天空的联系，应用了中国传统艺术的表现方式，展现了灿烂的中国文化的博大精深。北京奥运会吉祥物的每个娃娃都代表着一个美好的祝愿：贝贝象征繁荣、晶晶象征欢乐、欢欢象征激情、迎迎象征健康、妮妮象征好运。娃娃们带着北京的盛情，将祝福带往世界各个角落，邀请各国人民共聚北京，欢庆中国北京的 2008 年奥运盛典。五个福娃分别叫“贝贝”“晶晶”“欢欢”“迎迎”“妮妮”，各取它们名字中的一个字有次序地组成了谐音“北京欢迎你”。

在设计思想上，北京奥运会吉祥物首次把动物和人的形象完美结合，强调了以人为本、人与动物、自然界和谐相处的天人合一的理念；在设计理念上，首次把奥运元素直接引用到吉祥物上，如火娃的创意来源于奥运会圣火；在设计应用上，更加突出了延展使用上的个性化。一大特点就是五个吉祥物的头饰部分，可以单独开发出来，运用更为广泛，孩子们可以根据自己的喜好选取不同的头饰，戴在头上，活泼的孩子也成了可爱的吉祥物形象，互动性大大增强；在数量上，北京奥运会的吉祥物也是奥运会历史上最多的一次，达到 5 个，体现了中华文化博大精深。

8. 公布北京奥运会奖牌式样

2007 年 3 月 27 日，北京奥组委发布第 29 届北京奥运会奖牌式样，从 1896 年第 1 届现代奥运会至今，奖牌的设计经历了一系列的变化。历届奥运会组委会都力图在奖牌设计上体现主办城市、国家和民族的文化特色。2008 年北京奥运会奖牌挂钩由中国传统玉双龙蒲纹璜演变而成。整个奖牌尊贵典雅，中国特色浓郁，既体现了对获胜者的礼赞，也形象诠释了中华民族自古以来以玉比德的价值观，是中华文明与奥林匹克精神在北京奥运会形象景观工程中的又一次中西合璧。

9. 发布北京奥运会火炬式样及传递路线

2007 年 4 月 26 日，第 29 届奥运会火炬接力传递计划路线及火炬在北京中华世纪坛隆重发布。北京奥运会火炬创意灵感来自“渊源共生，和谐共融”的“祥云”图案。祥云的文化概念在中国具有上千年的时间跨度，是具有代表性的中国文化符号。火炬造型的设计灵感来自中国传统的纸卷轴。纸是中国四大发明之一，通过丝绸之路传到西方。人类文明随着纸的出现得以传播。源于汉代的漆红色在火炬上的运用使之明显区别于往届奥运会火炬设计，红银对比的色彩产生醒目的视觉效果，有利于各种形式的媒体传播。火炬上下比例均匀分割，祥云图案和立体浮雕式的工艺设计使整个火炬高雅华丽、内涵厚重。同时，根据以往火炬接力惯例和此次火炬接力的特点，北京奥组委制定了路线编制的标准：有利于展示地方特色、有利于最多数人的参与、有利于安全顺利地运行、有利于电视转播。

（二）世界给我 16 天，我还世界 5 000 年

中国举办奥运会和一些国家不同，因为中国是一个有 5 000 年灿烂文化的国度。2 008 名身着古装的演员击缶而歌，吟诵着“有朋自远方来，不亦乐乎”，用一种充满古老民族特色的方式表达对世界各地奥运健儿和嘉宾的欢迎。这次开幕式有史以来首次突破主体育场时空，以奇特新颖的想象力，用寓意 29 届奥运会的 29 个“巨人脚印”，由焰火接力的奇特造型，悬挂在北京的夜空。五彩的焰火沿 800 多年前北京建都形成的南北中轴线次第绽放，一个被全世界熟知的五环从地上“站立”起来。这出乎意料的构思，使现场观众发出阵阵惊叹和欢呼。“科技奥运”在这一时刻得到体现：利用焰火和多媒体技术，将场内外景象融为一体，这在过去奥运会开幕式历史上还从未有过。这些充满奇思妙想和浪漫情调的奥运五环展现方式，不仅让在场也让全世界几十亿观众深受北京奥运会的震撼。

开幕式已经预示了北京奥运会将是怎样成功的奥运会，开幕式向全世界展示了北京是怎样的北京，中国是怎样的中国。奥林匹克运动提供了让全世界各国朋友更多了解中国的机会，和谐共存成为北京人文奥运的灵魂。

开幕式的成功，凝聚了北京为这次盛会付出了多少心血，也检验了北京这个主办城市的创意与效率。开幕式上，八十多个国家和地区的首脑以及王室主要成员参加，这无疑是中国有史以来最大的一次国际盛会，这里值得回味的事情很多。

中国在申办奥运会时曾有“世界给我 16 天，我还世界 5 000 年”的承诺，如今，这个承诺已经变成现实。2008 年奥运会闭幕式上，时任国际奥委会主席罗格说：“这是一届真正的无与伦比的奥运会。”

一个古老而又现代的北京，一个亲切微笑的北京；一个生机蓬勃的中国，一个文明进取的中国。

贫弱中国，百年记忆：割地赔款、丧权辱国；穷困疫病、民不聊生；闭关锁国、经济凋敝；战争流血、动乱频仍；天灾人祸、满目疮痍……屈辱的百年史，悲怆的百年史。

2008年北京奥运会，吸引了全世界的目光聚焦中国，它展示中国国际姿态，重建文化中国的当代形象，展示和平崛起的强大中国的历史性转折点。

（三）2022北京冬奥会再启航

2015年7月31日，“北京”再一次在国际奥林匹克委员会会议中被念出，这一次是北京获得了2022年第24届冬季奥林匹克运动会举办权，北京将成为世界上第一个既举办夏季奥运会又举办冬季奥运会的城市。2018年平昌冬奥会闭幕会上，“北京8分钟”文艺表演临近尾声时，熊猫队长化身熊猫信使，通过互联网隧道从平昌回到中国，现场和电视观众看到它们用信封收集亿万民众邀请和祝福的旅程。它们来到长城、颐和园、故宫、国家大剧院、首都国际机场等北京著名的新老地标，也来到张家口的大境门。千年古都，塞上张垣，大好河山，京张两地各行各业的百姓带着笑容，共同向世界响亮喊出“2022相约北京”。奥林匹克旗帜再次来到中国，来到新时代的中国，全新的中国正经历深刻的进步和变化，高铁增进人和物的流通，互联网带来信息的联通，2022年北京冬奥会让各国人民的心意更加相通。

第八章 体育运动全球治理

导读

全球治理是指通过具有约束力的国际规制解决全球性的、影响全球发展和稳定的全局性问题，以维持正常的国际政治经济秩序。全球治理理论强调为了共同的利益和解决共同面临的问题，由多主体共同参与协商行动、形成自治的管理要素合成机制。本章节主要介绍体育运动的全球化演进，二战后世界体育的新发展，体育运动全球治理的领域，体育运动全球治理的要素，现代体育的国际传播，并论述中国与体育运动全球治理的互动互构。

第一节 体育运动的全球化演进

1892 年 11 月 25 日，在巴黎索邦召开的法国竞技体育联合会会议上，现代奥运会的创始人顾拜旦宣布："让我们派出赛艇选手、赛跑运动员和击剑手去参加比赛吧！这是未来的自由交流，当它一旦被引进成为古老欧洲风尚的时候，和平事业将获得新的有力支持。"以和平的国际关系为核心，顾拜旦认为运动员的横向社会流动将成为自由贸易的方向。实际上，现代体育运动的兴起证明了早期全球化的来临，而当今体育运动面临的全球问题及其全球治理解决方案，同样根植于全球化的新方向。

一、全球化进程

全球化是一个长期的历史过程，从人类社会进入文明社会以后，人们就力图探索自身生存环境之外的世界，当人们对自身生存的环境和外部世界有所认识之后，把世界看成一体，主张世界大同就成为人们追求的理想之一。不论是西方的文献还是东方的文明记载，都有这样理想的描述和对全球一统社会的理想构想。尽管如此，全球化的进程却是在资本主义世界市场体系形成时成为一个实在的历史进程。全球化进程大致发端于 15 世纪，以欧洲当时资本主义最早萌芽的先进国家对世界新航路的探索为起点。著名历史学家汤因比在《文明经受考验》一书中把新航路的开辟誉为从草原到海洋跨越的“革命性变革”。

随着第一次工业革命，全球化进程进一步加深和拓展。第一次工业革命使机械力和燃料动力代替了自然力和人力，在很大程度上克服了自然对人力的限制，西方发达国家的生产力从工业革命中获得了极大的提高，也进一步拓展了人类活动的空间范围，加深了人类交往，缩短了人类交往的空间距离和时间距离。特别是西方发达国家先后经历了资产阶级革命，确立了近代民族国家的政治制度，为生产力的发展开辟了更为广阔的空间，对利润的追逐驱使资产阶级开辟了世界市场，通过廉价的商品和先进的武器，西方发达国家摧毁了落后国家的国内经济，也打破了所有落后国家的防御体系和国家疆界的局限，使东方从属于西方，使农村从属于城市，形成了从属资本主义的世界经济体系。与此同时，在西方资本主义的示范作用下，殖民地的民族主体意识形成和确立，近代民族国家体系逐渐发展到殖民地地区，争取国家独立的斗争开始在殖民地国家兴起，从而触发了争夺海外殖民地和海外原料与产品市场的世界性战争。在不到半个世纪的时间里，人类先后经历了两次世界大战。

第二次世界大战结束后，以苏联为首的东欧集团及二战后获得民族独立并照搬苏联模式的国家，与以美国为主导的西方国家之间形成了遏止社会主义与反遏止的斗争及军事对抗的国际格局，世界进入了“冷战”时期。在这一时期，全球化表现为在两个超级大国军事对抗中，地区和区域性的集团化趋势日益增强，世界经济区域集团化之间及集团内部成员国之间的经济合作和协调加强，在两个超级大国军事对抗和意识形态对立的国际格局下，经济区域化集团之间的经济竞争和科技竞争成为主导的力量。

两极对抗和对峙以苏联的解体而终结，在两极对峙主导下持续近 40 多年的战后冷战也随之结束。冷战的结束和以苏联为首的集团的解体，也使冷战和两极对峙下形成的国际格局出现了新的变化：冷战的结束使国际关系突破了两极格局时期的政治疆界；随着冷战的结束和两极对峙格局的打破，各国超越冷战思维谋求建立区域集团化经济合作机制和合作组织框架；各国超越国家意识形态和制度性质，谋求经济的多边合作，国际性组织尤其是经济组织成员国进一步扩大，并且在协调成员国之间多边关系和在国际事务中的作用进一步增强；对全球化的认识在观念上进一步深入人心，成为理论界描述和认识当代世界变迁和国际关系、国际格局的重要坐标。

全球化已经成为我们这个时代最重要的政治、经济、文化现象，但是全球化既非一个全新的东西，也远没有完成，仍然是一个充满矛盾与冲突的过程，无疑在进入21世纪以后，随着各国认识的转变和新技术的发展，全球化进程在加快加深。

二、全球化与现代体育

在近代早期的欧洲，体育通过权力象征性和培养民众的支持为新兴的中央集权君主国服务。立宪君主们为了赢得民众的支持，开始篡夺贵族和神职人员的权力，将受欢迎的体育活动转变为争取群众的政治权利。与此同时，体育成为欧洲精英教育的核心要素。文艺复兴时期，古典观念在健全的身体中被挖掘出来。文艺复兴时期的思想家们坚持认为，完整的教育发展了身体和智力的能力。体育的功利主义观念也被不断发掘出来：可以让人民成为更好的工人、更好的公民、更好的士兵和更好的基督徒。现代民族国家的兴起，始于18世纪的欧洲和北美，推动了体育作为一种有用的社会工具的观念不断传播。西方的历史学家，尤其是伯纳德·刘易斯（Bernard Lewis）声称，组织化的竞技体育主要是西方发明的传统。在体育领域，许多民族主义者认为，他们发现了一种重要的力量，使法国大革命的三个现代国家标准——自由、平等、博爱，变成了社会现实。通过现代体育，他们宣告旧体育秩序的终结，新的全国性体育活动开始兴起，从板球到拳击、从足球到棒球等应有尽有。

与此同时，现代竞技体育在工业革命的中心地带如英国及其殖民地都得到了发展。19世纪末20世纪初，以足球的传播为代表，英国体育及其蕴含的制度设置和文化内涵开始蔓延到世界各地。世界上一些主要的球队在他们俱乐部的名字中显示出盎格鲁·撒克逊的传统，如意大利的AC米兰、巴西的科林锡安、西班牙的毕尔巴鄂竞技。板球在当时大英帝国的殖民地国家很受欢迎，如澳大利亚、南非和印度。顾拜旦男爵倡导的奥运会复兴也受到英国公立学校业余主义的重要影响。棒球在美国东北部的城市里建立起来，最早的规则是在19世纪40年代编纂的，而橄榄球在东南部很受欢迎。在19世纪70年代，专业和业余球员之间开始出现比较大的分歧，职业比赛迅速占据主导地位。棒球的兴起也让其他运动项目如板球受到排挤。美式橄榄球也起源于英式橄榄球，第一套校际之间的橄榄球比赛规则直接以伦敦橄榄球协会的规则为基础。美式橄榄球之父沃尔特·坎普（Walter Camp）随后在19世纪80年代对这一比赛形式进行了重大修改，为美式橄榄球这种现代体育项目制定了许多新的规则。

体育与现代性之间的关系较为复杂。体育在西方社会中作为一个独特的实践领域出现，从古希腊和罗马的遗产到19世纪英国体育的崛起和传播，现代体育逐渐发展成为一个竞技场，表达了最适合现代西方世界的人、身体和实践的相互竞争的理解。在不断变化的经济、社会和政治关系中，现代性被不断产生和复制，而体育就是一种重要的平台和载体（表8-1）。

从时间和空间的角度来审视体育在不同历史时期发展的过程，以及欧美不同地域流行的体育项目的差异。可以发现，游戏（play）、有组织游戏（games）、竞赛（contests）和体育（sports）的关系，而（现代）体育是游戏范畴中有组织的身体竞赛。现代体育与之前的体育相比，呈现出七大特征：世俗主义、平等的竞争机会和条件、角色专门化、理性化、科层化、量化、追求纪录。这些特征在原始体育、古希腊体育、古罗马体育和中世纪体育中都能或多或少地呈现出来，然而只有到了现代社会中，才完整地具备了现代性的全部特征（表 8-1）。

因此，马丁·马莫莱赫（Martin Marmolejo）提出了现代体育与全球化是一个相互印证和形塑的过程：第一，体育领域的全球化是一个没有争议的、由来已久的现实。第二，就像任何其他人类的行为一样，现代体育确立的规则被理解为近乎完美。第三，全球体育深深植根于人类的思维中，以至于它们被认为是人类活动不可或缺的一部分。第四，现代体育在更广泛的概念上是全球化的榜样。现代体育尤其是全球化的体育竞赛是人类活动中的一个亮点，它恰当地提醒全世界人民，全球化为人类带来了多重利益。

表 8-1　现代体育的特征及历史比较

特征	原始体育	古希腊体育	古罗马体育	中世纪体育	现代体育
世俗主义	有，无	有，无	有，无	有，无	有
平等的竞争机会和条件	无	有，无	有，无	无	有
角色专业化	无	有	有	无	有
理性化	无	有	有	无	有
科层化	无	有，无	有	无	有
量化	无	无	有，无	无	有
追求纪录	无	无	无	无	有

三、全球化与现代奥运会

现代奥运会自复兴时起，就坚持走全球化的路线，避免局限于希腊、德国等国家，也取得了举世瞩目的成就。在国际社会中，现代奥运会在维持世界和平、维持国家间关系的可持续性、促进运动和文化的国际理想等方面发挥着重要作用。除此之外，技术和物流的快速变化与全球化的发展相结合，进一步影响了奥运会的全球传播。这些变化一方面确保了举办奥运会所必需的资金来源；另一方面伴随着生产和消费行为的全球化，国际奥委会通过全球合作伙伴计划（TOP）和在全球范围内贩卖电视转播权，获得了巨大的经济效益。可以预见的是，随着市场全球化程度的不断提高和全球企业数量的不断增长，对奥运标志的独家营销权的争夺将更加激烈。此外，科学技术的全球化减少了以前在主办城市和观众之间存在的障碍，海外售票的数量越来越多地取决于主办城市的住宿门槛和体育场馆的范围，而不是交通问题，毕竟全球化的交通网络已经可以确保世界各地的观众来到主办城市欣赏比赛。

在已经举办的 31 届夏季运动会主办城市中，除了非洲没有主办经历外，其他大洲均主办过夏季奥运会。美国举办夏季奥运会的次数比其他任何国家都多，1904 年在圣路易斯，1932 年和 1984 年两届运动会都在洛杉矶，1996 年在亚特兰大。2028 年的夏季奥运会将在洛杉矶举行，这将是美国第 5 次举办夏季奥运会。英国举办了三届夏季奥运会，而伦敦成为第一个 3 次举办夏季奥运会的城市。洛杉矶、巴黎、雅典、澳大利亚、法国、德国、希腊和日本都举办过 2 次夏季奥运会，其中日本成为西方世界之外的第一个举办夏季奥运会不止一次的城市。主办 1 次夏季奥运会的国家有比利时、巴西、中国、加拿大、芬兰、意大利、墨西哥、荷兰、韩国、西班牙、苏联和瑞典。从历届夏季奥运会主办城市、国家和洲际分布来看，奥运会已经不再属于欧洲的范围，尽管曾经的希腊政府和德国纳粹政府企图想永远举办奥运会，然而顾拜旦始终坚持构建一个不分种族、民族、国家和建立在共同价值信仰基础上的全球性体育舞台。他曾经说道："健全的民主制度，明智与和平的国际主义将渗透到未来的体育场，并将保持对荣誉和大公无私的信仰，这些将使体育运动成为促进心灵美好、社会和平同时也是肌肉发达的事业。"

此外，体育运动的全球化进程还可以从历届夏季奥运会参赛国家的数量看出（图 8-1）。1896 年奥运会，共有 14 个国家（澳大利亚、奥地利、丹麦、英国、法国、德国、希腊、匈牙利、瑞典、瑞士、埃及、意大利、土耳其及美国）参加比赛，其中绝大部分来自欧洲。而到了 2016 年里约热内卢奥运会上，已经有了来自全球各大洲的 205 个国家和地区参赛。

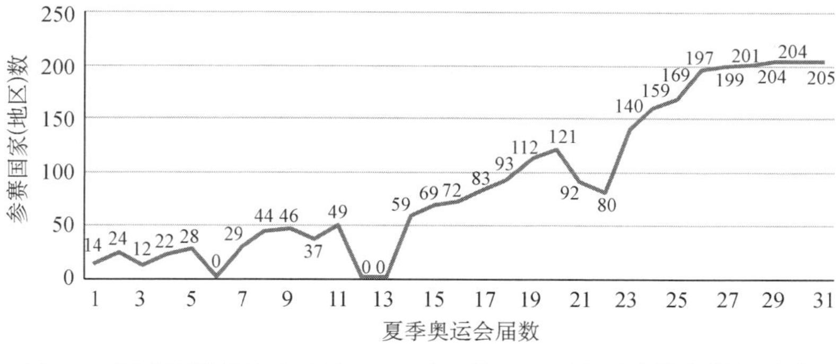

图 8-1　历届夏季奥运会（1896～2016 年，即 1～31 届）参赛国家（地区）数

第二节　二战后世界体育的新发展

二战加速了欧洲中心的衰落和美国、苏联的崛起，以欧洲大国势力为中心的国际政治

格局被冷战对峙的两极格局所取代，苏联解体以后又演化为多极化的世界，这种格局防止了大国间的直接对抗，使和平和发展成为战后世界发展的主题。其间民族解放运动蓬勃发展，世界殖民体系彻底崩溃，伴随这个过程的是经济的全球化和新一轮科技革命。在这样的背景下，战后世界体育也发生了巨大的变化。科学化、全球化和终身化成为二战后世界体育发展的总趋势。本节主要介绍大众体育在二战后的发展情况和奥林匹克运动的改革与发展。

一、社会转型与人类健康面临的新挑战

（一）现代化生产对人的健康和体制发展的影响

现代化进程使劳动形式不断发生着巨大变化，不仅增大了脑力劳动的比重，而且影响着人类的体质和健康，人类正面临着新的挑战。

1956 年，美国从事信息服务的白领劳动者的数量第一次超过蓝领工人，知识劳动者正迅速取代体力劳动者成为现代社会劳动人口的引力中心。

信息化、数字化社会对人类的健康和体质提出了新的要求。

（二）现代生活方式使人类面临新的挑战

在劳动的智能化程度和生活水平不断提高的同时，与人类衣食住行相关的体力活动却越来越少。人们用于学习、教育、娱乐等各方面的时间逐步增加，运动不足的问题日益突出。许多不良生活方式可增加患各种疾病的概率，如饮食不合理、吸烟、大量饮酒、体力活动不足或过度、无节制的娱乐活动等因素。因这些因素造成的心脑血管疾病、肥胖症、精神类疾病等可以造成死亡人口的比例，在许多国家都逐年上升。

（三）生态环境的破坏成为威胁人类健康的重要因素

工业革命以来，环境的恶劣或生态环境的破坏，正在日益严重地危及人类的健康。1997 年世界卫生报告指出，世界上常用的化学物质有数万种，每年有 2 000 余种新产品上市。全球每年由于空气污染造成死亡的人数约为 300 万。全球每年发现皮肤恶性黑色素瘤超过 10 万起，主要原因是过度接触紫外线，特别是日光浴。此外，仅职业损伤就影响着 1.2 亿之多的人口，而且每年因此死亡的人数至少为 20 万。

（四）贫困和富裕同样面临危害健康的挑战

二战结束以来，从 1950～1995 年世界经济的总产出已经从 4 万亿美元增长到 20 万亿美元以上。在这个过程中，富有人群不断增加，贫富差距也在扩大。世界银行近期的研究表明，总的贫穷人口（标准为收入少于每人每天 1 美元）占世界总人口的比例从 1987 年

的30%下降到1993年的29%，但数量却增加了8 500万，达到13亿。贫困者由于营养、卫生、生活条件都比较差，在一定程度上威胁着人类健康，但富人由于营养过剩、运动不足、不良嗜好和不良生活方式等，同样也面临着健康问题的困扰。

上述四个方面的问题已经引起了国际社会的高度重视，人类正在为保护自身的安全和健康而做出更大的努力。在这样的情况下，人类正在重新认识体育的作用，体育活动已经成为人类维护健康、提高身体健康水平的重要手段，成为许多人生活的重要组成部分。

二、终身体育的产生与发展

战后初期，各国将发展体育的重点放在学校体育和竞技体育上，对大众体育未给予应有的重视。20世纪60～70年代，各国在大力发展竞技运动、重视体育的政治功能的同时，也更加重视体育在发展国民身体素质方面的作用。20世纪70年代后，各国日益注重体育（包括竞技运动和大众健身体育）在健康生活方式方面的重要作用。

体育思想的主流也从20世纪50年代的自然体育思想（欧美）和主智主义体育理论（社会主义国家），到20世纪60年代的新行为主义和结构主义体育思想，演变为20世纪70年代以来的终身体育、休闲体育、快乐体育思想。

终身体育来源于终身教育思想，终身教育思想是由法国教育部部长保尔·朗格郎1965年在联合国教科文组织成人教育国际促进委员会上提出的。20世纪60年代末，苏联学者明确提出终身体育的主张，1976年联合国教科文组织确定了终身体育的普遍价值，认为体育应贯穿人的一生，尤其青少年应培养终身锻炼的习惯，并在青少年时期打下终身进行身体锻炼需要的运动技术基础和身体基础。

终身体育引起了世界的关注，到1989年，已有80多个国家公布了自己的大众体育发展计划，休闲化、终身化大众体育思想对世界体育的发展产生了越来越深刻的影响。

三、国际组织推进体育发展的努力

终身体育、大众体育在全球的发展与国际组织的努力密不可分。20世纪后期，国际上成立了各种政府间或非政府间的体育合作组织，展开了形式和内容多样的活动，促进了各地区和各国大众体育活动的开展。

（一）联合国教科文组织政府间体育运动委员会

1976年联合国教科文组织在巴黎召开第1届国际体育部长和高级官员会议，成立政府间体育运动委员会，其主要任务是加强政府间体育合作。例如，在成员国中大力开展群众体育，在对待体育运动中滥用兴奋剂的问题上达成共识，在反对兴奋剂斗争中采取一致行动等。

（二）国际奥委会

在大众体育浪潮的推动下，1983 年，国际奥委会成立了“大众体育工作组”。1985 年改为“大众体育委员会”并从 1986 年起每 2 年 1 次定期举行世界大众体育大会。

国际奥委会大众体育委员会的工作主要包括两方面的内容：一是展开国际大众体育大会；二是开展全球性“奥林匹克日赛跑”和资助各国的大众体育活动。

（三）国际健身大众体育协会

1969 年有 8 个欧洲国家发起成立，国际健身大众体育协会是唯一的关于大众体育的大型国际会议，每 2 年召开 1 次。

（四）国际大众体育联合会

国际大众体育联合会成立于 1982 年 4 月，主要成员由各国的体育执政官员组成，主要以欧洲、阿拉伯和地中海为中心开展大众体育活动。

（五）世界卫生组织对大众体育的支持

世界卫生组织是联合国的分支机构，与国际奥委会合作，支持世界范围内的大众体育活动的开展。

四、二战后妇女体育的发展

（一）妇女体育地位的提高

20 世纪 90 年代，奥林匹克运动加快了男女平等的步伐。1994 年，国际奥委会在巴黎举行的百年奥林匹克大会上指出，在国际体育组织的管理层中，妇女应该起更大的作用。因此，国际奥委会要求国家单项体育协会、国际单项体育联合会、国家或地区奥委会及其他国家体育组织保证妇女在各种体育行政机构从事工作。

1994 年 5 月，由英国体育理事会主办的首届妇女与体育国际大会，签署了世界妇女体育运动的重要文献——《布赖顿妇女与体育宣言》，推动了体育领域中男女平等的理想，对全世界妇女体育的发展具有重要意义。

（二）妇女参与国际体育组织人数增加

随着妇女社会地位与社会权力的提高，女性在有关国际或国内机构、组织中担负起领导责任，也日益成为普遍的现象。在国际体育界，越来越多的女性走上领导者岗位。

在国际奥委会前期近 90 年的历史中，全部由男性委员组成。1981 年，萨马兰奇担任国际奥委会主席后的第 11 届巴登-巴登奥林匹克大会上，国际奥委会第 1 次有了 2 位女委员。1990 年，委内瑞拉女委员伊萨瓦·丰塞卡被选为国际奥委会执委会的第 1 位女性执委。

在国家奥委会中，在 20 世纪 90 年代中有 5 位女性国家奥委会主席和 1 位副主席。担当国家奥委会秘书长的女性共有 12 位。

（三）妇女在竞技体育中地位提高

妇女进入奥运会已经取得丰硕成果。1996 年奥运会女子项目增加了 11 项，占实际增加项目总数的 78.6%。男子能比赛的项目，女子都可以进入。例如，1996 年奥运会增加了女子重剑、自行车记分赛和计时赛、三级跳远，2000 年奥运会增加了女子举重、跆拳道、撑杆跳高、链球、水球、现代五项等。

2000 年奥运会 28 个运动项目中，25 个项目有女选手参赛，包括女子举重和女子水球。女子冰球和女子冰壶也都进入长野冬奥会。

国际奥委会主席萨马兰奇在长野冬奥会前表示“进入 21 世纪的奥林匹克运动将标志着女子体育的新纪元。凡要进入奥运会的项目，首先必须包括女子项目才能被考虑”。

第三节 体育运动全球治理的领域

一、政治全球化

政治全球化指的是世界范围内的政治系统和政治活动的跨国性与复杂性。这个政治系统包括国家政府、政府间组织及独立于政府的全球民间社会，如国际非政府组织和社会运动组织。政治全球化的一个关键方面是民族国家的兴起和其他政治组织的崛起并行不悖。

传统意义上的政治是在国家政治制度内进行的。各国政府对维护其公民的安全和经济福利及在其境内保护人权和环境负有最终责任。随着全球生态变化、日益一体化的全球经济和其他全球化趋势，政治活动越来越多地突破原有民族国家的领域、逐步发生至全球层面。随着各国政治交往范围的日益扩大和深入，出现了国际政治和国内政治相互渗透、国际组织和国际协调力量起愈来愈大作用的趋势，各国政治生活也随之遇到了愈来愈多的相关性。这意味着：一方面，政治从一国走向全球，国内政治与国际政治紧密联系，国内政治有时得服从国际政治；另一方面，政治走向全球化带来另一个对应的结果就是政治的多极化。在全球化背景下，政治可以通过欧洲联盟等政治一体化计划，以及国际货币基金组织、世界银行和世界贸易组织等政府间组织在国家之上发生。政治活动也可以通过全球运动和非政府组织跨越国界。民间社会组织在全球范围内采取行动，与其他国家的组织结成联盟，利用全球网络系统作为新的沟通渠道直接游说国际组织和其他行为者，而不是通过本国政府开展工作。

从根本上说，全球化是一种政治现象。这种政治竞争环境本身的形成是政治组织的主要参数，也是许多政治博弈的潜在收益矩阵。这种博弈关系不是在绝缘单元（即相对自治和分层组织的结构）中确定的；相反，它来自不同政治单元多层博弈的复杂集合。在国家边界之上和范围内，以及在国家边界内的多层机构竞争环境中，国家行为体及其他非国家行为体共同展开博弈。因此，全球化是一个政治结构的过程。从这个意义上讲，政治全球化首先源于政治实践和政治体制的重塑、调整与适应。

政治全球化为体育运动的全球治理提供了第一层领域。体育运动倡导的通过相互沟通、理解来化解矛盾、消弭战争，促进和维护世界和平的和平主义价值观，与新世纪国际政治文化中通过合作对话解决政治纠纷的国际政治新安全主义倾向不谋而合。古代体育运动崇尚“神圣休战”的信条，以竞技赛会的形式来加强沟通，化解冲突，消除战争，促进和平。现代体育运动发扬古代体育运动维护和平的传统，提出“体育就是和平”“参加比取胜更重要”“和平、友谊、进步”等口号，呼吁世界人民通过体育运动相互沟通，增进友谊，团结合作，为建立一个和平的、更加美好的世界做出贡献，极力倡导一种和平主义的价值观。

然而在政治全球化的实际情境中，体育运动尤其是国际的体育运动首先要处理来自民族国家的力量介入。尽管《奥林匹克宪章》中规定：“奥运会是个人或团体竞赛项目中运动员之间的比赛，不是国家之间的比赛。”但是代表团的组成、运动会的进行都是以国家的形式为主进行的。在奥运会的开幕式上，运动员按国别入场，其运动服上佩有国徽；当某项比赛结束后，要升胜利者所在国的国旗，并奏国歌，运动员是国家的代表。比赛被看作国家之间的竞争，体育比赛的胜负直接关系到国家的荣辱。这些带有爱国主义色彩的规定，实际已经把全球政治和体育运动联系在一起。其次，体育运动要处理来自全球政治不稳定性和对抗性所带来的问题。特别是在冷战时期，一些国家通常把以政治问题作为抵制奥运会的理由。1956 年奥运会前，英、法出兵苏伊士运河造成埃及、伊拉克和黎巴嫩抵制，而苏联出兵匈牙利导致瑞士、西班牙和荷兰拒绝跨进当时奥运会大门。1980 年莫斯科奥运会，由于苏军入侵阿富汗，践踏国际准则，遭到了世界的反对和舆论的谴责。由美国发起倡议、61 个国家加入的奥运史上最大“抵制事件”，抗议苏联入侵阿富汗，最后只有 80 支队伍参赛。入场式上，有 16 支队伍以奥林匹克五环旗代替本国国旗，有 10 支队伍只有旗手一人入场。因加拿大抵制此届奥运会，蒙特利尔市长未出席交接仪式，只派了代表将五环旗交给了莫斯科市。种种情景冲淡了会场的热烈气氛，也给体育运动发展蒙上一层阴影。

二、经济全球化

经济全球化的基本特点是全球生产网络、自由贸易和“新”资本的重要性日益增加。全球生产网络表示生产的各个组成部分之间的相互联系，不同的生产阶段发生在不同的地点，取决于最有利的条件（廉价劳动力、熟练劳动力、原材料、消费市场）。公司追求最大的效率和最大的利润涉及越来越多的地区和地区的“全球生产”。发展生产网络的另一个必要条件是尽量减少贸易壁垒，并通过自由贸易确保资源、货物和服务的顺利流动。而技术变革和放松管制 / 自由化使金融市场得以发展（资本自由流动），使金融市场开始在全球经济中占主导地位。

经济全球化通过提高市场效率、增加竞争、限制军事冲突和在世界各地更平等地分配财富，为世界各地的个别经济体提供了切实的利益。经济全球化的一些好处包括：外商直接投资，外国直接投资的增长速度往往远远超过世界贸易的增长，这有助于促进技术转让、产业结构调整和全球公司的增长；技术创新，全球化带来的竞争加剧有助于刺激新技术的发展，特别是随着外国直接投资的增长，有助于提高进程的效率，从而提高经济产出；规模经济，全球化使大公司能够实现降低成本和价格的规模经济，这反过来又支持进一步的经济增长，尽管这会伤害许多人。

然而，经济全球化也存在一定的风险：相互依存的风险增加，全球化导致国家间的相互依存，如果当地经济波动最终影响到许多依赖它们的国家，则可能造成区域或全球不稳定；国家主权受到威胁，一些人认为民族国家、跨国公司或全球公司及其他国际组织的崛起是对主权的威胁，这可能导致一些领导人变得更加保守，滋生排外情绪。此外，全球化的好处可能不公平地偏向富裕国家或个人，造成更大的不平等，从而导致国家和国际上的潜在冲突。

经济全球化对体育运动而言，首先是助推了围绕全球体育竞赛为核心的全球体育产业力量不断勃兴。现代竞技体育起源于欧洲资本主义市场经济，人们将市场经济游戏规则和价值观念迁移到业余文化活动中，刺激了现代竞技体育的勃发，增强了比赛的观赏性，极大地提高了体育在人们日常生活中的影响力。现代竞技体育本身与市场经济有着天然的联系，蕴含诸多经济因素。体育运动在相当长时间里一直奉行非商业化和业余原则，自从萨马兰奇当选国际奥委会主席后，允许职业运动员参加奥运会，鼓励企业家对奥运会进行商业化运作，推动了竞技运动的职业化，使奥林匹克在全球的影响达到空前规模。“更快、更高、更强”的口号成为越来越多的人努力拼搏的目标，精明的商家看到了此中蕴含的巨大市场，将可以带来经济利益的体育项目实行商业化运作，加速全球体育产业的形成和发展，在许多国家体育产业已成为新的经济增长点。历史证明，体育运动可以与经济全球化的进程结合，形成和推动全球体育产业的发展，创造社会财富，获取经济效益。

经济全球化为大型体育赛事的主办城市及所在国家地区带来了新的发展机遇，但也蕴含着潜在的挑战和风险，从而增加了体育运动全球治理的不确定性。首先，申办大型体育赛事的花费是一笔不小的开支。城市通常要花费 5 000 万至 1 亿美元的咨询费、活动组织者费和与主办任务有关的差旅费。其次，主办大型体育赛事的费用比申办过程要昂贵得多（图 8-2）。一旦一个城市赢得了申办奥运会的主办权，城市通常会增加道路、场馆等基础设施。而奥运村运动员的住房，以及大量可供使用的酒店房间与项目的具体设施，也必须建设或更新。

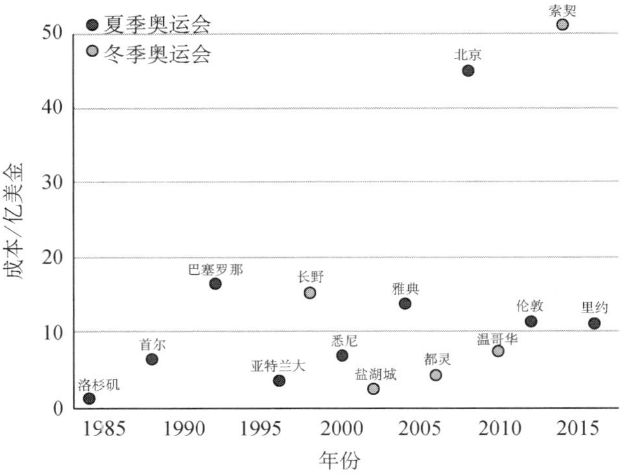

图 8-2　部分届次奥运会举办成本（1985～2015 年）

三、文化全球化

文化全球化的议题以全球化和文化多样性为基础。文化全球化的基本内容是思想、意义的传递，以及价值在世界各地扩展并加强全球的社会联系。文化的流通使个人能够参与跨越国界和区域边界的广泛的社会关系，这种社会关系的建立和扩大不仅仅是在物质层面上。文化全球化涉及形成共同的规范和知识，人们将其个人和集体的文化特征联系在一起，它使不同人口和文化之间的相互联系日益增强。

文化全球化有三个基本要素：促使文化全球化的主体（个人或单位）、符号（全球文化传播、交流）、实物（全球文化传播与交流的载体）。三要素只有通过跨民族、跨国界的流动，或者说三要素通过运动的方式，以运动（文化全球交流、传播）所占据的时间和空间（文化全球交流和传播所覆盖的空间），构成现实的文化全球化的时空维度。虽然文化全球化的方向可以朝任何方向发展，但许多人认为，像美国这样的国家对全球化文化的影响要大得多。有大量的证据支持这种对美国文化全球化的信念。这在一定程度上与美国经济规模有关，美国是世界上最大的经济体，此外，它也是最富有的经济体之一。

在体育运动领域，文化全球化通过体育这种文化形式，完成了文化在全球范围内的辐射和传播。萨马兰奇先生曾说过："国际奥委会主导思想应建立在沟通东西方文化的基础上。"各个国家各个民族都有自己的文化模式，他们也是民族性的集中体现。然而，为了人类的共同繁荣和进步，在民族文化模式的基础上，还需要一种世界各国各民族都可广为接受的国际文化模式。这种国际共同文化模式的出现，也是人类社会步入现代化的一个显著标志。体育运动的发展，成功地促进了这种国际共同文化模式的形成。仅从体育运动本身构成来看，如果没有像众多国际体育赛事这样定期举行的国际竞赛与交流，那么众多运动项目、繁缛的竞赛规则及各种各样的体育术语，又怎能被世界各国家各民族所共同接受呢？篮球和排球起源于美国，现在在我国不仅是群众喜闻乐见的普及项目，也拥有世界一流水平的运动员；击剑运动源于欧洲的骑士运动，如今也在我国生了根，并产生了一批令欧洲剑坛瞠目的高水平选手；铅球、铁饼、标枪都是古希腊人的文化遗产，如今欧、亚、拉美各洲都不乏好手；柔道也成了直接对抗性运动项目中的热门……由此可见，以现代体育运动为代表的国际体育文化模式朝着不断地选择、融化、重组、整合世界各民族文化的优秀特质的方向发展。

此外，文化领域也成为现代体育运动全球治理的重要组成部分。现代体育运动的发展表明，竞技运动精神价值的加强有赖于人类的文化。西方国家自 19 世纪陆续进入资本主义工业社会以后，社会的物质生产和消费水平迅速提高，对物质利益的追求成为社会的主要价值取向，大量的物质财富给人们带来了丰富的物质享乐，但是精神文化却呈现出相对贫乏的状况，这些都与高度发展的物质文化不协调。为此，顾拜旦等有识之士认识到，要使体育运动回到促进身、心均衡发展的轨道，就必须提高它的文化价值，让体育运动的各种活动，特别是现代体育与精神文化紧密地结合起来，发挥文化对人的社会行为的调节、控制的功能，使人的行为变得崇高，赋予竞技运动以高尚的价值观念，使之成为高尚的社会文化活动。而这种活动，正是使人们得到美好的艺术熏陶、心灵得到净化、内心世界变得丰富起来的重要保证。

第四节 体育运动全球治理的要素

随着全球化进程的日益深入，国家主权事实上受到严重削弱，而人类所面临的经济、政治、生态等问题则越来越具有全球性，需要国际社会的共同努力。全球治理理论顺应了世界历史发展的这一内在要求，有利于在全球化时代确立新的国际政治经济秩序。全球治理理论力图发展起一套管理国内和国际公共事务的新规制和新机制：它强调治理就是合作；它认为政府不是合法权利的唯一源泉，公民社会也同样是合法权利的来源；它把治理看作当代民主的一种新的现实形式等。这些共识可以总结为对全球治理要素的厘定，这意味着无论采用什么样的理论观点，对全球治理的研究和讨论都脱离不了全球治理的基本要素。俞可平《全球化：全球治理》一书中全球治理的要素主要有以下五个：全球治理的价值、全球治理的规制、全球治理的主体或基本单元、全球治理的对象或客体，以及全球治理的效果（表 8-2）。实际上，这些要素分别代表了五个不同的问题：为什么要进行治理？依靠什么进行全球治理或如何进行治理？哪些主体来进行全球治理？什么样的问题需要进行全球治理？全球治理的效果怎么样？

表 8-2　全球治理的基本要素与内涵

要素	蕴含的问题	内涵
价值	为何治理	在全球范围内达到的理想目标
规制	依靠什么治理	维护国际社会正常秩序
主体	谁治理	制定和实施全球规制的组织机构
客体	治理什么	影响全人类、很难依靠单个国家得以解决的跨国性问题
效果	治理得怎么样	对全球治理绩效的评估，集中体现为国际规制的有效性

体育运动全球治理的基本框架也源自上述要素的构成，并在此基础上做了内容和序列上的调整。例如，当代体育运动全球治理的价值就只能是体育运动所遵循的价值观念，甚至是全球治理所要遵循的基本原则，如透明、民主、问责等；考虑到当代体育运动全球治理规制的形成和出台来自治理主体的推动，特意在讨论框架中将主体和客体提前，把规制放到结果之前；讨论当代体育运动全球治理规制时，把重心放在规制文本上，通过文本来透视规制的基本内涵和体系；在讨论治理结果时，通过案例的形式来呈现体育运动治理的实践过程和具体效果。

一、全球治理的价值

全球治理的价值导向，是要回答为什么要进行全球治理的问题，即全球治理的走向是什么、全球治理要达到什么样的目标、完成什么样的任务。“全球治理是价值支配下的全球协调行为，但不仅不同的时代，即便是同时代的不同民族、不同国家对全球治理的价值理解都是不一样的。”全球治理委员会曾经指出：“今天的人民比以往任何时候都有更大的力量来塑造自己的未来。”与此同时，越来越多的国家政府发现单独依靠自身的力量很难解决好面对的棘手问题。因此，一个国家或地区的人民必须在寻找多方合作中才能相互学习、才能找到解决问题的途径、才能最终解决自身面临的问题。这意味着，他们必须通过承担共同责任和义务来争取各自的光明未来，即为了应对全球性问题，维护人类利益，必须采用全球治理的模式。对全球治理价值的探讨，应建立在“全球治理的价值共识客观存在”的基础之上。那么，需要遵循什么样的价值观念对全球治理进行指导呢？基于问题和观点的全球性，必须从全球共同价值或准文明的角度找到最大的共同选项。

全球治理的出现意味着人类社会进入了一个更加多样化的价值观时代，包括不同国家的价值观及其主流价值观，不同非政府组织的价值观及跨国公司所代表的各种市场参与者的价值观势必长期共存，这些困难导致了全球治理中事实与价值的矛盾。因此，为了促进全球治理的进一步发展，有必要从各种价值困境中解放全球治理。“基于西方与非西方的价值分歧和价值碰撞，全球治理必须构建具有世界性的共识价值，这必然要求出现探究意义上的价值困境，但又必须兼容。”从秩序的角度来看，全球治理本身就是一个协商、参与和身份重塑的过程。为了应对全球治理的失败并使其实现真正的转型，有必要建立一个真正的全球认同。这将是一个多元化的世界观，这意味着需要总结和完善全球治理价值事实的发现，而不是从先验推理中得出不可避免的结论。

对体育运动的价值观念，《奥林匹克宪章》作出了很好的概括：“奥林匹克主义是增强体质、意志和精神并使之全面发展的一种生活哲学。奥林匹克主义谋求把体育运动和教育融合起来，创造一种乐于付出努力、发挥良好榜样的教育价值并尊重基本公德原则为基础的生活方式。”现代体育运动正是在遵循奥林匹克主义确立的基本原则基础上，以奥林匹克理想为追求目标，从而使体育运动成为一个超越不同信仰的、具有世界影响的社会文化现象。然而，当代体育运动的全球治理价值不同于体育运动的价值，后者倡导组织的目标和理想，而前者则强调治理本身要遵循的基本原则和理念，如透明、民主、问责等。

二、全球治理的规制

全球治理的规制作为全球治理的核心组成部分，为全球治理过程提供了一个平台，同时也为全球治理过程提供了秩序安全和监管约束。从全球化发展过程的角度来看，全球治理规制的特点是治理主体的多样化和不平衡，治理对象的多元化和跨国性及治理规制的标准化。就未来发展趋势而言，全球治理规制逐步揭示了治理问题、治理结构网络化、治理机制民主化的发展趋势。

当前的全球治理规制在应对全球性挑战方面效果不佳，面临着各种制度困境：第一，治理机制复杂导致全球治理政策失灵；第二，现有主权国家的制度与全球治理机制的责任错位；第三，全球治理机构代表性不足；第四，全球治理问题日益增多，全球治理机制的盲点和治理机制的理念分歧与竞争日益突出，导致全球治理规范缺失。此外，当前全球治理机制本身具有机制的复杂性和机制的碎片性特点。这一机制的复杂性主要体现在国际机构的扩散、机构密度的增加及全球治理一级行动者的多样性。个别制度安排的治理活动往往相互重叠、交叉或相互影响。

因此，全球治理规制的法治化极为重要，包括评估合法性的三个独立标准：规制必须包含可接受的最低道德标准；规制必须带来相对效益和完整性；规制要提供处理治理问题不确定性的基本依据。就体育运动的全球治理而言，已经初步形成了相对稳定的规制体系。国际奥委会是国际体育领域代表性的权力机构。它是一个国际性的、非政府的、非营利的组织，是体育运动的指导者、捍卫者和仲裁人。国际奥委会具有法人地位，它的存在是无限期的。此外，国际奥委会通过《奥林匹克宪章》《道德准则》《主办城市合同》《反兴奋剂法案》《体育仲裁法案》等，形成了对体育运动进行全球治理的约束力、强制力。

三、全球治理的主体

国际关系是在没有权力中心和中央权威的背景下发生和展开的，而且国际问题的解决也是多边参与协商合作的结果，因此，这决定了全球治理的特点，是在没有权力中心和权威中心下的国际合作和协调行动，同时，也决定了全球治理的主体结构的多元性和多主体特点。

总的来看，以国家为中心的现实主义理论，更强调国家的主导作用，而把国际组织看作大国外交的工具和手段，是大国维护自身利益和优势地位的辅助手段，而且对国际组织实行实用主义的办法对待，有利时再使用，对自身利益造成制约和伤害时则抛弃，随着国际局势的改变及全球共同问题的紧迫，这一理论也主张在国际组织的框架中寻求解决问题的措施，但是大国权力的基点是其理论的核心。

强调国际关系社会性并以此为基点衍生发展的理想主义国际关系理论，总体上强调国际组织和建立在规范有序的国际规制下的国际交往对促进国家间合作的积极作用，他们希望国际组织要成为国家间合作的促进工具和对国家间关系进行规范与管理的重要工具。他们从世界是相互依存的共同体出发，认为在目前的国家体系下，要实现人类持久的和平和稳定的合作的目标要面临一系列重大障碍，只有首先建立国家间的国际组织，才能促进国家间关系的有序与规范，才能加强和促进各国的合作。

就当前全球体育运动的治理主体而言，形成了以国际奥委会、国际单项体育联合会和国家奥委会为支柱的治理主体网络。这个治理主体网络以《奥林匹克宪章》为指导，各司其职，密切配合，形成了既独立又统一的新型组织结构关系。在这种关系结构中，国际奥委会处于核心地位，国际单项体育联合会密切配合、开展各自项目的工作，国家奥委会积极参与国际奥委会的工作、在本国领域内推广体育运动，奥运会组委会是组织奥运会的重要执行机关，国家单项体育协会负责在国家范围内推广体育项目。除了这五个核心组织外，还包括了相应的规制组织、支持组织，如国际体育仲裁院、世界反兴奋剂机构、赞助商、新闻媒体机构等。

四、全球治理的客体

全球治理的对象，即被治理的对象，反映在各种全球性问题中。随着全球化程度的加深，全球治理的目标必然会增加，全球治理的领域也会不断扩大。一方面，有利于更好地维护人类共同利益；另一方面，却将继续加大全球治理的复杂性和难度。

联合国作为世界上唯一真正具有普遍性的全球组织，已成为处理超越国界的问题的首要阵地。除了维护和平、保护人权、建立国际正义框架和促进经济与社会进步的最初目标外，联合国在其成立以来的70余年中，不断面临新的问题。联合国将这些全球问题列举为非洲问题、人口老龄化问题、艾滋病问题、原子能问题、发展大数据问题、儿童问题、气候变化问题、去殖民化问题、民主问题、粮食问题、性别平等问题、健康问题、人权问题、国际司法与正义问题、移民问题、海洋问题、和平与安全问题、人口问题、难民问题、水资源问题。世界经济论坛制定了10个最紧迫问题清单：粮食安全、包容性增长、未来工作/失业、气候变化、全球金融危机、因特网的未来/第四次工业革命、两性平等、全球贸易及投资和监管性框架、长期投资/投资策略、未来医疗保健。

随着全球问题变得越来越复杂，治理也变得越来越困难。一方面，不同层次、不同类型的行动者为了自身利益陷入无序纠纷，这极大地加剧了全球范围内的冲突；另一方面，经济发展、气候变化、恐怖主义、基本人权保障等不同的全球治理对象相对复杂、相互关联密切，任何一个问题都不能单独有效管理。更重要的是，从时间上看，当前全球治理体系日益滞后于治理问题的及时性，许多问题没有及时得到解决就变得更加复杂。从空间的角度来看，具有全球影响潜力的对象有可能从区域走向全球。

上述全球问题对体育运动也产生了极其深远的影响。例如，安全问题，国际体育组织始终倡导和平与发展的观念，并通过与联合国等国际政府间组织的合作，通过《神圣休战协定》、联合组队参赛、组建难民代表队、积极参与全球和平与发展日等形式积极参与全球安全治理；再如，腐败问题，国际体育组织通过与透明国际的合作，发布了相关腐败问题治理报告，通过与国际刑警组织的合作，联合打击操纵比赛和体育官员腐败问题，统一在反腐败的全球治理中扮演着不可或缺的角色。除此之外，体育运动也存在着具有独特属性的全球问题，如兴奋剂泛滥问题、运动员的归化身份属性问题、奥运会的超大规模化问题等。同时，全球问题的基本特征也在体育运动的全球问题中得到凸显，如解决兴奋剂问题，就不能单独依靠国际奥委会一个组织，需要依靠世界反兴奋剂机构、国际体育仲裁院、各国际单项体育联合会、各国家奥委会，甚至要依靠各国政府、相关企业来共同组建兴奋剂全球治理的网络。

五、全球治理的效果

全球治理的效果就是如何评价全球治理的有效性。上述全球治理的价值、规则、主体和对象，都是由伴随全球化过程的各种全球性问题所产生的。然而，治理机制是否科学有效，或者治理结果是否满足不同治理实体商定的价值，都需要开发相关的评估指标。

不同的利益相关者对于如何制定和由谁制定评价标准有着明显的不同意见。“在全球恐怖主义活动和政治暴力的严峻挑战面前，以《华盛顿共识》为指导的现有全球治理已经失去了原有的效用，当今世界需要一个新的全球契约”。有效的全球治理应是推进社会民主进程的良好途径，应更好地反映非政府组织的影响。同样，全球治理本身也是一个不可逆转的过程，权力在这个过程中逐渐分解。这就形成了一个全球治理体系，在世界的每个角落、在社会的每一个层面，都有越来越多的权威中心。

联合国开发计划署建设了一套世界治理评价（WGA）指标体系，将治理效果分为6个重要的领域，即公民社会、政治社会、经济社会、政府机构、官僚机构、司法部门，分别测量不同领域的治理水平。全球治理委员会1994年提出将多元化、社会化作为评价治理效果的关键指标。英国政府设立一个相应的政策效率评估单元（efficiency unite），积极推行“下一步行动方案”（the next step），用来评价和督查政府部门的治理效果。全球治理效果的测定呈现出如下特征：明确界定治理效果的范围、分类设定目标群体、注重制定效果测量的标准、侧重确定效果评价机构。

国际奥委会先后发布了《体育运动与体育发展自治案》《体育运动与体育善治基本通则》等，专门讨论体育运动治理的效果评价问题，同时在《奥林匹克2020议程》中也提出了对加强对国际奥林匹克组织公信力等维度的考量，这些评价指标体系为考量体育运动全球治理的效果提供了分析工具。

第五节　现代体育的国际传播

一、现代体育科学的形成与发展

（一）现代体育科学形成的前提

现代体育和体育科学是相携同行的一对孪生兄弟，现代体育是体育科学形成和发展的基础。扫除中世纪神学和古代权威加在人体及人体运动的种种谬误，冲破设置千年的认识禁区，是正确认识人体和人体运动、孕育现代体育与体育科学的思想前提。

14～16世纪的文艺复兴，使人和人体、人生成为讴歌的对象。宗教改革确立的“保持身体健康是每一个基督徒的天职之一”的思想，使包括身体运动在内的娱乐不再被认为是亵渎神灵而成为虔敬上帝的事，使体育从贵族和骑士的小圈子逐步走向大众的生活，从而为体育科学活动提供了认识的对象和实验的场所。

对人体和人体运动的新认识一旦与17世纪以来的科学革命相结合，体育科学的产生也就成为十分自然的事了。

文艺复兴时期的巨人达·芬奇（Leonardo da Vinci，1452～1519年）已经认识到：“科学如果不是从实验中产生并以一种清晰实验结束，便是毫无用处的、充满谬误的，因为实验乃是确实性之母。”培根从哲学上论证了实验对认识的重要意义，牛顿及其同时代的科学家则从实践上完善了实验方法，并使之成为近代以来科学活动的经典方法。在早期阶段，科学并不是经济生活的组成部分，对科学的利用是少量、偶尔的。

到了 19 世纪，科学不再处于附属的、咨询的地位：它开始改造旧工业，甚至创造全新的工业。

体育科学就是在这样的背景下伴随着现代教育的兴起而逐渐形成的。

（二）早期的体育科学活动

体育科学的形成直接得益于近代教育和医学的进步。文艺复兴以来，对教育问题的研究不但促进了体育的教育化和课程化，也不断地丰富着人们对体育的认识。对古代希腊、罗马教育和体育的研究，以及对奥林匹克遗址的考古发掘，成为推动那个时代现代新教育和体育理论产生的不竭动力。

在自然科学领域，解剖学是最早摆脱古代谬误和神学控制的一门学科，紧接着，生理学也举起了反叛的大旗。

达·芬奇在解剖学和生理学上取得了巨大的成就，被认为是近代生理解剖学的始祖。他发现了血液的功能，认为血液对人体起着新陈代谢的作用，并认为了血液是不断循环的。他说血液不断改造全身，把养料带到身体需要的各个部分，再把体内废物带走。达·芬奇研究过心脏，他发现心脏有四个腔，并画出了心脏瓣膜。他最早应用力学研究人体运动。100 年后哈维证实和发展了达·芬奇的这些生理学成果。

比利时医生安德列·维萨里（Andreas Vesalius，1514～1564 年）“近代人体解剖学的创始人”，是第一个公开站出来对古代权威提出挑战的学者。在 1543 年发表的《人体的构造》中，他指出了盖伦的许多错误。例如，他认为：左右心室之间不可能沟通；男人并不比女人少一根肋骨，人体中没有耶稣可用来使死人复活的“复活骨”等。他不但背叛了权威，而且亵渎了神灵，故因此被迫离开了任教的帕多瓦大学。

维萨里在巴黎大学的同学米格尔·塞尔韦图斯（Miguel Servetus，1511～1553 年）西班牙医学家、神学家、文艺复兴时代的自然科学家、肺循环的发现者，把研究向前推进了一步。他发现了心、肺之间的人体小循环（1553 年），并且否认人体内存在着三种灵气和两种不同的血液。这为血液循环理论的最后形成奠定了基础。

英国生理学家威廉·哈维（Willian Harvey，1578～1657 年）通过对 40 多种动物的解剖和观察，证明了血液循环的普遍性。他在 1616 年的一次演讲中公布了自己的研究成果，并在 1628 年出版了《动物的心血运动及解剖学研究》一书，第一个把血液循环的动力归结为心脏肌肉的机械收缩，并预言在动脉和静脉的末端存在一种微小的通道（后来称为毛细血管）。1660 年哈维的预言便得到了证实。哈维的贡献是划时代的，他的工作标志着新的生命科学的开始，哈维的发现打开了人类认识自身的道路，他的《心血运动论》标志着近代生理学的诞生，他因此而被尊为“现代生理学之父”。

波雷里（Giovanni Alfonso Borellli，1608～1679 年）沿着达·芬奇和伽利略关于动物

运动服从一般力学定律的思路进行了更加深入的研究。他在1680年出版的遗著《论动物的运动》一书中，详细讨论了行走、跑、跳、滑冰、举重等时所发生的机械运动。这样，对人体运动规律的进一步深入研究终于成为可能。

另一位对现代生理学有着巨大贡献的科学家是瑞士生理学家哈勒。1757年，哈勒在其八卷本的鸿篇巨著《生理学纲要》的第一卷里，系统地阐述了当时所取得的生理学知识。在呼吸生理、神经和肌肉与运动的关系，以及肌肉的受激反应、肌肉运动与神经及脑的关系等方面，都作出了独特的贡献，因此此巨著被称为“现代生理学和过去的分界线”。

二、体育科学研究的发展

从19世纪后期到20世纪初期，教育家、社会学家、心理学家、生物学家、医学家、遗传学家的大量出色的研究成果，不但对现代体育产生了直接的影响，也推动了体育分科研究的发展。

德国的菲特（Gerhard Anton Vieth，1763～1836年）是分科研究的先驱之一。他从1794～1818年陆续出版的三卷本《体育辞典》第一卷为《体育史》，第二卷从解剖学和生理学角度对运动进行了分析，并运用数学和力学方法进行了描述。

1836年，德国人韦伯兄弟（E. H. Weber，1795～1878年；F. W. Weber，1806～1871年）出版了《人走步器官的运动力学》，系统地分析了走、跑等动作的力学结构，奠定了劳动生理学和运动生物力学的基础。

德国人施莱贝（Schreber，1808～1861年）是最早从临床医学角度研究体育的学者之一，他的代表作是1852年出版的《运动医治法》和1855年出版的《室内医疗体操》。

1861年，法国人布洛卡（Broca，1824～1880年）发明了多种人体测量仪器。1870年，比利时数学家格特勒（Quetelet，1796～1874年）发表了《人体测量学》，创建了这一学科。由于人体测量对于评价人体健康和发育等具有特殊的意义，因而很快被广泛应用于体育科学研究中。

1885年以后，人体测量和体力测定开始在美国广泛使用，1891年，美国体育促进会和基督教青年会采用了萨金特（Sargentl，1849～1924年）博士制定的人体测量指标体系，用于测定和评价青少年的体质和健康状况。

俄国生理及心理学家、自然科学流派心理学奠基人伊万·米哈伊洛维奇·谢切诺夫（Ivan Mikhailovich Sechenov，1827～1905年）通过实验证明了思维与肌肉、心理和生理活动过程、外在运动和内部器官功能间的关系，使人体运动的研究摆脱了单纯从组织、器官活动着手的传统方法，使体育对人的全面发展的作用有了进一步的深化。他发现身体练习不仅能够增强肌肉，而且还能提高动作的速度和精确性。

俄国学者彼得·弗兰采维奇·列斯加夫特(Piotr Frantsevich Lesgaft，1837～1909年)在对19世纪欧洲各主要体操流派和俄国体育问题进行长期研究和批判后，基于了人的全面、协调发展理论，提出了动作学习的四阶段理论：①通过观察、比较和练习，最终掌握较简单的基本动作。②通过增大动作的强度和难度，增强儿童的身体素质和活动能力。③在练习中通过将自己的动作与别人的动作或周围物体进行比较，形成对活动效果预先做出判断的能力，以便在任何条件下都能以最佳方式活动，并增强其本体感觉。④在游戏、旅行或劳动过程中，采用更为复杂的活动形式完成上述三项练习，使儿童能在复杂环境中运用已经获得的动作技能。

1889 年，法国人拉格朗日（Fernand LaGrange）发表了《身体练习的医疗措施》。

到 20 世纪初，现代体育科学中的主要学科都已经基本上脱离其生物医学的母学科，开始了独立的研究和发展。因此，斯宾塞才能够充满自信地说："生命的科学尽管还很粗糙，可是已经了解了一切有机体（包括人在内）发育上的某些基本原理。"

1911 年，在德列斯汀国际卫生会议上正式使用了"运动医学"一词。

第一次世界大战前后的紧张局势，引起了各国对身体和体育问题的普遍关注，随着体育在学校和军队中的广泛实施，体育的科学化进程大大加快。除了运动医学等发展较早的学科，运动心理学、体育社会学等新学科也开始形成。

1920 年，法国儒安维尔体育师范学院出版了《运动医学百科全书》，对运动医学的成果进行了系统整理。1921 年，该校又建立了生理实验室、解剖实验室和力学实验室、放射实验室、化学实验室，开始系统地进行分科研究。

苏联在十月革命后立即在全国各地建立了一批运动心理学实验室。1922 年，美国的格里菲斯（Coleman Roberts Griffith）出版了《运动心理学》，1924 年成立的日本国立体育研究所也开展了运动生理学和运动心理学的研究。

20 世纪 20～30 年代，德国体育方面的学位论文中，已经涵盖了运动医学、运动与成长发育、心理学、社会学、经济学、劳动生理学等领域，体育和运动社会学、体育经济学、体育统计学等学科已经逐渐形成。

三、现代体育的传播

从 19 世纪初开始，近代西方体育逐渐开始了国际传播，但传播的路线、方式和特点各有不同，分为以欧洲移民为主要媒介的传播、在后起资本主义国家中的传播，以及在殖民地、半殖民地国家中的传播。

（一）以欧洲移民为主要媒介的传播

从 17 世纪开始，大批逃避宗教迫害的欧洲人开始移民美洲，同时把欧洲传统的运动项目带入了美洲。开启了以欧洲移民为载体的向美洲和大洋洲的传播，这类国家有美国、加拿大和澳大利亚等。

1809 年，约塞夫·尼夫在北美费城创办了一所裴斯塔洛齐学校，成为美国体操活动的先声。

1850 年，美国成立了全美德式体操联盟，并在 1851 年举办第一次国民体操节。

1861 年，美国成立了第一所体育师范学校。

南北战争（1861～1865 年）以后，体育师资培训逐步正规化，场馆建设、体育专业教育、竞技运动、体育组织均有长足进步。

基督教青年会在近代体育的国际传播中起了重要的桥梁作用，其宗旨是“改善青年灵魂、精神、社会和身体状况”。基督教青年会十分重视文化和体育活动，因此在每个基督教青年会均设体育部并建造体育馆。基督教青年会不仅是竞技运动的传播者、组织者更是早期体育师资和管理人员的培养者。

在斯普林菲尔德学院中设有世界首个篮球馆，清华大学校长马约翰和国际奥委会委员董守义等都毕业于该校。

1866 年在波士顿建立的基督教女青年会提出了“使女性得到身体、精神、道德和灵魂方面的提高”的口号，也表明了基督教青年会对女子体育的重视。

巴西、阿根廷、墨西哥等拉美国家在 19 世纪初获得独立，现代体育也随着新移民的到来而在这些国家中开展。

（二）在后起资本主义国家中的传播

日本是通过资本主义改革促进社会各方面现代化的典型。1868 年明治维新以后，在教育改革中积极推进现代体育，19 世纪 90 年代，形成较完备的学校卫生保健制度。

1903 年，日本体操学校成立女子部，开始培养女子体育师资。这一时期，户外竞技也同时传入了日本，但直到第一次世界大战之前还主要是课外活动。日本也重视民族传统体育的发展，推动传统武艺发展的核心机构大日本武德会在 1895 年成立。

（三）在殖民地、半殖民地国家中的传播

在菲律宾、印度、朝鲜、中国等亚洲国家，以及其他一些非洲和拉美国家中，近代体育的传入与这些国家沦为殖民地、半殖民地的过程大体同步。现代体育的传入与这些国家反帝反封建斗争交织在一起，表现出异常复杂曲折的情况。

1. 现代体育在菲律宾的传播

菲律宾是亚洲较早沦为殖民地的国家之一。从 16 世纪中起它一直在西班牙殖民者政教合一的统治之下，1902 年以后又被美帝国主义占领。人们能参加的活动也逐渐由天主教教会允许的舞蹈、纸牌游戏、弹子游戏及击剑和一种类似拳击的打斗活动等，转变为足球比赛、棒球、田径、排球和篮球等现代体育运动。

基督教青年会对近代西方体育在菲律宾的传播起到了很大的推动作用。他们负责制订统一的比赛规则、推动运动场所和设施的建设、为参加国际比赛选拔和训练运动员等。

在美国占领时期，美国军人和美国教师把持了各级学校的体育教学。

但是菲律宾民族、民间体育活动完全得不到体现。菲律宾体育打上了深深的殖民主义烙印。

2. 现代体育在印度的传播

印度是一个有着悠久体育文化传统的国家。在 18 世纪中叶印度沦为英国殖民地的时期，英式体育逐渐占据了主导地位。从 19 世纪中期起，户外活动和竞技运动逐渐取代了体操的地位。19 世纪末，曲棍球、橄榄球、板球、足球等运动开始在中小学流行，深受学生欢迎。

1908 年，美国人亨利·格雷在加尔各答创立了印度第一个基督教青年会后，青年会组织迅速发展，他们开展英国户外活动的同时还推行篮球、排球、田径运动等项目，以及游戏场活动。

印度的民族主义者也力图利用教育手段为民族解放运动培养骨干，希望把青年培养成既有强健体魄又有爱国主义思想、能承担争取民族独立斗争重任的革命者。

英联邦运动会是大英帝国为维系与原殖民地国家之间联系的一种形式，原名为英帝国运动会，始办于 1930 年，每 4 年举行一届，与奥运会间隔举行，限英联邦成员国或其附属国运动员参加的大型综合性运动会。1970 年起更名为英联邦运动会。

第六节　中国与体育运动全球治理

一、治理格局呼唤中国参与

全球治理是一个由国家政府、国际组织、公民社会、跨国公司等主体最大限度地发挥协商与合作功能、实现共同利益的网络化过程，其核心内容应该是完善和发展一种新的维护安全、人类和平与发展、福利、平等和人权的国际政治经济秩序，在这个秩序中，可以利用既定的规制和网络来处理国际政治、安全、环境、体育等问题。

当前体育运动的全球治理已经初步形成了一个多元主体参与的协同治理框架。以国际奥委会为核心的国际体育组织体系和以联合国为核心的国际政府间组织密切配合、紧密联系，各国家政府、各跨国公司积极参与，共同为解决体育运动面临的全球问题提供共治方案。然而，在实际的治理过程中，也存在着一定的问题。

其一，是某些大国绑架国际体育组织的问题。以兴奋剂的全球治理为例：国家政府、国际非政府组织在反兴奋剂事务中的合作，使得全球反兴奋剂治理体系中呈现出特殊的“混合公私”（hybrid public-private）二元性，亦即在国内学术话语中所界定的“官民二重性”。国家政府和国际体育组织之间的利益博弈。在没有较大政治目的时，国家政府会标榜公共责任保持中立地位，但当出现政治利益诉求时，在世界反兴奋剂机构决策层的联盟或位置，让反兴奋剂机构成为一个彰显国家利益的工具。俄罗斯系统性使用兴奋剂的案例就暴露出美国为首的利益集团操纵世界反兴奋剂机构来制裁俄罗斯，而俄罗斯则利用黑客组织“奇幻熊”（fancy bear）攻击世界反兴奋剂机构网站，盗取了重要资料，并揭露美国和英国的诸多运动员得到“使用违禁药物的豁免权”。这意味着兴奋剂的问题不仅仅是国家的内部问题，也不仅仅是国际体育组织的内部问题，而是全球范围内多种利益主体博弈的战场。

其二，国际关系保守主义趋势抬头，影响各国参与体育运动全球治理的积极性。全球化将世界压缩为一个小小的地球村，大量的第三世界移民进入发达国家，“逆殖民化”使得本来互不相扰的种族、民族和宗教发生了近距离的接触与碰撞。以美国特朗普为代表的右翼保守主义破门而出，对全球治理格局构成了尖锐的挑战。特朗普上台以后，奉行“美国优先”的外交思想，先后退出了跨太平洋伙伴关系协定、巴黎气候变化协定、联合国教科文组织、美国伊朗核协定、万国邮政联盟等国际组织和多边双边协定。总之，特朗普总统的对外战略颇为契合保守国际主义的战略思想。全球范围内掀起的保守主义潮流直接影响了体育运动的全球治理进程，首当其冲的就是全球范围内申办奥运会的城市和国家意愿不足。

二、中国具备治理能力和意愿

习近平总书记在党的十九大报告中指出：“中国特色社会主义进入新时代，这个新时代是我国日益走近世界舞台中央、不断为人类作出更大贡献的时代。中国秉持共商共建共享的全球治理观，继续发挥负责任大国作用，积极参与全球治理体系改革和建设，不断贡献中国智慧和力量。”习近平总书记在对国际形势和国内形势进行全面把握的前提下，高瞻远瞩地提出了中国参与全球治理的一系列重要理论论述：中国参与全球治理的根本目的，就是助力实现“两个一百年”奋斗目标、实现中华民族伟大复兴的中国梦；中国参与全球治理的宏观环境是建立国际机制、遵守国际规则、追求国际正义成为多数国家的共识，全球治理体制变革因而正处在历史转折点上；中国参与全球治理的基本定位是提出“一带一路”倡议、建立以“合作共赢”为核心的“新型国际关系”、坚持“正确义利观”、构建“人类命运共同体”；中国参与全球治理的基本原则是坚持以经济发展为中心、集中力量办好自己的事情，坚持“共商共建共享”原则，使关于全球治理体系变革的主张转化为各方共识，形成一致行动。

除了丰富完善全球治理的理论体系，中国也在积极参与全球治理的实践过程。党的十八大以来，中国成功主办首届“一带一路”国际合作高峰论坛、亚太经合组织领导人非正式会议、金砖国家领导人厦门会晤、亚洲相互协作与信任措施会议，特别是二十国集团领导人杭州峰会取得一系列具有开创性、引领性、机制性的成果。习近平主席创造性提出“一带一路”重大倡议，开辟了国际合作新模式，为全球治理提供了新平台、新理念、新动力。中国发起创办亚洲基础设施投资银行，设立丝路基金，促进亚洲互联互通和经济可持续发展，进一步完善亚洲金融合作机制。中国还主动实施国际发展援助，宣布建立中国—联合国和平与发展基金、中国气候变化南南合作基金、南南合作援助基金等，中国负责任的大国作用日益突出。

同样，在体育运动的全球治理领域，中国也表达了积极主动的意愿、展示了处理好相关事务的能力，全面呈现了负责任大国的良好形象。首先，积极参与主办奥运会比赛。中国在成功主办 2008 年北京奥运会、2014 年南京青奥会之后，即将迎来北京 2022 年冬奥会。与前两次的激烈竞争不同，中国申办冬奥会几乎没有遇到太强的竞争对手。最初的 5 个申办城市中，只有阿拉木图和北京、张家口最终提交了申办报告。主办好国际大型赛会是中国遵守国际规则、兑现申办目标的承诺，更是积极承担国际责任和义务的先行者，甚至是以拯救者的形象起到了大国的表率作用。其次，向发展中国家提供体育援助。在体育领域，中国向非洲等发展中国家地区无偿援建体育场馆、外派援外教练员运动员队伍、捐赠体育器材设施等举措由来已久，充分展现了中国承担国际体育责任的良好形象。最后，积极参与国际体育组织的内部治理。自 1979 年恢复在国际奥委会中的合法席位以来，中国先后有 10 余位体育界人士被选为国际奥委会委员。这说明中国在国际体育界的地位有了较大的提高，更表明中国人已经在积极参与国际体育事务的管理。

三、中国参与体育运动全球治理的道路

（一）明确自身角色定位

由于国际社会是一个多主体共存、共生的有限的环境，没有中央权威和中央权力的形式与层次结构，也没有各主体之间的按照契约的横向分工和扁平结构，这样“无政府”的行为主体特征决定国际体育组织关系力量特征分散化，在实现和维护多元化利益的局面，相互制约权力的竞争和冲突中，不可避免地导致全球化问题，从而呼唤多中心治理局面。体育运动的全球问题需要多中心主体参与治理，中国是多中心治理机构的重要成员。一方面，这是国际奥委会作为国际体育治理核心主体的必然选择；另一方面，作为一个负责任的大国，中国必然肩负着共同解决全球体育问题、推动当代体育运动实现“善治”目标的担当和使命。20 世纪 90 年代中期以来，中国承担国际责任，履行国际义务，维护国际秩序，开始积极构建国际社会负责任大国身份。在体育运动全球治理体系中，当代中国也必将以更加开放、更加自信的姿态融入治理进程，成为有影响力的、起建设性作用的负责任大国。

（二）严格遵守治理规则

随着全球化进程的深入，世界上参与全球治理的行动者之间的互动比以往任何时候都

更加频繁。共享未来的治理成果必须以自己的共同价值观为指导。如果共同价值没有得到广泛的认可，如果所有参与者不能普遍遵循全球价值目标、原则和标准，那么人类社会将失去其发展方向和动力。2015 年 9 月，习近平总书记在第七十届联合国大会上指出："和平、发展、公平、正义、民主、自由，是全人类的共同价值。"这些价值不是少数国家的"专利产品"，而是大多数国家经过不同价值观交流碰撞之后达成的价值共识。这些普世的全球价值观是人类在文化传播过程中表现的共同价值观和共同行为规范。如果没有基于交流对话的全球价值观指导，那么在文明与文化的融合过程中，所有行动者都难以建立普遍的相互理解和相互承认，也无法在此原则的基础上达成共同的发展目标，并相互协调共同解决一系列全球性挑战。简而言之，唯有人类共同未来的社会秉持这些共同价值观，才能够摆脱现存的治理困境，促使全球治理模式朝着推动人类建设的方向发展——构建一个人类共同享有、共同建设的未来社会。

中国要融入全球体育运动的治理，最基本的一步是学习并遵守全球治理的基本规则和价值。现有的国际体育组织如果没有一套普遍遵守并且确实对全球公民具有约束力的普遍规范，就不可能实现全球治理。国际奥委会和其他非政府组织倡导的维护当代世界体育秩序的规定，在国际体育领域出现了"无政府治理"的新治理体系。在中国整体外部关系格局的影响下，中国曾与国际体育运动保持一定的距离、产生一定的隔阂，并且逐步形成和发展出一套自我更新、自我发展和独具特色的体育发展观念与模式。改革开放以来，中国逐步融入国际社会，特别是名古屋会议之后，中国正式回归国际体育大家庭，中国要解决的首要问题是以开放的态度接受国际奥委会等行为主体的规则和理念。与此同时，中国在国际体育发展中贡献力量并不是要夺取权力的意思，中国在全球体育运动治理事务中应该有足够的自我意识，要小心低调，不作大哥，不要霸权。因此，应对和遵守规则是负责任的中国的首要能力和品质。

（三）积极投身治理进程

随着综合国力的日渐提升和国际地位的不断提高，和平崛起的中国愈发重视积极参与全球问题的解决、努力提供全球公共产品、深入参与全球治理进程、广泛享有全球治理成果。特别是 2008 年国际金融危机爆发以来，中国更加强调在维护和建设人类命运共同体的理念指导下，推动中国参与全球性问题的解决，推动建立公正合理、平等互利的国际政治经济新秩序。党的十八大报告进一步明确指出："中国将坚持把中国人民利益同各国人民共同利益结合起来，以更加积极的姿态参与国际事务，发挥负责任大国作用，共同应对全球性挑战。"

体育运动全球治理的问题需要多中心式的网络治理格局，而中国就是多中心治理主体中的重要一员，这是国际体育行为体的必然选择，也是中国选择共同承担解决全球性体育问题，推动全球体育改革的责任与使命。2014 年 7 月 14 日，习近平在出席金砖国家领导人第六次会晤期间接受拉美四国媒体联合采访时指出："我们将更加积极有为地参与国际事务，致力于推动完善国际治理体系，积极推动扩大发展中国家在国际事务中的代表性和发言权。我们将更多提出中国方案、贡献中国智慧，为国际社会提供更多公共产品。”中国需要在体育运动等多个国际体育事务中积极参与治理过程、展现负责任大国形象，如要主办好国际体育大赛，要向发展中国家提供体育援助，要积极谋取国际奥林匹克组织话语权，要提升中国体育事业的道路自信、理论自信和制度自信等。

（四）深化治理文化交融

习近平在伦敦金融城市长晚宴上演讲时指出：“当今世界，开放包容、多元互鉴是主基调。在 21 世纪人类文明的大家园中，各国虽然历史、文化、制度各异，但都应该彼此和谐相处、平等相待，都应该互尊互鉴、相互学习，摒弃一切傲慢和偏见。唯有如此，各国才能共同发展、共享繁荣。”习近平在联合国日内瓦总部演讲时还指出：“每种文明都有其独特魅力和深厚底蕴，都是人类的精神瑰宝。不同文明要取长补短、共同进步，文明交流互鉴成为推动人类社会进步的动力、维护世界和平的纽带。”

在体育运动全球治理过程中，东西方体育文化的交流与融合是大势所趋。作为人类优秀文化的重要代表形式，中国文化将成为奥林匹克文化的有益和不可或缺的组成部分。因此，我们需要提炼弘扬优秀的民族文化元素，不断完善国际体育文化体系。此外，要创新国外体育文化交流的内容和形式，学习和把握特色。对外国民众，遵循跨文化交流规则，提高中国体育文化的吸引力和影响力。要认真打造优秀的体育文化品牌，丰富形式，增强内涵，使中国体育文化真正进入国外主流社会，争取不同文化价值的互补性和对应性。切切实实地促进文化交流实践的发生，文化对话机制的形成，甚至是文化话语权的博弈。因此，中国体育文化进入体育运动治理体系的命题不应该停留在字面意义上，而应该放在实践意义上。

主要参考文献

阿伦·古特曼，2012. 从仪式到记录：现代体育的本质［M］. 花勇民，钟小鑫，蔡芳乐，编译. 北京：北京体育大学出版社.

埃里克·霍布斯鲍姆，2000. 民族与民族主义［M］. 李金梅，译. 上海：上海人民出版社.

艾德蒙·柯蒂斯，1974. 爱尔兰史（下册）［M］. 江苏师范学院翻译组，译. 南京：江苏人民出版社 .

爱克曼，1978. 歌德谈话录［M］. 朱光潜，译. 北京：人民文学出版社.

北京图书馆，1995. 民国时期总书目：教育、体育［M］. 北京：书目文献出版社 .

本尼迪克特·安德森，2003. 想象的共同体——民族主义的起源与散布［M］. 吴叡人，译 . 上海：上海人民出版社.

曹湘君，1985. 体育概论［M］. 北京：北京体育学院出版社.

常任侠，2006. 东方艺术丛谈［M］. 合肥：安徽教育出版社.

陈公哲，2001. 精武会 50 年［M］. 沈阳：春风文艺出版社.

陈强，2011. 从陀螺运动的演变历程看民族传统体育的现代化［J］. 武汉体育学院学报，45（5）：58-60.

陈绍棣，2003. 中国风俗通史·两周卷［M］. 上海：上海文艺出版社.

陈学恂，1987. 中国近代教育史教学参考资料［M］. 北京：人民教育出版社.

陈翊林，1930. 最近三十年中国教育史［M］. 上海：上海太平洋书店.

陈永生，2010. 古汉字与古埃及圣书字表词方式的比较研究［D］. 上海：华东师范大学.

陈兆复，邢琏，1993. 外国岩画发现史［M］. 上海：上海人民出版社.

成都体育学院体育史研究所，1985. 体育史［M］. 成都：成都体育学院.

成都体育学院体育史研究所，1988. 中国近代体育史资料［M］. 成都：四川教育出版社.

春城，2003. 应重新认识父系的起源与私有制的关系［J］. 马克思主义研究（4）：80-88，94.

崔风祥，2005. 贺兰山岩画与古代狩猎文化［J］. 武汉体育学院学报，39（4）：9-11.

崔乐全，2002. 原始体育文化起源的考古学研究［J］. 山东体育大学学报（2）：11-19.

崔乐泉，杨向东，等，2008. 中国体育思想史 近代卷［M］. 北京：首都师范大学出版社.
戴红磊，2013. 辽代女性体育研究［J］. 吉林体育学院学报，29（2）：125–128.
戴维·赫尔德，2005. 全球盟约——华盛顿共识与社会民主［M］. 周军华，译. 北京：社会科学文献出版社.
丹纳，2004. 艺术哲学［M］. 张伟，译. 北京：北京出版社.
杜威，1981. 杜威教育论著选［M］. 赵祥麟，王承绪，编译. 上海：华东师范大学出版社.
恩格斯. 家庭、私有制和国家的起源［C］// 弗里德里希·恩格斯 . 马克思恩格斯选集：第 4 卷. 北京：人民出版社，1995.
恩格斯. 家庭、私有制和国家的起源［M］. 中共中央马克思恩格斯列宁斯大林著作编译局，译. 北京：人民出版社，1972.
樊六东，2010. 汉代女性体育研究［J］. 体育文化导刊（11）：119–121.
方征，2009. 少数民族传统体育学概论［M］. 北京：中央民族大学出版社.
辅仁大学附属中学，1936. 私立北平辅仁大学附属中学概况［M］. 北京：辅仁北平大学附属中学.
高平叔，1984. 蔡元培全集（第二卷）［M］. 北京：中华书局.
高时良，1994. 中国教会学校史［M］. 长沙：湖南教育出版社.
顾拜旦，1993. 奥林匹克理想［M］. 詹汝琮，邢奇志，等译 . 北京：奥林匹克出版社.
顾拜旦，1993. 奥林匹克理想［M］. 詹汝琮，译. 北京：奥林匹克出版社 .
顾晓艳，石国义，王亚琼，等，2006. 传统体育文化在水族山寨中的生存状态——水族“端节”赛马活动的变迁［J］. 中国体育科技，42（5）：38–40.
关世杰，1998. 试论二十一世纪的中西文化交流［J］. 北京大学学报（哲学社会科学版），35（5）：50–58.
郭沫若，1972. 古文字之辩证的发展［J］. 考古学报（1）：1–13.
国家体委体育文史工作委员会，1992. 中国近代体育文选史料选编［M］. 北京：人民体育出版社.
韩织阳，2018. 走下神坛的女性——先秦女性形象嬗变［J］. 寻根（5）：7–13.
郝更生，1926. 体育与中国［M］. 上海：上海商业出版社.
郝更生，1933. 历届全国运动会之追溯及本届之希望［J］. 时事月报，9（4）：257–258.
郝勤，2006. 体育史［M］. 北京：人民体育出版社.
何启君，胡晓风，1989. 中国近代体育史［M］. 北京：北京体育学院出版社.
胡键，2016. 全球治理的价值问题研究［J］. 社会科学（10）：3–15.
胡小明，1992. 从左江岩画看民族体育的起源和传播［J］. 成都体育学院学报，18（2）：29–33.
胡小明，杨世如，2010. 独木龙舟的文化解析——体育人类学的实证研究（二）［J］. 体育学刊，17（1）：1–9.

黄福华，刘楚，涂传飞，2017. 英国传统体育的现代化转型研究［J］. 体育文化导刊（3）：173-177.

黄莉，2007. 中华体育精神的文化内涵与思想来源［J］. 中国体育科技，43（5）：3-17.

吉登斯，1998. 社会的构成：结构化理论大纲［M］. 李康，李猛，译 . 北京：生活·读书·新知三联书店.

贾雪枫，肖成全，1992. 我国原始社会的性别图腾［J］. 西南民族学院学报（哲学社会科学版）（5）：93-95.

焦兵，2018. 特朗普保守国际主义战略分析［J］. 现代国际关系（8）：31-37，64.

焦湘宗，1918. 上海全国青年协会体育专门学校［A］// 中华续行委办会 . 中华基督教会年鉴. 上海：广学书局.

库尔特·萨克斯，2014. 世界舞蹈史［M］. 郭明达，译 . 上海：上海音乐出版社.

拉斯洛·孔，1985. 体育运动全史［M］. 颜绍泸，译. 北京：中国体育史学会办公室.

莱因哈特·本迪克斯，2007. 马克斯·韦伯思想肖像［M］. 刘北成，等译. 上海：上海人民出版社.

郎净，2006. 近代体育在上海［M］. 上海：上海社会科学院出版社.

雷良波，陈阳凤，熊贤军，1993. 中国女子教育史［M］. 武汉：武汉出版社.

黎宝俊，1990. 上海文史资料选辑（65 辑）· 圣约翰大学体育史略［M］. 上海：上海人民出版社.

李慧明，2008. 国际社会的负责任大国——当代中国的身份诉求与实践建构［J］. 国际关系学院学报，26（1）：25-31.

李静，2011. 民间传说与 19 世纪的爱尔兰［J］. 外语研究（4）：107-111.

李伟艳，郑国华，郎勇春，2021. 中国共产党百年村落体育演进轨迹、发展逻辑及新时代启示［J］. 体育文化导刊（10）：1-7.

林大雄，2001. 失落的文明：玛雅［M］. 上海：华东师范大学出版社.

林琳，2002. 古代妇女蹴鞠运动［J］. 零陵学院学报（5）：81-82，106.

刘秉果，2003. 中国体育史：插图本［M］. 上海：上海古籍出版社.

刘桂海，2016. 体育，如何而来：一个文明史观的考察［J］. 北京体育大学学报，39（1）：32-40，45.

刘京胜，1993. 奥运会与萨马兰奇［M］. 北京：中国发展出版社.

刘礼国，黄平波，徐烨，等，2009. 体育起源新说［J］. 体育学刊，16（2）：1-5.

刘一民，2003. 论体育团队精神［J］. 体育科学，23（3）：58-63.

卢长怀，2013. 清代少数民族休闲活动的主要方式及其影响［J］. 大连民族学院学报，15（6）：596-599.

卢丁，1991. 汉字的起源及早期发展［J］. 四川大学学报（哲学社会科学版）（6）：74-80.

卢静等，2016. 全球治理：困境与改革［M］. 北京：社会科学文献出版社.

罗冠宗，1996. 上海文史资料选辑（第 81 辑）· 上海基督教青年会历史片段［M］. 上海：上海市政协文史资料编辑部.
罗时铭，2005. 奥运来到中国［M］. 北京：清华大学出版社.
牛元英，2005. 甲骨文写意书法集［M］. 北京：中国戏剧出版社.
齐冰，钟海，2014. 体育领域的“中国精神”［J］. 前线（10）：47-49.
秦亚青，2013. 全球治理失灵与秩序理念的重建［J］. 世界经济与政治（4）：4-18，156.
全球治理委员会，1995. 我们的全球伙伴关系［M］. 伦敦：牛津大学出版社.
饶远，陈斌，等，2005. 体育人类学［M］. 昆明：云南大学出版社.
任海，2005. 奥林匹克运动［M］.2 版 . 北京：人民体育出版社.
阮蔚村，1933. 远东运动会历史与成绩［M］. 上海：勤奋书局出版社.
陕西省体育文史工作委员会，1990. 陕甘宁边区体育史料（1935—1948）［M］. 西安：陕西人民出版社.
邵雍，2013. 中国近代妇女史［M］. 合肥：合肥工业大学出版社.
时蓉华，1998. 社会心理学［M］. 杭州：浙江教育出版社.
宋瑞芝，余志权，2003. 女娲与伏羲：华夏初民对两性关系的认识［J］. 湖北大学学报（哲学社会科学版），30（1）：85-89.
谭华，2005. 体育史［M］. 北京：高等教育出版社.
谭华，2009. 体育史［M］.2 版. 北京：高等教育出版社.
体育史编写组，1987. 体育史［M］. 北京：高等教育出版社.
汪宁生，1981. 从原始记事到文字发明［J］. 考古学报（1）：1-44，147-148.
汪雄，陈玉林，周山彦，等，2018. 古滇国青铜器文物中的体育文化分析［J］. 大众体育（182）：141-142.
王成军，1994. 论妇女在由群婚向对偶婚转变中的作用［J］. 陕西师大学报（哲学社会科学版），23（1）：81-88.
王承权，1992. 从我国民间传说看母系氏族社会［J］. 广西民族研究（3）：81-88，114.
王恩溥，1958. 谈谈六十三年前的体育活动［M］// 中华人民共和国体育运动委员会运动技术委员会. 中国体育史参考资料（第 3 辑）. 北京：人民体育出版社.
王俊奇，2010. 唐代体育文化史［M］. 北京：北京体育大学出版社.
王俊奇，2011. 辽夏金元体育文化史［M］. 北京：人民出版社.
王俊奇，2015. 明朝体育文化史［M］. 北京：北京体育大学出版社.
王可风，1994. 766 中华全国协进会民国三十二年十月至三十三年十二月工作报告（节录）［G］// 中国第二历史档案馆. 中华民国史档案资料汇编（第 5 辑第 1 编 · 文化）. 南京：江苏古籍出版社.
王联，1999. 关于民族和民族主义的理论［J］. 世界民族（1）：1-11.
王增明，吉云波，徐国营，2018. 中国红色体育丰碑［M］. 北京：人民体育出版社.

王忠欣，2000. 基督教与中国近现代教育［M］. 武汉：湖北教育出版社.
韦晓康，2006. 少数民族传统体育可持续发展研究［M］. 北京：中央民族大学出版社.
温少峰，袁廷栋，1982.《古文字中所见的人》二题［J］. 成都大学学报（社会科学版）（2）：67－72.
沃尔夫冈·贝林格，2015. 运动通史：从古希腊罗马到21世纪［M］. 丁娜，译. 北京：北京大学出版社.
乌丙安，2004. 中国民俗学［M］. 沈阳：辽宁大学出版社.
吴存浩，朱兆新，1999. 关于男性替代女性农业管理职能的原因及其影响的思考［J］. 中国农史，18（3）：72－79.
谢雪峰，2008. 多维视野中的竞技体育特征［J］. 体育科学，28（5）：74－80.
熊晓正，1989. 试论古代中西体育文化选择取向的差异［C］// 中国体育史学会编. 中国体育史论文集（四）. 北京：商务出版社.
徐善祥，2001.“约大”的回忆异［G］// 上海市政协文史资料委员会. 上海文史资料存稿汇编（教科文卫）. 上海：上海古籍出版社.
许义雄，1994. 我国近代体育报刊目录索引［M］. 台北：师大书苑公司.
颜天民，熊焰，余万予，等，2000. 体育概论体育史 奥林匹克运动 体育法规［M］. 桂林：广西师范大学出版社.
杨文轩，陈琦，2004. 体育原理［M］. 北京：高等教育出版社.
杨向东，2000. 中国古代体育文化史［M］. 天津：天津人民出版社.
杨择令，1990. 汉字产生的多源性［J］. 郑州大学学报（哲学社会科学版），23（4）：25－33.
杨正存，1990. 苗族对偶婚的缩影——论苗族洪水神话的婚姻观［J］. 吉首大学学报（社会科学版），11（3）：33－36.
佚名，1915. 第二届远东运动会之开幕［J］. 进步，8（3）：42－43.
佚名，1919. 第五届全国教育会联合会议决案：改进学校体育案（陈教育部）［J］. 教育杂志（11）：52－53.
佚名，1997. 民众业余运动会办法大纲［G］// 中国第二历史档案馆. 中华民国史档案资料汇编（第5辑第2编·文化）. 南京：江苏古籍出版社.
佚名，1999. 各县市公共体育场暂行规定［G］// 中国第二历史档案馆 . 中华民国史档案资料汇编（第5辑第2编·文化）. 南京：江苏古籍出版社.
佚名，1999. 国民体育实施方案［G］// 中国第二历史档案馆. 中华民国史档案资料汇编（第5辑第1编·文化）. 南京：江苏古籍出版社.
佚名，2007. 左传［M］. 刘利，纪凌云，译注. 北京：中华书局.
袁世凯，1915. 大总统颁定教育要旨：尚武［J］. 教育月报（10）：82－83.
张洁，胡小明，2014. 体育学刊［J］. 21（2）：25－30.
张洁，胡小明，2014. 四大象形文字中的身体运动形态研究［J］. 体育学刊，21（2）：25－30.

张奎良，2015. 马克思对人类社会原生形态的执着探索［J］. 马克思主义与现实（3）：42-48.
张英，王士禛，王掞，1985. 渊鉴类函［M］. 北京：北京市中国书店.
张永广，2006. 基督教学校与近代中国体育教育［J］. 武汉体育学院学报，40（11）：88-91.
张玉法，李又宁，1995. 近代中国女权运动史料 1842—1911［M］. 上海：龙文出版社.
张玉棉，2001. 汉字形体的文化意蕴［J］. 邢台师范高专学报，16（1）：61-63.
张再兴，2004. 西周金文文字系统论［M］. 上海：华东师范大学出版社.
赵锦元，1996. 欧洲民族主义发展新趋向［M］. 北京：中央民族大学出版社.
郑国华，2011. 我国民族传统体育失范研究［J］. 中国体育科技，47（3）：70-79.
郑文强，姚辉洲，梁柱平，2016. 体育起源"多元合力"说研究［J］. 当代体育科技，6（25）：1-2，4.
中国社会科学院语言研究所词典编辑室，2012. 现代汉语词典［M］. 6 版. 北京：商务印书馆.
中山大学历史系孙中山研究室，广东省社会科学院历史研究所，中国社会科学院近代史研究所中华民国史研究室，1985. 孙中山全集（第五卷）［M］. 北京：中华书局.
周邦道，1934. 第一次中国教育年鉴［M］. 上海：开明书店.
周启迪，1994. 世界上古史［M］. 北京：北京师范大学出版社.
周西宽，2004. 体育基本理论教程［M］. 北京：人民体育出版社.
Brady S, 2007. Home and away: the Gaelic games, gender, and migration [J]. New Hibernia Review, 11(3): 28–43.
Brendan F, 2004. The Throw-in — the GAA and the Men Who Made it [M]. Dublin: Wolfhound Press.
Collins, 1970. An outline modern irish history 1850–1960 [M]. Dublin: the Education Company of Ireland Limited.
Crocker J H, 1916. Physical director, Young Men's christian association [R]. Shanghai, China: [s.n.]: 42–43.
Crosson S, Dine P, 2011. Sport and the media in Ireland [J]. Media History, 17(2): 109–116.
Cuddon J A. The macmillan dictionary of sport and game [M]. London: Macmillan, 1980.
Daly J A, 1985. Sport, Class and community in colonial south australia. proceeding of XI HISPA international congress [M]. Glasgow: Jordanhill College of Education.
Daniels P T, Bright W, 1996. The world's writing systems [M]. New York: Oxford University Press.
de Ceuster K, 2003. Wholesome education and sound leisure: the YMCA sports programme in colonial Korea [J]. European Journal of East Asian Studies, 2(1): 53–88.
Dolan A, 2006. Killing and bloody Sunday, November 1920 [J]. the Historical Journal, 49(3): 789–810.

Eoghan C, 2005. An illustrated history of the GAA [M]. Dublin: Gill Macmillan Ltd.

Exner M J, 1909. Annual Report of the Physical Department from Oct. 1908 to Jan. 1909 [R]. Shanghai, China: 168.

Exner M J, 1911. Report of Exner M J, physical director, reports of foreign secretaries [R]. Shanghai, China: [s.n.]: 19

Holt R, 1981. Sport and society in modern France [M]. Hamden, Conn: Archon Books.

Holt R, 1989. Sport and the British: a modern history [M]. Oxford: Clarendon Press.

Jackson T A, 1947. Ireland her own; an outline history of the Irish struggle for national freedom and independence [M]. New York: International Publishers.

James H, 1960. The founders of the Gaelic Athletic Association [M]. Dublin: Capuchin Annual.

Jim C, 1986. Munster GAA story [M]. Cork: Typesetting/Artwork: Intype Ltd.

Mandle W F, 1977. The I. R. B. and the beginnings of the Gaelic athletic association [J]. Irish Historical Studies, 20(80): 418–438.

Mangan J A, 1986. The games ethic and imperialism: aspects of the diffusion of an ideal [M]. Harmondsworth; New York: Viking.

Marcus D B, 1989. Michael cusack and the GAA [M]. Dublin: Computertype Ltd.

Mike C, 1999. Sport and nationalism in Ireland [M]. Dublin: Four Courts Press Ltd.

Mike C, Mark D, Paul R, 2009. The GAA—a people's history [M]. Cork: The Collins Press.

Ranelagh J, 1983. A short history of Ireland [M]. Cambridge: Cambridge University Press.

Richard G, 2017. Sport and modernity [M]. Cambridge: Polity.

Robertson C H, 1908. Annual report of Robertson C H, Associate Secretary [R]. Tientsin: [s.n.]: 162–171.

Stefan H, 2013. Muscular christianity and the 'Western Civilizing Mission': Elwood S B, the YMCA, and the idea of the far eastern championship games [J]. Diplomatic History, 39(3): 532–557.

Swan A H, 1925. Swan A H, phsycial director [R]. Shanghai, China: [s.n.].